열린 신학에 대한 응답

열린 신학 논쟁

존 M. 프레임 지음
홍 성 국 옮김

개혁주의신학사

P&R(Presbyterian and Reformed Publishing Company)은
미국 뉴저지 주에 소재한 기독교 출판사로서
웨스트민스터 신앙고백서와 요리문답에 기초하여
성경적인 이해와 경건한 삶을 증진시키는
탁월한 도서들을 출판하고 있습니다.
P&R Korea(개혁주의신학사)는
CLC가 공동으로 운영하는 출판사로서
P&R의 도서를 우선적으로 번역출판하고 있습니다.

NO OHTER GOD
A RESPONSE TO OPEN THEISM

Written by
John M. Frame

Translated by
Sung Kook Hong

Copyright © 2011 by John M. Frame
Originally published in English under the title as
NO OTHER GOD: A Response to Open Theism
by John M. Frame.
Translated and used by the permission of
P&R Publishing Company, P. O. Box 817, Phillipsburg,
New Jersey 08865-0817, U.S.A

All rights reserved.

Korean Edition
Copyright © 2005, 2015 by
Presbyterian and Reformed Publishing Company
Seoul, Korea

서 평

"열린 신학자들의 아마추어적이며 더 나아가서 그릇된 방향의 글들로부터 돌이켜서, 존 프레임의 이 글을 대할 때 안도감이 든다. 그는 이 논쟁의 신학적 차원은 물론 역사적 차원도 쉽게 다루고 있다. 또한 그는 철학적 논제는 물론 그에 합당한 성경 본문을 해석함에 있어서도 아주 뛰어났다. 아주 놀랄 정도의 신선함과 극도의 예리함을 가진 이 책은 읽을 만한 가치와 다른 친구들에게 추천할 만한 가치를 가지고 있다. 우리 시대가 신학적으로 무지하다는 슬픈 상황은 계속적으로 정죄 받은 소시니아니즘의 치명적인 과오를 밝히기보다는 오히려 새로운 옷을 입힌 후에 복음적 신학으로 제시될 수 있다는 점이다. 프레임의 해독제는 필요하며 또한 효과적이다."
— D. A. Carson

"열린 신학은 나쁜 소식이다. 하지만 이 책의 등장은 좋은 소식이다. 하나님은 자신의 목적들을 무효화하는 일에는 열어 놓지 않고 닿아 놓은 반면(욥 42:2), 우리가 어떤 어려움을 당한다 해도 절대로 안전한 미래를 신자들을 위해 열어 놓으셨다. 하나님을 패배시키는 문을 열 수 있는 열쇠는 하나님의 보배로운 주권을 보관하는 놀라운 저장고에 영원히 보관되어 있다. 성경을 자신의 잣대로 삼고 존 프레임은 언제 닫혀 있는 것이 좋고, 언제 열리는 것이 좋은지를 기분 좋게 제시하고 있다."
— John Piper

"우리는 존 프레임이 아주 뛰어난 신학자라는 사실을 알고 있었다. 이 책에서 우리는 그가 아주 뛰어난 논객임을 발견한다. 그리고 그는 현대 복음주의에 있어서 가장 매혹적인 경향들의 하나에 대하여 응답하고 있다. 그는 그렇게 함에 있어서 아주 철저하고 공정하며, 무엇보다도 설득력 있는 대안을 제시하고 있다. 프레임은 하나님의 주권에 대해, 피해야 할 것이 아닌 오히려 소중히 간직해야 할 그 무엇이라는 성경적 기초를 마련하고 있다." - William Edgar

"존 프레임의 『열린 신학 논쟁』(No Other God)은 하나님에 대하여 철저히 오도된 열린 견해와 관련하여 준비된 한 신학자의 진지하고, 성경적으로 신실하며, 철학적으로 책임 있는 반응을 제시하고 있다. 프레임은 자신의 비평의 일부분을 고전적 알미니안주의자들이 자유의지적 자유와 하나님의 사랑의 중심성에 치중하고 있다는 사실에 집중할 수 있었지만 그 대신 그는 자신의 깊은 관심의 대부분을 후기 알미니안의 개방적 모델이 주는 특별하고도 심각하게 우려가 되는 양상에 집중하고 있다. 이 책에서 독자는 열린 신학의 과오에 대하여 많은 것을 분명히 볼 것이며 동시에 성경의 참되고 살아있는 하나님의 아름다움과 영광을 새롭게 접하게 될 것이다." - Bruce A. Ware

"나의 판단으로는 미래에 자유로운 도덕적 존재의 결정에 대하여 하나님이 미리 아신다는 점을 부인하는 '열린 신학'은 복음주의에 있어서 하나의 암과 같다. 그에 대한 방사선 치료와 화학 요법이 잘 들어 먹히지 않았기에 마침내 수술의 시간이 온 것 같다. 프레임 교수는 이러한 수술을 위한 놀라운 자질을 드러내었다. 그의 성경적 근거는 뛰어났고, 더 나가서 그는 '열린 신학의 견해'에서 정교하게 제시한 인간의 자유의 개념에 대하여 통렬한 비판을 제시하고 있다." - Roger Nicole

"신론에 대한 오랜 연구 끝에 프레임은 하나님에 대한 정통적 개념을 방어했고, 열린 신학에 대하여 응답하였다. 그런데 그것은 아주 명료하고, 공정하며, 지식적이고, 확고하다." – Daniel Doriani

"주석적으로 올바른 판단과 건전한 신학과 철학으로 분명한 통찰력을 혼합하여, 프레임 교수는 소위 열린 신학의 신 교리에 매료된 그리스도인들의 손에 넣어줄 필요가 있는 바로 이 책을 저술하였다. 열린 신학은 단지 너무 작을 뿐만 아니라 우리의 삶, 필요, 목표와는 아무런 상관없는 하나님을 신자들에게 남겨놓았다. 그러나 존 프레임은 읽기는 쉽지만 철저하며 호소력 있는 비평과 함께 바로 그 점을 분명하게 언급하였다. 이 책은 오늘날의 모든 그리스도인들이 반드시 읽어야 할 책이다." – Robert B. Strimple

추천사

박태수 교수(한국성서대학교 조직신학 교수)

21세기의 미국신학계의 화두는 열린 신학이다. 이 신학을 일부 신학자들이 제2의 종교개혁 또는 혁명적인 신학이라 환영하였으며 옹호하고 있다. 이 신학의 핵심은 하나님이 자유의지를 가진 인간의 미래를 정확하게 아시는가 하는 것이다.

이 열린 신학은 전통적인 신학의 하나님을 독재자, 인간의 삶과는 동떨어져 있는 하나님으로 묘사하고 있는 반면에 열린 신학의 하나님을 진정한 사랑의 하나님, 인간의 자유의지를 제한하지 아니하시는 하나님, 우리와 함께 걸어가시는 하나님으로 묘사하고 있다.

때문에 상당한 기독교인이 이를 환영하고 있으며 열린 신학의 새로운 하나님을 받아들이고 있는 실정이다.

이 신학에 대한 바른 이해가 절실히 요구되는 이때에, 미국신학계의 보수 개혁신학계 권위자인 존 프레임 교수가 열린 신학에 대한 올바른 비평을 한 책을 편찬함으로써 열린 신학의 오류를 지적하는 데 크게 기여하였다. 존 프레임은 이 책에서 열린 신학의 잘못된 점을 조목조목 지적하고 있으며, 올바른 성경적 신학적 해답을 제시하고 있다. 이 책은 이 시대의 신학적 사조의 최고의 논쟁이 되고 있는 열린 신학을 이해하려는 목회자들과 신학생 그리고 일반 성도들이 읽어야 할 필독서 중의 하나이다.

서 문

 이 책의 목적은 열린 신학(open theism)*으로 알려진 신학적 운동에 대하여 설명하고 성경적으로 평가하려는 것이다. 열린 신학자들은 하나님이 시간을 초월하지 않고, 자연과 역사의 모든 것을 주장하지 않으며, 미래의 모든 것을 다 알지 못하고, 종종 실수를 하며 자신의 계획을 변경하므로 그는 어떤 면에서 보면 세상의 흐름에 이끌려 가는 존재라고 가르친다. 열린 신학자들은 자신들의 견해를 설득력 있게 전파하고 있으며 많은 제자들을 모아들이고 있다. 그러나 필자의 판단에는 그들의 입장이 분명 비성경적이며 그들의 운동은 교회 안에서, 신학교 안에서, 대학 안에서, 출판사들 내에서 그리고 다른 기독교 단체들 안에서 분열과 혼란을 야기하여 왔다.[1]

---

*이 열린 신학은 다양한 이름으로 불리워지고 있다. 열린 신학(openness theology), 자유의지 신론(freewill theism), 열린 관점에서의 하나님(open view of God), 현재주의(prensentism), 이성적 신론(rational theism), 일관된 알미니안주의(consistent Arminianism), 열린 신론(open theism) 등으로 불리워진다. 존 프레임이 사용한 용어(open theism)의 번역을 열린 유신론이라고 할 수 있으나, 현재 미국에 있는 한국 언론과 한국에 발표된 논문 등에서 열린 신학이라는 용어를 가장 널리 사용하고 있으므로, 본서에서 '열린 신학'으로 사용한다.

1) 부르스 웨어는 *God's Lesser Glory*(Wheaton: Crossway Books, 2000), 21-

앞으로 출판될 예정인 『하나님에 관한 교리』(The Doctrine of God)라는 훨씬 두터운 필자의 책 여러 곳에서 필자는 이러한 문제들에 대하여 다루고 있으며 동시에 약간은 열린 신학 자체에 대하여 논의하고 있다. 그러나 그곳에서의 나의 비판은 다른 주제를 다루고 있는 여러 장들 안에 흩어져 있기 때문에 독자들은 그것을 모두 하나로 엮어 내는 데 어려움을 느낄 것이다. 열린 신학의 주제는 우리 시대에 있어서 아주 중요하기 때문에 필자는 그 운동에 대한 본인의 생각을 이 작은 책에 모아서 엮어 놓았다. 그러기에 이 책은 『하나님에 관한 교리』에 나오는 약간의 자료들을 이용하고 있다. 그러면서 동시에 이 책은 열린 신학자들의 글에 대하여 응답하는 새롭고 특별한 자료들을 함유하고 있으며 또한 그에 상응하는 성경의 본문들을 주의 깊게 다루고 있다.

열린 신학에 대한 필자의 일반적 평가는 부정적이지만 그들과의 교류를 통해 얻은 바가 있음을 밝히고자 한다. 그들은 필자에게 하나님과 세상과의 관계는 주고받기식이라고 성경이 설명하고 있다는 사실에 대해 더 깊이 인식하고 있어야 한다고 도전하였다. 우리는 이러한 주고받기식 관계를 단순히 신인 동형 동성설로 치부할 수 없다는 그들의 주장에 동의한다. 만일 우리가 그러한 설명을 신인 동형 동성적이라고 지칭하기로 작정한다면 우리는 **신인 동형 동성적**이라는 의미에 대하여 더 깊은 주의를 기울여야 할 필요가 있다. 이 책에서 필자는 열린 신학에 대하여 비판할 뿐만 아니라 하나님의 영원한 계획과 창조의 사건들과의 관계에 대하여 전통적 유신론자들이 제시하고 있는 것보다 더 정교하게 재구성하려고 한다.

그러므로 이 책에는 필자와 그들 사이에 얼마간의 주고받기가 존재한다. 필자는 그들의 글들에 대하여 왜곡시키지 않고 정당하게 해석하고, 인정할 것은 인정하며, 전통적인 입장에 약점이 있다면 그것을 인정하

27에서 침례교 연례 총회에서 있었던 대립적인 논쟁에 대해 길게 기술하고 있다. 그리고 그는 그곳에서 열린 신학 침입의 다른 예들을 언급하고 있다.

려는 노력을 기울였다는 점을 밝히고자 한다. 그러기에 필자의 부정적 비판이 훨씬 더 강하게 되었다고 확신한다.

이러한 집필 계획에 대하여(이 책의 모체인 『하나님에 관한 교리』를 포함하여) 격려해준 모든 분들에게 감사한다. 또한 이 주제들에 대한 자신들의 견해를 본인에게 나눈 분들에게도 감사한다. 필자가 존경하는 선배인 로저 니콜(Roger Nicole) 씨는 자신의 글과 다른 사람들의 글로부터 많은 자료를 제공해 줌으로 특별한 도움을 주었음을 밝혀둔다. 필자가 이 책의 초고를 완성했을 때 부르스 웨어(Bruce Ware)의 훌륭한 책 『더 작은 하나님의 영광: 열린 신학이 약화시킨 하나님』이 이미 출판되었다.[2] 필자가 그 책을 읽은 후 본인의 책에 대하여 다시 한번 생각하였다. 그것은 이처럼 설득력 있고 균형 있게끔 완벽하게 다룬 웨어의 책에 무엇을 더할 수 있겠는가라는 생각이었다. 그러나 세 번째 생각이 결국은 본인을 압도하였다. 그것은 필자가 열성적인 동료로서 그의 주장의 기초와 구조에 대하여 무엇인가 기여할 수 있다고 확신하게 되었다는 점이다. 그 외에도 필자는 웨어보다 다음의 주제들에 대하여 더 많은 주의를 기울였음을 확신한다. (1) 하나님의 주권의 보편성 (2) 인간의 자유에 대한 자유의지론자들의 논리적 모순과 비성경적 주장 (3) 열린 신학의 형이상학적 그리고 인식론적 전제들 (4) 그 운동의 역사적 배경. 필자가 본인의 초고를 훑어보니 웨어와 본인은 여러 가지 관심사와 생각들을 공유하고 있었다. 하지만 두 책을 읽어 보는 사람은 서로 중복되는 것들이 그리 많지 않다는 점을 발견할 것이다. 우리의 서로 다른 작품 사이의 어떤 차이와는 상관없이 웨어는 동료를 얻게 된 셈이다. 우리가 성경적 입장이라고 믿는 바를 방어함에 있어서 가능한 한 여러 사람의 증인을 모으는 것은 중요하다.

기쁨으로 이러한 노력을 지원하려는 의지 표명을 서둘러 해 준 P&R

---

[2] 앞의 각주를 참고할 것.

출판사에 대하여 감사한다. 그리고 캘리포니아에 있는 웨스트민스터 신학교와 올랜도에 있는 개혁 신학교 제자들의 협조에 대하여 고마움을 표한다. 특히 져스틴 테일러(Justin Taylor) 군의 문헌 조사와 제안 그리고 초고에 대한 논평에 대하여 감사한다. 그리고 P&R 출판사를 대신하여 이 책의 형식을 마련한 제임스 스코트(James Scott) 씨에게도 감사한다. 또한 캐논 출판사(Canon Press)가 그들이 출판한 본인의 소논문 "열린 신학과 하나님의 예지"(Open Theism and Divine Foreknowledge)[3]의 일부분을 인용하도록 허락해 주고 적극적으로 장려해 준 데 대하여 감사한다.

---

[3] Forthcoming in *Bound Only Once: The Openness of God as a Failure of Imagination, Nerve, and Reason*, edited by Douglas Wilson, to be published by Canon Press.

역자 서문

성경신학자가 조직신학과 관련된 책을 번역한다면 무슨 일이 일어날까? 다행히도 이 책은 조직신학적 난제인 신론을 펼쳐나가면서 자신의 주장의 근거로서 많은 부분을 성서로부터 도출해냈다는 것이다.

성경신학자가 이 책을 번역하면서 너무나 많은 것을 생각하도록 자극을 주었다. 보통 성경신학자는 성경의 제반 문제들을 다루기에 신학적 문제에 대하여 철학적으로 사고하는 습성이 종종 결여되어 있음을 느낀다. 그런데 이 책을 번역하는 과정에서 바로 그 결여된 부분에 대하여 깊은 사고를 하게 되었다.

그 결과는 종전에는 주의 깊게 또는 다른 각도에서 사고하지 않았던 성경의 많은 내용들을 폭넓게 다른 시각, 특히 조직적이며 철학적 시각을 가지고 다루는 과정이 필요하다는 강렬한 인상을 받았다.

그렇다고 해서 그러한 방법론에서만 자극을 주었다는 말은 아니다. 이 책의 내용이 소위 열린 신학이 가지고 있는 문제와 그 문제에 대한 변증적 내용이기 때문에, 무심코 넘기기 쉬운 열린 신학의 심층 차원에서의 문제에 대한 올바른 인식과 아울러, 그에 대한 응답에 대한 인식의 과정을 제공하였음을 언급할 필요가 있다는 말이다.

그러기에 변증적 방법론은 물론 개혁주의 신학에서 가장 중시하고 있는 신론에 대한 심오한 사고의 기회를 이 책은 주고 있다. 이 책을 통한 그러한 심오한 사고의 기회는 단지 사고를 위한 사고가 아니라, 하나님에 대한 많은 교리적 내용이 독자로 하여금 새롭게 하나님에 대한 신앙의 척도가 무엇이어야 할지 되돌아보게 하는 도전을 주고 있다.

우리가 믿고 있는 하나님은 어떤 하나님이었으며, 지금 아니 앞으로 믿어야 할 하나님은 어떤 하나님이어야만 하는가에 대한 무수한 도전과 비전을 이 책은 제공하고 있다.

이 책을 읽는 독자들이 역자가 했던 경험을 하게 되고, 그 경험을 통하여 신앙의 깊이는 물론 사고의 깊이가 더 심화될 것을 믿어 의심치 않는다.

2005년 5월
홍성국 識

목 차

서평 / 5
추천사 / 9
서문 / 11
역자 서문 / 15

제1장 열린 신학이란? ─────────────── 21
   1. 수사적 표현과 실재 · 21
   2. 주권적인 하나님의 개방성 · 24
   3. 주권의 피 침성 · 25
   4. 열린 신학의 모호성 · 26
   5. 전통적 유신론에 대한 열린 신학자들의 견해 · 28
   6. 열린 신학의 주된 주장들 · 30

제2장 열린 신학의 유래 ─────────────── 33
   1. 열린 신학의 고전성 · 36
   2. 하나님과 헬라인들 · 40
   3. 소시니아니즘: 열린 신학의 계보에 있어서 사라진 연결 고리 · 42
   4. 최근의 영향들 · 45
   5. 열린 신학의 새로운 점 · 49

제3장 열린 신학자들은 성경을 어떻게 읽는가? ────── 51
   1. 논리 · 52

2. 유형들 · 55
    3. 직설적 주석과 신인 동형 동성설 · 57

제4장 사랑이 하나님의 가장 중요한 속성인가? ---------- 61
    1. 사랑, 민감성, 응답성 그리고 피 침성 · 67

제5장 하나님의 뜻은 모든 것에 대한 궁극적 설명인가? ----- 71
    1. 자연 세계 · 72
    2. 인간 역사 · 73
    3. 인간 개인의 삶 · 76
    4. 인간의 결정들 · 78
    5. 죄악들 · 83
    6. 신앙과 구원 · 90
    7. 요약 · 101

제6장 열린 신학자들의 답변 ---------------------- 107
    1. 특수한 것을 보편화시킴? · 107
    2. 하나님의 예정과 인간의 책임 · 114
    3. 어떤 종류의 선택인가? · 115
    4. 항상 행하는 하나님이 지금 어떻게 행할 수 있는가? · 122
    5. 열린 신학의 또 다른 반대 · 123

제7장 하나님의 뜻은 불가항력적인가? -------------- 125
    1. 선재적 그리고 결과적 뜻들 · 128
    2. 교시적 그리고 규범적 뜻들 · 129
    3. 샌더스의 분류 · 133
    4. 하나님의 뜻의 효과 · 134

제8장 진정한 자유는 있는가? ------------------- 141
    1. 자유의지론에 대한 비판 · 145
    2. 다른 종류의 자유 · 155
    3. 악의 문제 · 159

제9장 시간 속의 하나님인가? — 169
1. 하나님의 무시간성에 반대하는 주장들 · 173
2. 하나님의 초시간성에 대한 철학적 논증 · 177
3. 하나님과 시간에 대한 성경의 증언 · 178
4. 시간 내의 하나님의 편재 · 185

제10장 하나님은 변화하는가? — 189
1. 생각을 바꾸시는 하나님 · 191
2. 어떻게 하나님은 변치 않는가? · 199
3. 불변성과 현재적 편재 · 204

제11장 하나님은 고통을 당하는가? — 209
1. 자존성 · 210
2. 하나님은 감정을 가지고 있는가? · 210
3. 하나님은 과연 연약한가? · 216
4. 하나님은 그리스도 안에서 죽음을 당했는가? · 218

제12장 하나님은 모든 것을 미리 아는가? — 223
1. 하나님의 무지가 성경에 있는가? · 226
2. 미래에 대한 하나님의 총체적 지식 · 232

제13장 열린 신학은 다른 성경적 교리와 일치하는가? — 237
1. 성경의 영감 · 237
2. 죄 · 239
3. 구속 · 239
4. 확신 · 240
5. 천국과 지옥 · 240
6. 인도 · 241

제14장 결론 — 243

참고문헌 / 247

∥ 열린 신학 논쟁 ∥

제1장
열린 신학이란?

본 장에서 필자는 열린 신학자들의 공통적인 입장을 전통적인 입장과 대조하면서 기술하고자 한다. 그러나 일차적으로 상호간의 이해를 위해서 약간의 장애물들을 제거할 필요가 있다.

1. 수사적 표현과 실재

열린 신학자들은 자신들이 믿는 바를 설명함에 있어서 항상 분명한 것은 아니다. 모두는 아니라 해도 많은 사람들의 주장들은 철학 혹은 진지한 신학적 논쟁이기 보다는 훨씬 더 정치적인 연설이나 동기가 섞인 담화와 유사하다. 그들은 명료화를 위한 것보다 타인을 설득하는데 더 많은 관심을 가진 듯하다. 그들은 종종 아주 감성적인 산문을 쓴다. 그런데 그것은 자신들의 입장에 대하여 독자들이 좋은 느낌을 갖지만 전통적인 입장에 대하여는 나쁜 느낌을 갖게 만들도록 계산된 글이다. 필자는 이 글을 시작하기 전에 먼저 독자들이 그들로 하여금 다음과 같은 수사적 표현에 의하여 자신들이 표류 되지 말라고 경고하는 바이다.

예를 들면, 열린 신학자인 클락 피녹(Clark Pinnock)은 사람들이 일반적으로 의식 속에 품고 있는 하나님의 두 가지 양태를 차별화 시키고 있다.

> 하나님은 이 세상의 제반 실제적인 일들과는 아무 상관하지 않고 멀리 떨어져 있으며, 존재의 모든 면에 있어서 불변하는 그리고 모든 것을 결정하며 아무도 저항할 수 없는 힘을 가지고 있으며, 무엇이 일어날지 모든 것을 알고 있으며, 어떤 위험도 당치 않는 군주라는 견해가 첫 번째 견해다. 다른 견해는 다음과 같다. 하나님은 사랑과 책임과 자비와 민감성과 개방성과 취약성을 가진 아버지와 같은 돌보는 존재다. 그는 형이상학적인 원리라기보다 세상을 경험하고, 일어나는 것들에 대하여 반응하고, 우리와 관계하고 인간과 역동적으로 상관하는 존재다.[1]

피녹은 두 번째 견해를 지지하며 그것을 '열린 신학'이라고 지칭한다.[2] 공통적으로 받아들이는 하나님에 대한 이 같은 양식에 대한 설명은 제대로 된 설명이 아니다. 필자는 대부분의 그리스도인들이 위의 두 가지 양식 속에 있는 요소들을 혼합하고 있다고 느낀다. 하나님은 군주이지만 멀리 계신 분이 아니다. 그분은 모든 것을 결정하며 아무도 저항할 수 없는 힘을 가지고 있으면서 동시에 돌보시는 부모와 같다.[3] 그분은 세상에 의존적이 아니지만 동시에 세상의 일과 멀리 떨어져 있지도

---

1) Clark H. Pinnock, Systematic Theology, in *The Openness of God*, by Clark H. Pinnock, Richard Rice, John Sanders, William Hasker, and David Basinger(Downers Grove: InterVarsity Press, 1994), 103. 이하 OG로 표기함.
2) 필자는 피녹이 의도하는 바는 첫 번째 양식을 전통적인 기독교의 유신론이 아닌 헬라 철학의 하나님으로 나타내려는 것이라는 점을 주지해야만 한다. 그렇지만 그는 두 가지 양식 모두 전체적으로는 거의 동질성을 띠었다고 여긴다. 그러나 필자는 그가 염두에 두고 있는 헬라 철학자가 누구인지 궁금하다. 제2장의 하나님과 헬라인들 항목을 참고할 것.
3) 하나님은 부모뿐만 아니라 아버지다. 진정 그분은 "하늘에 계신 아버지다." 이는 예수님이 그렇게 가르친 바다(마 6:9). 그러나 성경은 우리 아버지의 거하는 하늘

않다. 왜냐하면, 그분은 자신이 창조한 세상에서 직접적으로 간여하고 있기 때문이다. 그분은 일어나는 모든 것을 알고 있으며, 침해를 당하지 않지만, 사랑이 가득하며, 책임성이 있으며, 관대하며, 민감하다. 그분은 단지 형이상학적 원리가 아니라 한 인격체다.[4] 전통적인 사람들을 포함한 대부분의 그리스도인이 하나님은 세상을 경험하고, 일어나는 것들에 대하여 반응하고, 우리와 관계하고 인간과 역동적으로 상관하는 존재[5]라는 피녹의 설명을 거부할 것이라고 필자는 생각하지 않는다.

피녹이 하나님을 굳이 서로 다른 두 개의 양식으로 제시한 것이 사실상 한 가지 양식의 여러 가지 면 모두가 수세기 동안 대부분의 그리스도인의 사고를 지배해온 성경적 양식이다. 필자는 첫 번째의 목록에서 두 가지 요소 즉 하나님의 멀리 계심과 세상의 과정으로부터 분리된다는 점을 수용하지 않으며, 두 번째의 목록에서는 두 가지 요소 즉 하나님의 개방성과 취약성에 대하여 의문을 제기한다.[6] 또한 기독교 역사 속의 대부분의 그리스도인이 필자와 동의할 것으로 생각한다.

을 불가항력적 능력과 연계시키고 있다. "주는 하늘에서 하나님이 아니시니이까 이방 사람의 모든 나라를 다스리지 아니하시나이까 주의 손에 권세와 능력이 있사오니 능히 막을 사람이 없나이다"(대하 20:6).
4) 하나님은 한 인격체이자 형이상학적 원칙 즉 우주의 기초석 바로 그것이다. 다시 말하자면, 하나님은 절대적이며 동시에 인격적이라는 말이다. 하나님의 절대성과 인격성의 놀라운 구성에 대한 더 많은 논의는 필자의 *Cornelius Van Til* (Phillipsburg, N.J.: P&R Publishing, 1995), 51-61을 보라.
5) 물론 열린 신학자들은 이 같은 성질들이 하나님에 대한 전통적인 견해에 융합될 수 있을지에 대하여는 의문을 제기한다. 필자는 본서에서 그 같은 가능성에 대하여 논증할 것이다.
6) 이것은 일종의 수사적 꼬임수다. 즉 잠재적으로 논쟁이 일어날 수 있는 주장을 비논쟁적 상황 속에 숨기는 것이다. 피녹은 여기에서 분명하게 사랑, 응답성, 관대성, 민감성에 대하여 우호적인 개념을 기대하고 있다. 그렇게 함으로 개방성과 피침성을 속아내고자 한다. 열린 신학자들은 종종 이런 방식으로 말하는데 그것은 명료성과 계발의 원인으로 작용하지 못한다.

2. 주권적인 하나님의 개방성

개방성과 **취약성**이라는 피녹의 용어들에 대하여 거부한다고 말한 것이 아니라 의문을 표한다고 이미 말하였다. 사실상 어떤 의미에서는 이들 용어들을 인정할 수 있다. 그렇지만 그 용어들은 모호하다. 물론 **개방성**이라는 어휘는 은유적 용어다. 그것은 성경에서 하나님의 하나의 속성으로서 사용되지 않는다. 그리고 그것은 신학 문헌에서 어떤 표준적인 의미로서 사용되지 않고 있다. 리차드 라이스(Richard Rice)는 열린 신학이 하나님은 세상에서의 자신의 독표를 향해 일하는 방법에 있어서 새로운 경험에 대하여 수용적이고 유연한 분이라고 여긴다[7]는 점을 보여주는 것으로 이 어휘를 정의한다.

그러나 피녹과 다른 사람들은 **열린**이라는 단어를 그것이 함유하고 있는 개념을 전제하고 사용한다고 믿는다.[8] 그 어휘는 사실상 그 자체가 좋은 느낌을 가지고 있다. 그것은 따스한 햇빛으로 가득찬 넓은 초원의 집을 볼 수 있는 조망을 의미한다. 문은 열려 있고, 반기는 양탄자가 있으며, 의심하지 않고 자신의 가장 은밀한 곳을 보여주기를 기뻐하는 사람들이 있다. 그러한 상상은 우리의 문화권에서는 사람들에게 매력적이 될 것이 분명하다. 그러나 우리는 그것에 대하여 조심하여야 한다. 종종, 결국에 가서는 닫혀진 것이 열린 것보다 더 좋을 수가 있다. 예를 들어 보자. 우리가 만일 냉장고의 문을 열어 놓으면 음식은 상할 것이다. 대문을 열어 놓는다는 것은 도둑을 초대하는 것이 된다. 그리고 달리는 차의 문을 열어 놓는 것은 위험하다. 아마도 어떤 면에서는 하나님이 닫혀져

---

[7] Richard Rice, "Biblical Support for a New Perspective," in OG, 16.
[8] 열린 신학이란 어휘는 라이스가 그의 책 *The Openness Of God: The Relationship of Divine Foreknowledge and Human Free Will* (Washington: Review and Herald, 1980)에서 처음으로 사용한 듯 하다. 이 책은 *God's Foreknowledge and Man's Free Will* (Minneapolis: Bethany House, 1985)로 재출판되었다.

있는 것이 더 좋을지 모른다. 예를 들면, 만일 그분이 미래를 완전히 개방한 채 놔둔다면, 사단의 승리의 가능성을 열어 놔두는 것이 된다.

전통적 기독교 유신론에서 말하는 주권적인 하나님은 어떤 면에서는 닫혀져 있다. 이 점에 대하여는 우리가 앞으로 볼 것이다. 그러나 또 다른 면에서는 그분은 개방의 하나님이기도 하다. 그분은 세상을 자신의 자녀들에게 완전히 개방하여 놓는다. 그래서 그들이 온 땅을 다스리도록 했다(창 1:28). 그러기에 바울도 그리스도를 통하여 무엇이든지 할 수 있다고 말할 수 있다(빌 4:13). 그분은 자기 백성들이 온 세상에 그리스도를 전파할 때 열린 문을 두셨다(골 4:3; 계 3:8). 하나님은 주권자이기 때문에 창조의 문을 닫을 수도 있고 열 수도 있다. 열면 닫을 사람이 없고 닫으면 열 사람이 없다(계 3:7).

그분의 주권은 우리의 기도에 대하여 완전히 자신을 열어놓게 만든다. 그분이 항상 우리의 기도를 들어 줄 수 있기 때문이다. 어떤 문도 그분에게는 닫혀 있지 않다. 그분은 진정 사람의 마음의 문까지도 그분의 영향력에 열려지게 할 수 있다. 우리는 그분을 몰아낼 수 없다. 그분의 주권적인 능력은 우리가 그분에게 다가 가도록 그리고 역으로 그분이 우리에게 다가 오도록 열어 놓는다.

그러므로 개방성이라는 은유는 양 방향을 모두 차단한다. 진정 열린이라는 어휘가 성경에서는 아주 드물게 사용되고 있지만 실상은 피녹의 견해보다는 전통적 견해에 더 잘 어울린다. 그럼에도 불구하고 물론 신학은 은유들 위에 세워져서는 안 된다. 그것들은 여러 다른 방향을 취할 수 있기 때문에 신학은 성경의 가르침에 기초해야 한다.

3. 주권의 피 침성

피 침성은 이 책에서 추후에 논의한 개념이다. 하나님은 자신의 본성에 있어서 침해를 당할 수 없으며, 그분의 영원한 계획은 패배를 당할 수 없다는 것이 필자의 견해다. 그러한 의미에서 그분은 불가침의 존재다. 그러나 그분이 피조물과 상관할 때는 그렇다고 말할 수 있다. 왜냐하면, 그분은 슬픔을 경험하기 때문이다(엡 4:30). 예수님은 죽음을 당하였지만 하나님의 아들이다. 성육신 되었다는 사실을 차치하고라도 선지자 이사야는 그들의 모든 환난에 동참하사(사 63:9)라고 선언한다. 이같은 성경의 강조는 전통적인 유신론과 완전히 부합한다. 이 문제에 대하여는 다음에 논증할 것이다. [9]

4. 열린 신학의 모호성

그렇지만 우리는 열린 신학의 성격과 전통적 견해와의 정확한 차이점에 대하여 정의를 내림에 있어서 큰 진전을 보지 못했다. 우리가 이미 본 바와 같이 피녹의 두 가지 개념은 너무나 분명치 않으며 모호하기 때문에 그 차이점을 정의하는데 오도할 수 있다. 필자는 열린 신학의 주장하는 바가 본질보다는 개념, 어휘의 소리, 수사에 근거한 것이라는 점을 제시하기 위하여 그의 두 개의 개념을 연구하는데 얼마간의 시간을 보냈다.

하나님의 개방성의 서문에서 또 다른 예를 발견할 수 있다.

> 은혜 안에서 하나님은 사람들에게 그들의 삶을 위한 하나님의 뜻에 협조하든지 아니면 저항할 수 있는 중대한 자유(significant freedom)를 베푼다. 그리고

---

9) 맥그래스(Alister E. McGrath)는 『루터의 십자가 신학』과 찰스 웨슬레의 찬송가 "And Can It Be"를 하나님의 피 침성을 다방면으로 확인하는 전통적 신학자들의 예로서 인용하고 있다. 그는 "Whatever Happened to Luther?" *Christianity Today*, January 9, 1995, 34에서 OG에 대하여 다음과 같이 논평하였다. "우리는 왜 이러한 전통을 포기해야만 하는가? 실상은 그것은 공평하게 그리고 철저하게 이 책에서 제시되어 있지 못하고 있지 않은가? 현대의 복음주의는 자신의 역사적 뿌리와 전통에 대하여 숙지하고 있지 못하다는 비판을 받는다. 흥미롭게 이 책은 그 같은 인상을 확인시켜 준다."

그분은 우리와 주고받기식의 역동적 관계를 맺고 있다. 그리스도인의 삶은 하나님과 인간 사이의 참된 상관관계를 맺고 있다. 우리는 은혜에 기인한 하나님의 주도적 사역에 응답하며 하나님은 우리의 응답에 응답한다. 이 관계는 계속된다. 하나님은 이 주고받기식의 관계의 위험을 수용하지만 자신의 궁극적 목표를 이루기 위한 일을 수행함에 있어서 자신이 무한의 자원이며 동시에 능력을 가진 존재다. 때로는 하나님 자신이 홀로 그러한 목표들을 어떻게 이룰지를 결정한다. 다른 경우에 하나님은 인간의 결정과 함께 일한다. 그러기 위해 자신의 계획을 변하는 상황에 적합하도록 수정하기도 한다. 하나님은 일어나는 모든 것들을 조절하지 않는다. 오히려, 그분은 자신의 피조물로부터 유입되는 것을 수용하기 위해 자신을 개방한다. 사랑의 대화 속에서 하나님은 미래가 실재화되도록 하는 일에 사람들이 하나님과 함께 협력하기를 초청한다.[10]

이들 저자들은 이러한 열린 신학에 대한 설명이 단지 광의적 진술(broad strokes)임을 인정한다.[11] 그러나 그것은 일반적인 독자들의 관심과 감정을 유도하기 위한 설명이다. 이 저자들은 우리가 큰 위험을 무릅쓰고 그렇지만 하나님과 손에 손을 잡고 이 위대한 모험을 해야 한다고 주장한다. 누가 함께 가는 것을 마다하겠는가?

그러나 중대한 자유란 무엇인가? 열린 신학자들은 그것을 실제적 자유(real freedom) 혹은 참된 자유(genuine freedom)라고 설명한다. 물론 모든 사람은 참된 자유를 갖기를 원한다. 그리고 모든 사람은 자신이 그것을 가지고 있다고 믿기를 원한다(진정 무슨 다른 자유가 있다는 말인가?). 그러나 그러한 언어는 논의의 편견을 굉장히 크게 갖게 한다. 다음에서 우리가 보겠지만 열린 신학은 자유에 대한 독특한 견해를 가르친다. 말하자면 그것은 신학에서 아주 논쟁적인 자유의지론(libertarianism)이다. 그러나 그 개념은 비성경적이며 일관성이 결여된 것임을 논증할 것이다. 주의 깊이 분석해 보면 그것은 결코 참된 자유가

---

10) OG에 대한 서문, 7.
11) Ibid.

아니라 예견할 수 없는 우연에 속박된 종류의 자유임이 드러난다.

그렇다면 정적인 관계와 상반되는 하나님과의 역동적(dynamic) 관계는 무엇인가? 현대 신학은 역동적인 것들을 칭송하고 정적인 것은 폄하한다. **하나님의 개방성**의 저자들은 그러한 경향을 충실하게 따르고 있다. 그렇지만 실제적으로 무슨 차이가 있는가? 분명한 것은 그들은 역동적의 의미를 힘 있다는 의미보다는 변화한다는 의미로 쓰고 있다. 그렇지만 고전적 신학에서 조차도 하나님 자신은 변하지 않지만 하나님과 우리의 관계는 어떤 관점에서는 변화한다고 말한다. 다시 말하면, 하나님은 자신의 본질과 영원한 계획안에서 불변이지만 피조물과의 관계에서는 변화할 수 있다는 말이다. 그러므로 사실상 고전적 신학이나 열린 신학 모두는 우리에게 하나님과의 역동적 관계를 인정하고 있다.

그렇다면 과연 우리는 우리의 하나님과의 관계에 있어서 모든 정적인(불변의) 면들을 제외시키기를 원하는가? 그러한 관계의 어떤 면들은 변하지 말아야 한다는 사실은 중요치 않는가? 예를 들면, 하나님의 약속, 구원의 길, 공의, 거룩 그리고 긍휼 등과 같은 것들이다. 시편 136편을 쓴 기자가 그 인자하심이 영원하도다는 후렴을 반복하기를 즐거워하지 않는가? 과연 열린 신학자들이 하나님의 사랑이 잔인성으로 변하는 것을 보기를 즐거워하겠는가?

열린 신학자들의 글을 읽는 독자들에게 간청하는 바는 그들의 수사에 미혹되어 따라가지 말라는 것이다. 어떤 것도 당신을 현혹하도록 허용해서는 안 된다. 이들이 진정으로 의미하는 바가 무엇인지 의문을 가지라는 것이다. 그리고 수사학적으로 매혹적이지만 모호한 언어로 당신이 걸려 넘어지도록 허용하지 말아야 할 것이다.

5. 전통적 유신론에 대한 열린 신학자들의 견해

이제 우리는 열린 신학과 전통적 유신론의 차이에 대해 수사적인 것으로부터 실제적인 것으로 이동하여야 한다. 열린 신학자들이 종종 수사적인 자세를 뛰어 넘어 분석적 자세로 움직이는데 그것은 그들이 받을 정당한 평가다. 예를 들면, 리차드 라이스는 그 주제들에 대하여 조금 더 정교한 견해를 밝히고 있다. 그러기에 우리는 그 부분에 대하여 보아야 한다. 먼저 우리는 전통적인 유신론의 입장에 대한 열린 신학자들의 견해를 살펴보아야 한다. 다음은 전통적 혹은 관습적(conventional)인 것에 대한 라이스의 견해를 필자가 요약한 것이다.[12]

1) 하나님의 주권, 장엄 그리고 영광에 대한 강조.
2) 하나님의 뜻이 모든 것에 대한 최종적 설명.
3) 그분의 뜻은 불가항력적이다.
4) 그분은 돌보시고 자비하지만 악인의 멸망으로 말미암아 동일하게 영광을 받는다.
5) 그분은 초자연적이다.
6) 그분은 과거, 현재, 미래사의 모든 것을 알고 있다.
7) 그분은 인간의 사건들과 경험에 의하여 본질적으로 영향을 받지 않는다.

전통적 관습적이라는 어휘들은 대개의 신학적 전통들이 위의 주장에 동의한다는 점을 암시한다. 그러나 사실상, 라이스의 설명은 다른 전통보다는 특히나 더 칼빈주의 신조를 반영하고 있다. 예를 들면, 알미니안주의는 하나님의 뜻이 모든 것에 대한 설명이고 불가항력적이라는 점에 대하여 동의하지 않는다. 그 반면, 모든 칼빈주의자들이 의인의 구원과 악인의 멸망 안에서 하나님이 동일하게 영광을 받는다는 점에 대하여 동의하는 것은 아니다. 칼빈주의자들은 하나님이 자연과 역사

---

12) Rice, "Biblical Support," in OG, 11-12. John Sanders는 "Historical Considerations," in OG, 59에서 전통적 견해를 "서방의 전통에서 만들어진 하나님에 대한 고전적 견해"라고 부른다.

의 모든 사건들을 미리 예정하신 것처럼 그것들의 결과에 대해서도 동일하게 미리 예정한다고 믿고 있다. 그러나 모든 사건들이 그를 기쁘게 하는 것은 아니다. 그런 의미에서 모든 사건들은 그분을 동일하게 영화롭게 하는 것은 아니다. 악한 자의 멸망에 대하여 성경은 하나님은 그것을 보고 즐겨 하지 않는다고 말한다(겔 33:11). 그러나 그 성경의 가르침을 문자적으로 받아들이는 칼빈주의자들도 많다.[13] 그럼에도 불구하고 라이스의 목록은 바로 열린 신학자들이 거부하기를 원하는 견해라고 지적하고 있다.

6. 열린 신학의 주된 주장들

후에 라이스는 하나님에 대한 자기 자신의 견해를 나열하고 있다. 그것은 다른 열린 신학자들이 공유하고 있는 견해다. 다음은 라이스가 사용한 언어를 의역하여 요약한 것이다.[14]

1) 사랑은 하나님의 가장 중요한 본질이다.
2) 사랑은 돌보심과 드림(commitment) 뿐만 아니라 민감하고 응답적이다.
3) 피조물들은 하나님에게 영향을 행사할 수 있다.
4) 하나님의 뜻은 모든 것에 대한 궁극적 설명이 아니다. 역사는 하나님과 그의 피조물들이 결정하여 행한 것들의 혼합된 결과다.

---

13) 칼빈주의자들은 하나님의 "교시적"과 "규범적" 뜻을 구분한다. 전자는 하나님의 영원한 칙령이며 그것은 필연적으로 시행된다. 반면, 후자는 하나님이 주신 행동 기준을 말한다. 아무도 하나님의 교시적 뜻을 어길 수 없으나 규범적 뜻은 어기는 사람들이 많다. 첫 번째 뜻의 관점에서 볼 때 발생하는 모든 것은 하나님께 영광이 된다. 두 번째 뜻의 관점에서 볼 때 하나님은 자신의 피조물들의 순종에 의해서만 영광을 받는다. 제7장에서 이 차이에 대하여 논의할 것이다.
14) Rice, "Biblical Support," in OG, 15-16.

5) 하나님은 무시간적으로 모든 것을 알지 못하고 사건들이 발생할 때 그 사건들로부터 배운다.
6) 그러므로 어떤 면에서 하나님이 세상에 의존한다.

여기에서 라이스가 언급하지 않은 일곱 번째의 제안이 있는데 그것은 열린 신학에게 있어서 가장 중심적이다. 아마도 그것은 전체의 체계가 유래된 뿌리일 수 있다.

7) 인간은 자유의지론적인 의미에서 자유롭다.

자유의지론은 필자가 이미 인용한 구절에서 피녹이 지칭한 중대한 자유에 대한 철학적 명칭이다. 열린 신학자인 철학자 윌리엄 헤스커(William Hasker)는 자유의지론자의 자유에 대하여 다음과 같이 정의를 내리고 있다.

> 행위자는 주어진 시간에 주어진 행동의 관점에서 볼 때 자유롭다. 만일 그 시간에 그 행동을 실행하는 것이 행위자의 권한 내에 있으면 그리고 또한 행위자의 권한이 그 행위로부터 스스로를 제한하는 범위 내에 있다면 그렇다는 말이다.[15]

이 견해에 따르면 우리의 자유로운 선택은 절대적으로 미결정적이며 비인과적이다. 그것들은 하나님에 의해서 미리 예정된 것이 아니라 환경에 의해서 혹은 우리 자신의 성격과 원함에 의해서 결정된다. 제8장에서 자유에 대한 이런 견해가 비성경적임을 논증할 것이다. 성경은 우리의 소원과 성격에 따라서 행할 자유를 가지고 있으며 하나님의 은혜는 죄에서 해방되어 그리스도를 섬기게 할 수 있다는 사실을 확인하고

---

15) William Hasker, "A Philosophical Perspective," in OG, 136-37.

있다. 그렇지만 성경은 자유의지론을 가르치지 않고 오히려 그것을 제외시키고 있다. 더 나가서, 헤스커와 다른 사람들의 견해와는 달리 자유의지론은 도덕적 책임감을 세우지 않고 오히려 그것을 파괴시킨다는 사실을 논증하려고 한다.

다음의 장들은 열린 신학의 특징적 주장들을 성경의 가르침과 비교하면서 긍정적으로 동시에 부정적으로 분석한다.

제 2 장
열린 신학의 유래

　이 책은 역사적이기보다는 대부분 분석과 평가에 그 초점을 맞추고 있다. 그럼에도 불구하고 어떤 신학적 운동을 이해하기 위해서는 그 역사에 관한 것을 아는 것이 중요하다. 열린 신학을 주장하는 사람들은 종종 그 운동이 아주 현대적이라고 주장하기 때문에 열린 신학에 관한한 더욱 그렇다. 그들에게 있어서는 열린 신학의 참신성이야말로 사람들을 매혹시킬 수밖에 없는 주 원인이다. 예를 들면, 피녹(Pinnock)은 불변하며 무감각한 존재로서의 하나님을 인식하는 것이 고전적 견해라고 본다.

> 오늘날 우리들 중 대부분은 하나님의 이 불변성은 결코 매력적이지 못하다. 우리는 하나님이 자기 폐쇄적인 실제며 결코 변하지 않는다는 사실을 배우게 될 때 전율을 느끼지 않는다.[1]

　그 후 그는 다음과 같이 말한다.

---

1) Clark Pinnock, "Between Classical and Process Theism," in *Process Theology*, ed. Ronald H. Nash(Grand Rapids: Baker, 1987), 315.

나는 현대 문화가 이 점에 있어서 나에게 영향을 주었다는 사실을 수긍한다. 인간의 자유에 대한 새로운 강조는 나로 하여금 하나님을 세상과의 관계에 있어서 스스로를 제한하는 존재로 생각하도록 요구한다. 헬라인들에게 있어서는 하나님을 시대적인 흐름과 아무 상관없이 저 멀리 평온한 위엄의 자리에 두는 것은 너무나 자연스러웠을 것이다. 그러나 우리에게 있어서는 분명 그렇지가 않다… 현대 세상은 역사와 변화에 대하여 긍정적으로 재평가하도록 요청하고 있다. 그리고 그렇게 함에 있어서 성경적 가르침에 더 근접할 것을 요구한다. 아무도 현대성이 항상 우리를 진리에서 멀어지도록 유혹한다고 말하게 해서는 안 된다.[2]

존 샌더스(john Sanders)는 『하나님의 개방성』[3]에서 역사적 고려라는 제목의 글을 한 장에 걸쳐서 기술하였다. 거기에서 그는 전통적 유신론에 대하여 위와 비슷하게 제시하고 있다. 즉 전통적 유신론은 헬라 철학과 성경의 가르침의 혼합이며, 그 혼합은 20세기에 이르기까지 기독교회의 사상을 지배하여 왔다는 것이다. 그러나 현대 신학은 하나님의 본질과 속성에 대하여 현저하게 재평가하였다고 증언한다.[4] 로저 올슨에 따르면 신학은 참으로 사고 체계의 변이(paradigm shift)의 과정을 지나가고 있다.[5] 그러므로 열린 신학은 현대에 있어서 선택의 한 대상으로서 참으로 새로운 그 무엇이며 하나님에 대한 새로운 모델이라는 것이다.

참신성에 대한 이 같은 강조는 열린 신학이 주장하는 주요 부분을 이루고 있다. 피녹이 원하는 바는 신학이 과거에 집착하기 보다는 오늘날의 사람들에게 매력적이 되게 하는 것이다. 물론 이 같은 접근법에는 위

---

2) Ibid., 317.
3) Ibid., 59-100.
4) John Sanders, "Historical Considerations,' in OG, 91.
5) Roger Olson, "Has God Been Held Hostage by Philosophy?" *Christianity Today*, January 9, 1995, 30.

험성이 많다. 가장 새로운 것이 참진리라는 주장을[6] 제일 먼저 거부해야 할 사람이 그리스도인이어야 한다. 사실상 오늘날의 사람들에게 매력적인 것의 대부분은 비기독교적이다.

그렇지만 열린 신학주의자들 역시 성경으로부터 자신의 입장을 정당화하려고 하기 때문에 이점에 지나치게 무게를 두기를 원치 않는다. 그러나 그들의 참신성에 대한 주장에 대하여 공개적으로 질문을 던지고자 한다. 특히 참신성에 매료되는 탐구자들이 알아야 할 필요가 있는 것은 열린 신학이 주장하는 것처럼 새로운 것이 아니라는 점이다. 어떤 의미에서는 열린 신학주의자들은 그들의 입장이 현대성보다는 고전성에 그 기초를 두고 있다고 선전해야 하는 것이 보다 낳을 것이다.

본 장에서의 역사적 연구는 일차적 자료가 그들 자신의 글들을 포함한 이차적 자료에 근거한 작업이다. 그렇지만, 열린 신학의 뿌리에 대한 철저한 역사적 연구는 아주 유용하다. 그런데 그러한 작업은 한 장이 아닌 더 많은 분량을 요구하게 될 것이다. 그러한 것은 주석적인 책의 주요 논쟁점으로부터 추출해야 한다. 다른 곳에서 필자가 주장한 것처럼, 역사적 연구들은 자체적으로 가치가 있지만 그것들은 결코 어떤 신학적인 주제들에 대하여 해답을 줄 수가 없다. 오직 성경만이 서로 다른 신학적 견해 사이의 판단 기준이 된다.[7] 더 나가서 이곳에서의 필자의 목

---

6) 어떤 사상의 참신성이 그 사상을 더욱 진실한 것으로 만든다고 주장하는 것은 발생학적 오류를 범하는 한 예다. 전통주의(이것은 고전성 때문에 사상들을 역류시킨다)와 현대주의(이것은 그 참신성 때문에 사상들을 수용한다)는 똑같이 오류를 범할 수 있다. 개신교 기독교는 오직 성경의 원칙을 선호하기 때문에 양자 모두를 배격한다. 그 원칙은 어떤 신학적 사상이 성경과 동의하는지 안 하는지를 판단한다.
7) See my "In Defense of Something Close to Biblicism," *Westminster Theological Journal* 59(1997), 268-318, also published as "Sola Scriptura in Theological Method," in *Contemporary Worship Music: A Biblical Defense*(Phillipsburg, N.J.: P&R Publishing, 1997), 175-201, and my "Traditionalism."(이 글은 www.thirdmill.org에서 볼 수 있음).

적은 열린 신학과 과거의 지적 운동들 사이의 아주 분명한 상관관계를 그저 주지하려는 것이다. 코넬리우스 반 틸(Cornelius Van Til)이 종종 그랬던 것처럼 여기에서 이차적 자료들을 의도적으로 인용하는 것은 역사에 대한 필자의 이해가 편협적이 아님을 보여주기 위함이다.

1. 열린 신학의 고전성

샌더스 자신이 인정한 것처럼 열린 신학의 결정적이고 특징적인 한 가지 요인은 고전적이라는 것이다. 그것은 자유의지론이다. 그는 그러한 개념이 필로[8]와 여럿의 초기 교부들에게서 발견될 수 있다는 사실을 지적하고 있다.[9] 그는 자유주의 의지론도 역시 칼빈과 대항한 야곱 알미니우스(Jacob Arminius, 1609년경)의 글들 안에 있음이 발견된다.[10] 그러므로 자유주의 의지론 역시 새로운 사상은 아니다.

철학사를 다루는 학자들은 그 사상이 그 훨씬 이전인 헬라 철학자 에피큐러스(Epicurus, 341-270 B. C.)에게도 거슬러 간다고 주장한다. 그는 우주가 정상적으로 수직선을 따라 하향하는 작은 원자들로 구성되었다고 믿었다. 그러나 이들 원자들이 충돌하거나 합해지거나 더 큰 물질을 생성하면 그것들은 때때로 그 수직선으로부터 이탈한다는 것이다. 그러한 이탈 현상은 언제 일어날 지 예견할 수 없다고 하였다. 에피큐러스에게 있어서는 그러한 이탈 현상이 물질의 생성을 설명하는 것이고 또한 인간의 자유와 책임의 성격을 설명하는 것이 된다.[11]

---

8) Sanders, "Historical Considerations," 71.
9) 샌더스는 Justin Martyr(Ibid., 73), 이레니우스(74), 터툴리안(74), 오리겐(75) 그리고 초기 어거스틴(81)을 언급하고 있다(그는 어거스틴이 후에는 자유의지론으로부터 돌아섰다고 주장한다).
10) Ibid., 91.
11) 자유의지론에 대한 중심적인 비평은 후에 제8장에서 제시할 것이다. 그러나 이 곳에서도 역시 에피큐러스의 자유의지론이 도덕적 책임에 대한 답변이라고 할

플라토(Plato, 427-347 B. C.)와 아리스토틀(Aristotle, 384-322 B. C.)도 역시 자연과, 감각의 세계(플라토)와 제일의 물질(아리스토틀) 세계 안에서의 우연성을 지지하였다. 그러한 영역들은 그것들이 어떤 형태 혹은 이디아가 아니기 때문에 전적으로 비결정적이다.[12]

이러한 개념과 일치하게 플라토와 아리스토틀의 신들은 성경의 주권적인 하나님과는 거리가 멀다. 플라토는 여러 가지의 존재를 신적인 것으로 여기고 있다. (1) 헬라 종교의 신들, 그들은 유한하다. (2) 티메우스(Timaeus, 플라토의 저서 중 하나로 소크라테스를 포함한 네 사람이 신에 대하여 논의한 내용이 담겨 있다 – 역자주)에 나오는 신은 물질적 저장소를 유형의 세계를 복사하여 만든다. 신은 형태와 물질의 성질에 의하여 제한 받는다. (3) 형태의 세계 자체는 선의 형태다. 그러나 플라토에게 있어서 선의 형태는 세상의 악 혹은 결함에 대한 것이 아니라 선함에 대한 설명이다. 그러므로 플라토가 신들로 지정하고 있는 모든 것들은 본질적으로 유한하다. 그들은 세상을 조절하지 못하고 오히려 세상의 자주성에 의하여, 우연에 의하여, 그리고 결과적으로 유한한 존재들의 자유의지적 자유에 의하여 스스로가 제한 받고 있다.

때 그것은 부적절하다는 점을 지적하지 않을 수 없다. 나의 도덕적 책임이 내 몸 안에 떠돌아다니는 원자들의 임의적인 운동들에 기초한다는 것을 생각이나 해 볼 수 있는가? 이 견해는 우리의 도덕적 결정들이 우연과, 돌발 사건에 의한 것이라고 말하는 것과 같다. 어떤 사람이 나의 책임을 이 같은 돌발 사건으로 고려하겠는가? 신체 안에 발생하는 신체적 돌발 사건들은(바이러스에 걸려서 집중력이 감퇴되는 것과 같은) 책임감을 생성시키기 보다는 오히려 그것을 경감시킨다.

12) 형태 혹은 사상은 물체의 질이다. 형상, 크기, 색깔, 가치, 덕 등과 같다. 플라토에게 있어서는, 이 세상 안에 있는 물체는 더 높은 세계 안에 존재하는 형태들의 복제품이다. 아리스토틀에게 있어서는, 형태는 우리의 경험 세계 안에 있는 사물과 함께 그리고 그 안에서 발견된다. 양자의 견해에 따르면 형태는 어느 정도는 물질적인 물체에 부착되어 있거나 그것과 연관되어 있다. 물체는 형태를 나타내고 있다. 그러나 물체는 형태하에 있으며, 비형태적인 물체는 형태가 결여되어 있으며, 결과적으로 구조를 결여하게 된다.

아리스토틀의 신은 그가 말하는 제일 동인이다. 그는 모든 것들을 움직이게 하지만 자신은 움직이지 않는다. 이 존재는 인격적 존재가 아닌 비인격적 존재다. 열린 신학자들이 자주 인용하듯이 아리스토틀의 신은 세상을 알지도 사랑하지도 못한다. 그 신은 아름다운 예술품이 관람객들을 전시관으로 끌어들이듯이 유혹적인 유한의 존재들이 자기에게로 움직이게 함으로 세상을 움직인다. 이러한 견해는 본질적으로 자유의지론자들이 말하는 신의 원인 제공이라는 개념이다. 과정신학의 공통적 언어를 사용하기 위해 그들은 아리스토틀의 신은 세상을 움직이되 강제적으로가 아닌 설복적으로라는 말로 풀이하고 있다.[13]

자유의지론 밑에 깔려 있는 전제들은 그보다 훨씬 이전으로 거슬러 올라간다. 테일스(Thales), 아낙시맨더(Anaximander), 아낙시메네스(Anaximenes) 같은 초기의 헬라 철학자들은 세상의 질서와 과정을 신들과 연관 짓지 않고 설명하려고 하였다. 그러므로 그들의 세계관은 어떤 영원한 계획에 의해 세상을 조절하는 인격적 존재를 용인하지 않았다. 세상은 자체적인 원인에 의해 자율적으로 기능을 발휘한다. 그리고 철학자는 신적인 계시와는 상관없이 이성을 사용함으로 그 세상을 자율적으로 이해하기에 이른다. 이들 사상가들이 세상의 과정을 결정론적으로 아니면 비결정론적으로 인식하고 있었는지에 대하여는 불명확하다. 그러나 그들의 사고는 자유의지론에서 가장 큰 걸림돌로 여기는 주권적이며 인격적 하나님에 대한 개념이라는 장벽을 피해가고 있다.

위에서 언급한 내용은 전통적 유신론이 부분적으로는 헬라 철학에 근거하고 있다는 열린 신학자들의 주장에 대한 부분적인 대답임을 주지시

---

13) Persuasion(이 말은 논리적으로 설복시키는 설득의 의미가 있지만 그보다는 움직이게 하는 어떤 힘의 뜻도 있음-역자주)이란 말은 세상에 영향을 주는 제 일 차적 영향에 대한 설명으로써 다소 부적절하다. 아리스토틀의 신은 비인격적이며, 그가 힘을 가할 때 움직여지지 않기 때문이다. 그의 신은 열린 신학의 신보다 더 수동적이다. 그러나 이 신은 전통적인 유신론보다 더 열린 신학과 공통점을 많이 가지고 있다.

키고 싶다. 다른 상황에서 우리는 이 질문에 대하여 생각할 것이지만 자유의지론의 자유에 관한한 열린 신학은 전통적 유신론보다 더욱 헬라적이라는 사실을 이미 볼 수 있었다.

우리는 이러한 발전이 시간적으로 훨씬 이전 즉 역사의 시작점까지 거슬러 올라감을 추적할 수 있다. 자유의지론의 뿌리인 인간의 자율성에 대한 신념은 인간의 타락으로 거슬러 올라간다. 아담과 이브는 하나님과 사단 사이에서 중립적 입장을 취할 수 있다고 믿기에 이르렀으며 자율적으로 어떤 초자연 존재가 진리를 말하는지 결정을 한 사실을 창세기 3장은 기록하고 있다. 그들은 비극적 순간에 사단의 거짓을 믿기에 이르렀다. 그것은 하나님이 자신이 만든 세상을 지배하지 못한다는 것이었다.

역사를 총괄하여 비기독교적 사고는 자유의지론임을 암시하고 있다는 점을 지적한다. 여기에서 언급하지 않은 스토아 철학자들, 스피노자, 스키너(B. F. Skinner) 같은 비기독교적 사상가들은 결정론자들이었다. 결정론은 모든 사건이 이전의 효과적인 원인들에 의하여 완전히 설명될 수 있다는 견해로서 자유의지론과는 상반되는 것이다. 그러나 칼빈주의 관점에서 보면, 세속적 결정론은 자유의지론과는 가까운 사촌간의 관계에 있다. 왜냐하면 양자 모두 세상이 인격적인 창조자에 의하여 지배되지 않는다고 보고 있기 때문이다. 그러므로 그 두 가지 체계 안에서 세상의 과정은 그저 발생한 것일 뿐이다. 모두에게 있어서 지배적인 요인은 우연이다.

그와 같은 방법으로 로저 올슨이 전통적인 유신론과 연결하고자 했던 신플라톤주의와 다른 헬라 철학자들에 대해서도 말할 수 있다.[14] 신플라톤주의는 비인격적인 초월적 존재가 존재한다고 가르쳤다. 어떤 면에서 그 존재는 물질적 세계의 비이성적 흐름과는 반대적이지만 그것은 그 세상의 자체적 불완전을 제거할 수 없기 때문에 그것과 상관관계에 있다.

---

14) Olson, "Has God Been Held Hostage by Philosophy?" 30.

그러므로 열린 신학은 에덴동산 이후의 세계에 있었던 어떤 생각들에 근거하고 있다. 그렇다고 해서 열린 신학을 고대의 우상숭배나 아니면 자유의지론의 세속적 형식과 동일시하는 것이 아니라 열린 신학자의 자유의지론이 그것들과 많은 것을 공유하고 있다는 말을 하려는 것이다. 이렇게 말하는 것은 그러한 개념들이 그릇된 것이라는 점을 입증하려는 것이 아니다. 그렇지만 이렇듯 개념들을 병행시킴으로 열린 신학이 독특하게 현대적이며 전적으로 신선한 통찰이라는 생각을 반격하게 된다. 또한 우리는 이러한 견해를 견지하는 사람들이 항상 성경에 충실하려는 욕구에서 그렇게 한다는 것이 아님을 보았다.

2. 하나님과 헬라인들

위에서 논의의 과정을 통해서 얻은 또 다른 결론은 열린 신학이 어느 정도는 고전적인 유신론이 그런 것처럼 헬라 철학에 빚을 지고 있다는 것이다. 열린 신학자들은 고전적 유신론이 사실상 성경적 가르침과 헬라 철학의 혼합이라고 주장해왔다. 불변성, 불가침성과 같은 약간의 헬라 철학의 개념들이 고전적 유신론에 영향을 미친 사실을 부정하려는 것이 아니다. 그러나 우리는 그러한 영향이 좋은 것인지 나쁜 것인지에 대하여 반드시 논의해야 한다. 우리가 이미 본대로 열린 신학도 헬라 철학과 밀접성을 가지고 있다. 자유의지론적 자유에 대한 견해는 몇몇 헬라 철학자들이 이미 견지하고 있었고 다른 사람들의 가르침에도 암시적으로 나타나 있는 견해다.

열린 신학자들의 고전적 유신론과 헬라 철학과의 비교는 항상 설득력이 있는 것은 아니다. 제1장에서 인용한 피녹의 언급에 대하여 다시 상기해보자.

> 하나님은 이 세상의 제반 실제적인 일들과는 아무 상관하지 않고 멀리 떨어져 있으며, 존재의 모든 면에 있어서 불변하는, 그리고 모든 것을 결정하며

아무도 저항할 수 없는 힘을 가지고 있으며, 무엇이 일어날지 모든 것을 알고 있으며, 어떤 위험도 당치 않는 군주라는 견해가 첫 번째 견해다. 다른 견해는 다음과 같다. 하나님은 사랑과 책임과 자비와 민감성과 개방성과 취약성을 가진 아버지와 같은 돌보는 존재다. 그는 형이상학적인 원리라기보다 세상을 경험하고, 일어나는 것들에 대하여 반응하고, 우리와 관계하고 인간과 역동적으로 상관하는 존재다.[15]

여기서 피녹은 자신이 하나님에 대한 헬라 철학적 견해로 여기는 것과 자신의 열린 견해를 대조 시키고 있다. 그는 고전적 신학이 헬라적 견해에 근접한 것이라고 생각하는 듯 하다. 그렇지만 그가 여기에서 염두에 두고 있는 헬라 철학자들은 누군지 궁금하다. 필자가 아는 바로는 어떤 헬라 철학자도 하나님을 군주로 여기지 않았다는 것이다. 대부분의 헬라 철학 계통에서는 하나님은 비인격적이다. 그렇지만 군주들은 물론 인격적이다. 헬라 종교는 인격적 신들을 포함하였다. 그 중 제우스는 어떤 의미에서는 군주적이지만 이들 신들은 분명히 멀리 있거나, 불변이거나, 불가항력적이지 않다. 플라톤의 신은 모든 것을 결정하는 존재도 아니고 그의 신적인 선은 악이 아니라 오직 선한 일들을 야기 시킨다. 아리스토틀의 비인격적 제일 동인은 유한한 세상에서 발생하는 어떤 것도 알지 못한다. 물론 모든 것을 알지도 못한다. 스토아학파의 신은 피녹의 특성화에 접근하지만 범신론적이거나 아니면 만유 재신론적이다.

열린 신학이나 고전적 유신론도 단지 각자에게 영향을 준 역사적 운동들 때문에 비난 받아서는 안 된다. 그러나 우리가 현대적 운동들과 역사적인 것들과를 비교할 때는 피녹이 한 것보다는 더 신중히 비교하도록 애써야 할 것이다.

---

15) Clark H. Pinnock, "sytematic Theology," in OG, 103.

3. 소시니아니즘: 열린 신학의 계보에 있어서 사라진 연결 고리

자유의지론 외에 열린 신학의 또 다른 중심적 사상도 역시 옛 것인데 그것은 하나님의 전적인 예지를 거부하는 것이다. 그러한 거부도 역시 중요한 역사적 선례를 가지고 있다. 역사적 조사에서 알미니우스에 대하여 논한 후에 샌더스는 20세기로 훌쩍 뛰어넘어 폴 틸리히와 다른 사람들에 대하여 언급한다. 그러나 그는 그렇게 함으로 열린 신학의 사상의 역사에 있어서 중요한 한 운동을 비껴가고 있다. 그것은 소시니아니즘이다. 이태리 사람 렐리오 소시누스(Lelio Socinus: 1525-1562)와 그의 조카 파우스토 소시누스(Fausto Socinus: 1539-1604)는 개신교와 가톨릭교로부터 이단으로 여겨진 사람들이다. 그들은 그리스도의 온전한 신성과 대속적 구속과 전가된 그리스도의 의에 의한 칭의를 부정하였다. 로버트 스트림플(Robert Strimple)은 그러한 견해를 밝힌 후에 다음을 추가하고 있다.

> 그러나 소시니아니즘 또한 이단적인 신론을 견지하였다. 이들의 교리는 아주 간략하게 기술될 수 있다. 그리고 그것은 칼틴주의와 알미니안주의와 대조되어야만 한다. 칼빈주의(어거스틴주의)는 주권적인 하나님은, 발생하는 것은 무엇이든지 예정한다. 그러므로 그분은, 발생하는 것은 무엇이든지 예지한다. 알미니안주의는 발생하는 것은 무엇이든지 하나님이 예정한다는 사실을 부정하지만, 발생하는 무엇이든지 예지한다는 점은 확인하기를 원한다. 알미니안주의자들에 대항하여 소시니안주의자들은, 당신이 다음에 무엇을 하려고 하는지를 하나님이 안다는 사실을 믿는 유일한 참된 기초는 당신이 다음에 무엇을 하려는 지를 하나님이 예정하였다는 점을 긷어야 된다고 주장하는 칼빈주의자들의 논리가 참으로 옳다고 주장했다. 그렇지 않으면 당신의 결정이 무엇일지 어떻게 하나님이 미리 아실 수가 있는가? 그렇지만, 알미니안주의자들과 같이 소시니안주의자들은 하나님의 주권적 예정을 믿는 것은 인간의 자유와는 상반되는 것이라고 주장하였다. 그러므로 하나님이 자유로운 존재의 자

유로운 결정을 예정하였다는 것이 논리적으로는 합당하다 하더라도 그들은 그 예정과 또한 그러한 결정들이 무엇인지에 대한 예지는 부인하였다.
바로 그러한 주장이 피녹, 라이스, 그리고 같은 생각을 가진 다른 새 모델을 추구하는 복음주의자들의 자유의지론적 유신론의 가르침이다. 그들은 하나님에 대한 그들의 교리가 아주 새로운, 현대적인 것이라고 소리 내기를 원한다. 그렇게 할 때 그들은 소위 하이센버그(Heisenberg)의 물리학에서의 불확실성의 원리와 과정신학의 통찰력을 끌어다 들여 무장하였다(비록 그들은 과정신학 전체를 부인하지만…). 그러나 사실상 그것은 바로 오래 전에 교회가 거절한 소시니안 이단 사설이다.[16]

스트림플은 소시니아니즘과 열린 신학 사이에 병행하는 것이 그들의 가장 근본적인 논증으로까지 이어지는 점에 대하여 추가하여 언급하고 있다. 열린 신학자들은 전지성이 알 수 있는 모든 것을 안다는 의미라고 주장하고 있다. 피조물의 자유로운 결정들은 알 수 있는 것이 아니므로 그것에 대한 무지는 하나님의 전지성에 반하는 것이 아니라는 것이다. 그리고 그러한 주장은 소시니아파의 주장에 대한 직접적 반향[17]이라는 점을 지적한다.

열린 신학자들 중 누구도 소시니안주의를 그들의 교리의 하나의 뿌리로 연계 시키고 있지 않다는 점은 아주 놀랄만한 점이다. 샌더스는 자신의 역사적 조망에서 그 점을 비껴나가고 있다. 그것은 피녹이 자신의 신학적 순례기에서 그렇게 했던 것과 같다.[18] 그러나 하나님의 앎에 대한 그들의 견해는 분명히 소시니아파의 견해와 같다. 이러한 지적은 열린

---

16) Robert B. Strimple, "What Does God Know?" in *The Coming Evangelical Crisis*, ed. John H. Armstrong(Chicago: Moody Press, 1996), 140-41.
17) Ibid., 141.
18) Clark H. Pinnock, "From Augustine to Arminius," in *The Grace of God and the Will of Man*, ed. Clark H. Pinnock(Grand Rapids: Zondervan, 1989), 15-30.

신학자들의 모든 것이 소시니아니즘의 이단 사설에 견준다는 말도 아니고 자신들의 유산에 대하여 무엇인가를 숨기려고 한다고 암시하는 것도 아니다. 아마도 그들은 자신들이 소시니아파와 연결되어 있다는 사실을 모를 수 있다. 그러한 무지가 역사에 대한 학문의 질을 잘 반영하지 못하는 것은 사실이다.[19] 그러므로 여기에서 지적하는 바는 그들의 입장이 결코 새로운 것만은 아니며 전체 기독교 역사 속에서 대부분의 그리스도인이 거부하는 주요 교리의 일부분을 차지하고 있다는 것이다.

이점이 왜 중요한가? 스트림플은 그것은 우리가 거짓된 개념에 대하여 우리 자신을 지키는데 도움이 된다고 지적하고 있다.

> 그것은 아마도 우리의 종교 개혁의 선조들이 그러한 사상들만을 알고 있었다면 그들의 하나님에 대한 교리를 다시 생각하였을 것이다. 그런데 그것과는 전혀 다르게 우리의 종교 개혁의 선조들이 소시니아니즘의 형태로 나타난 현대의 라이스와 피녹의 논쟁 속에 다시 나타나고 있지만, 실상은 그것은 분명하게 거부당하였다. 렐리오 소시누스는 그들에게 자신의 견해를 담은 편지들을 계속하여 보냄으로 칼빈과 멜랑크톤을 매우 괴롭혔다. 그렇지만 종교 개혁자들은 그의 견해들을 성경의 증거에 충실하지 않은 것으로 여기며 거부하였다.[20]

---

19) 필자는 열린 신학의 역사 편찬의 질에 대하여 일반적인 평을 하지 않을 것이다. 그러나 필자는 열린 신학의 어떤 비평들은 그 운동이 신학적 전통을 부적절하게 이해하고 있다는 점을 주지시키고자 한다. 다음을 참고하라. Douglas F. Kelly, "Afraid of Infinitude," and Alister E. McGrath, "Whatever Happened to Luther?" in the forum "Has God Been Held Hostage by Philosophy?" *Christianity Today*, January 9, 1995, 30-34.
20) Strimple, "What Does God Know?" 141. 그는 Thomas M. Lindsay의 *A History of the Reformation*(New York: Scribner's, 1938), 2:471.

하나님이 미래를 완전하게 안다는 사실을 믿는 우리는 종교 개혁자들처럼 그 교리에 대한 거부가 소시니아파들의 시대보다 훨씬 이전으로 거슬러 올라감을 추적할 수 있다. 우리는 하나님이 어찌 알랴 지극히 높은 자에게 지식이 있으랴라고 조롱하는 자들이(시 73:11) 이미 있었음을 기억한다. 또한 우리는 이사야 때의 우상숭배자들을 기억한다. 그들은 참하나님은 장래사를 보인다(사 44:22)라고 선언함으로 거짓된 신들에 대하여 자신만이 참하나님임을 나타낸 사실을 무시한 사람들이다. 우리가 위에서 본 바대로 불신앙이 자유의지론 속에 빨려 들어가듯이 자유의지론은 미래사에 대한 하나님의 지식을 부정하는 방향으로 나간다. 그 이유는 양 자의 경우에 있어서 모두 동일하다. 불신자들은 자율적으로 살기를 원한다. 그러기에 세상을 다스리며 미래를 아는 하나님은 그 자율성에 대한 장벽이다.

다시 말하지만 열린 신학자들이 그들의 이전의 사상들 즉 소시니아파 혹은 이사야 때의 우상숭배자들의 모든 과오를 따라간다는 말은 아니다. 또한 그들이 단지 그들의 입장의 역사적 배경 때문에 잘못 되었다는 말도 아니다. 오히려 그러한 논쟁의 요지는 열린 신학의 중심적인 입장이 오래 전에 있었던 것이며 현대적인 것이 아니라는 점을 지적하는 것이다. 그리고 그들은 종종 불신앙의 원인을 제공하기 때문에 우리는 열린 신학의 사상을 조심스럽게 검토해야 한다는 말이다.

4. 최근의 영향들

반면 우리는 열린 신학자들이 현대의 운동들과 주제들에 의하여 광범위하게 영향을 받았음을 증거하고 있다는 점을 아주 심각하게 다루어야 한다. 이미 인용한 글에서 보듯이 피녹은 자신에게 미친 또 다른 영향이 인간의 자유를 새롭게 강조하는 것을 포함한 현대 문화라는 점을 시사하고 있다(그러한 강조는 새로운 것일지 모르나 그 사상은 분명 아니다).

그러나 피녹의 글에는 최근의 것에 대한 건강치 못한 경외심이 있다. 현대적 강조는 나는 세상과의 관계에서 하나님은 스스로를 제한하는 분이라고 생각할 것을 요구한다는 그의 주장을 살펴보자. 그는 현대 문화가 하나님을 제한시키고 있으므로 모든 그리스도인은 자신의 신학을 변경시켜야 되는 것처럼 말하는 것 같다. 얼마나 무서운 생각인가? 그리스도인은 그러한 생각을 아주 강력한 어휘를 사용하여 거부해야 한다. 오직 하나님만이 자신의 말씀 안에서 그리스도인에게 무엇을 믿어야 하는지에 대하여 말할 수 있는 권한을 가지고 있다. 그리고 모든 그리스도인은 하나님의 말씀이 가르치는 바와 어긋나는 어떤 지적인 욕구에 대하여 기꺼이 방어해야 한다.

피녹에 대하여 약간 동정적으로 읽는다면 그의 인간의 자유에 대한 현대적 강조가 그로 하여금 성경을 보다 나은 방법으로 읽도록 말하였다고 봐 줄 수 있다. 그리고 그의 새로운 주석은 반대로 그로 하여금 하나님을 스스로를 제한하는 분으로 생각하도록 요구하였다고 이해해 줄 수 있다. 분명 우리가 성경을 문화의 도전에 반응하기 위하여 새롭게 읽는 것은 잘못된 것이다. 마치 우리가 성경을 지금까지 잘못 읽어 오기라도 했듯이 말이다. 그러나 피녹은 현대 문화가 성경을 재해석할 것을 요구하는 것처럼 말하지만 그것은 결코 이루어질 수 없다.

열린 신학은 자유에 대한 현대적 강조에 부응하기 위하여 고전적 유신론을 다시 써야 한다는 지적 운동의 첫 번째가 아니다. 그러한 강조는 18세기 이후 더 많은 인간의 자유 선택의 여지를 마련하기 위하여 하나님의 주권을 제한시키려고 했던 수많은 철학자들과 신학자들에게 영향을 주었다. 『자연 종교에 관한 담론』(*Dialogues Concerning Natural Religion*)이라는 책에서 데이빗 흄(David Hume)은 유한적인 신은 신앙의 필요에 부응하는 것으로 충분할 것이다라고 제안하였다.[21]

---

21) E. A. Burtt, ed., *The English Philosophers from Bacon to Mill*(New York: Modern Library, n.d.), 741.

요한 스튜어트 밀(John Stuart Mill)도 그에 대하여 동조하였다.[22] 임마누엘 칸트(Immanuel Kant)는 인간의 경험의 영역에서 하나님을 제거시켰다. 그렇게 함으로 그는 자유의지론적 자유를 위한 공간을 마련하였다. 독일과 영국의 이상주의자들은 절대적 존재는 공간과 시간의 세계에 상관적이다라고 가르쳤다. 그 말은 하나님과 세계는 상호 의존적이라는 말이다.[23] 윌리엄 제임스(William James, 1842-1910)는 우리와 함께 악과 싸우는 유한의 신의 존재에 대하여 주장하였다. 그에게 있어서 우리가 자유롭게 되기 위하여 하나님은 유한하여야만 하였다. 그는 자유를 우연과 동일시하였다.[24] 20세기 초에 보스턴의 인간주의(Personalism: Borden P. Bowne, Edgar S. Brightman, Albert C. Knudson, Peter Bertocci)는 하나님은 유한하며 인간의 자유의지적 자유에 상관적이다라고 주장하였다. 유사한 주장을 한 사람들은 John Fiske, Henri Bergson, Andrew Seth Pringle-Pattison, F. H. Bradley와 H. G. Wells 들이다.[25]

---

22) John Stuart Mil, *Three Essays on Religion*(New York: Greenword Press, 1969), 130-31.
23) 예를 들어 Cornelius Van Til, *Christianity and Idealism*(Philadelphia: Presbyterian and Reformed, 1955)을 보라. 많은 신학적 체계들이 하나님과 세상 사이의 상관관계에 대하여 논증하였다(예, 영지주의, 신플라톤주의, 스피노자의 사상).
24) William James, *The Will to Believe*(New York: Dowen Publications, n.d.), 180.
25) Robert A. Morey, *Battle of the Gods*(Southbridge, Mass: Crown Publications, 1989), 69-102에 이와 유사한 논증에 대해 아주 유용한 조사가 이루어져 있다. 그리고 Gregory A. Boyd, *God of Possible*(Grand Rapids: Baker, 2000), 115에는 열린 신학의 선재한 사상들을 제시하고 있다. 보이드는 그의 목록에서 성경 주석가 Adam Clarke을 포함시킨 것은 잘못이다. Roger Nicole, "A Review Article: God of the Possible?" *Reformation and Revival* 10, no. 1(winter 2001), 192에서 민 23:19, 렘 18장, 욘 3:10, 그리고

20세기의 학문적 신학자들은 종종 인간의 자유와 하나님의 피 침성을 강조하는 주장과 유사한 입장을 취하였다. 샌더스에 따르면 몰트만(Jüergen Moltman)과 판넨버그(Wolfhart Pannenberg)의 입장은 예수가 하나님은 역사에 관여하며 그것으로부터 기꺼이 침해당할 분으로 계시하였다는 것이다.[26] 또한 그는 브루너(Emil Brunner), 벌코프(Hendrikus Berkhof), 융겔(Eberhard Jüengel), 군톤(Colin Gunton), 가톨릭교의 여성 신학자 라큐나(Catherine LaCugna)와 죤슨(Elizabeth Johnson) 그리고 그 외의 열린 신학에 연관되어 있는 사람들이다.

그렇지만 20세기의 많은 사람들에게 있어서 자유의지적 자유와 하나님의 피 침성을 주장하는 가장 영향력 있는 운동은 과정철학과 과정신학이다. 전자에 속한 사람들은 알렉산더(Samuel Alexander), 화이트헤드(Alfred North Whitehead) 그리고 하트숀(Charles Hartshone)이며, 후자는 코브(John Cobe), 옥덴(Schubert Ogden), 그리핀(David Ray Griffin)과 같은 사상가들이다. 열린 신학자들은 고전적인 유신론을 비판하기 위해 과정신학을 칭송하고 있지만 과정신학의 고유한 가르침의 어떤 것들을 예외적으로 받아들이고 있다. 예를 들면, 미약한 창조교리, 강압적이 아닌 설득적으로 하나님이 일하신다는 주장, 하나님의 모든 행동은 세상에 의존적이라는 견해, 그리고 하나님의 목적은 궁극적으로 승리할 것이라는 확신의 결여 등이다.[27]

약 1:17에 대한 클라크의 취급은 열린 신학의 입장과 아주 다르다고 제시하고 있다. 클라크는 하나님이 자신의 생각을 바꾼다는 사실을 부인한다. 그리고 또한 그는 하나님이 "없어질 것들이 노출되어 있는 변화와 우연에 의하여 영향을 받는다"는 사실도 부인한다.

26) Sanders, "Historical Considerations," 98.
27) William Hasker, "A Philosophical Perspective," in OG, 138-41; Pinnock, "Between Classical and Process Theism," 317-20.

5. 열린 신학의 새로운 점

그러므로 열린 신학의 사상은 새로운 것이 아니며 열린 신학주의자들은 과거의 관점을 창조적으로 새롭게 사고한 것도 아니다. 그들의 사상의 대부분은 옛 것이다. 그리고 많은 사람들이 과거에도 유사한 견해를 견지하였던 것이다. 열린 신학은 주로 그것이 하나의 신학적 운동이라는 점에서 특이한 것이다. 그 운동은 이러한 주제들에 대하여 비슷한 생각을 가진 그리고 교회로 하여금 자신들의 주장에 따를 것을 설득시키려는 결정적 의도를 가진 사람들을 함께 모아 들였다. 열린 신학자들은 여러 권의 책을 저술하였거나 공저하였으며 그것들은 아주 설득력이 있었다. 그들은 자신들의 사상을 열정과 흥미를 가지고 명료하게 제시하였다. 다른 말로 말하면 그들의 호소력은 사상의 신선함보다는 그들의 제시에 있다고 하겠다.

또한 열린 신학은 그것이 복음적(evangelical) 운동이라는 점에서 특이하다. 복음적이라는 어휘는 전통적으로는 성경의 무오성과 그리스도의 완성된 사역에 대한 믿음을 통한 은혜에 의한 칭의를 믿는 개신교도들을 설명하기 위하여 사용되어 왔다. 복음주의자들은 예수님의 처녀 출생, 그가 행한 기적들, 그의 대속적인 죽음과 부활 등과 같은 성경의 초자연적 사건을 믿는 자들로 알려져 왔다. 그러나 오늘날 복음적이라는 꼬리표가 성경의 무오성을 거부하는 많은 사람들에게도 붙여져 있기 때문에 현재의 상황에서는 그것의 정의를 정확히 내리는 것이 어렵다. 열린 신학자들도 자신들이 복음적인 사람들이라고 주장하면서 하나님의 전지성과 예지성과 같은 교리를 부정하지만, 이전에는 그것은 복음적인 사람들 사이에서는 전혀 논쟁의 여지가 없었던 교리다.

자유에 대한 자유의지론자들의 견해는 복음적 전통의 알미니안적 교리 가운데서 오래 전부터 존재해 왔다. 열린 신학자들은 종종 자신들을 알미니안주의자들과 동일시한다(그러나 이미 우리가 본 바와 같이 그들은 이 문제에 관한한 소시니안적이다). 그러나 그들은 전통적인 알미니안주의의 자유의지적 자유에 대한 자신들의 견해와 충분히 일치하지 않는다고 믿는다. 전통적인 알미니안주의자들은 비록 하나님이 인간의 자유 선택을 미리 결정하지는 않지만 그분은 그 모든 것을 미리 안다고 주장한다. 왜냐하면 하나님은 미래를 완전하게 알고 있기 때문이라는 것이다. 열린 신학자들은 하나님이 미리 예정하지 않고서야 어떻게 인간의 자유 선택을 알 수 있겠는가 하고 아주 적절하게 질문한다. 만일 인간의 자유 선택이 미리 알 수 있는 것이라면, 어떻든 그것은 미리 정해져야만 한다는 것이다. 바로 그 점이 자유의지론자들이 거부하는 점이다. 그러기에 열린 신학자들은 하나님의 예지는 예정을 전제한다는 칼빈주의자들과 동의한다. 그러므로 전통적인 알미니안주의는 부적절하다는 것이다. 그럼에도 불구하고 그들은 예정에 대한 칼빈주의자들의 교리를 받아들이지 않고 하나님의 예정과 예지 모두를 거부한다.[28]

그러므로 우리 앞에 있는 주요 질문은 열린 신학이 신선한가, 혹은 새로운 것인가, 아니면 매력적인가에 있는 것도 아니며, 복음적 전통에 올바르게 서 있는가라는 물음에 있지도 않다. 오히려 문제는 그것이 성경적이냐에 있다는 것이다. 이 질문은 이 책의 나머지 부분에서 우리의 관심의 대상이 된다.

한 칼빈주의자로서 필자는 전통적인 알미니안주의도, 열린 신학도 거부한다. 그러나 개인적인 견해로는 둘 중에서 전자가 더 성경적이고 후자는 더 논리적으로 일치성을 가지고 있다고 본다. 분명 알미니안주의가 더 월등한 것이 사실이다. 왜냐하면 오류를 가진 일치성을 얻기보다는 비록 불일치적이지만 성경적인 것이 더 월등하기 때문이다. 그러나 분명한 것은 우리는 양쪽 모두로부터 만족할 수가 없다는 것이다.

---

28) 전통적인 알미니안주의와 열린 신학과의 관계에 대하여 더 철저하게 연구하려면 Bruce A. Ware의 "The Perceived Inadequacy of the Classical Arminian View of God," in *God's Lesser Glory*(Wheaton, Ill: Crossway Books, 2000), 31-42를 볼 것.

제 3 장
열린 신학자들은 성경을 어떻게 읽는가?

　열린 신학이 제기한 문제의 내용을 검토하기 전에 그들이 결론에 도달하기 위하여 사용한 방법들에 대하여 먼저 논의하고자 한다. 일반적으로 우리가 이미 지적한대로 열린 신학자들도 성경에 초점을 맞춘다. 그렇게 초점을 맞춤으로 그들은 유사한 견해를 견지하고 있는 다른 철학자들이나 신학자들과 스스로를 다르게 만든다. 열린 신학자들은 무엇보다도 그들의 입장이 전통적인 유신론보다 더 성경적임을 과시하려고 노력하며 또한 그렇게 믿고 있다. 그러한 주장을 평가하기 위하여 우리는 그들이 성경을 해석하는 방법에 대하여 약간의 주의를 기울여야 한다.
　어떤 신학도 단지 성경의 문자들을 반복하지는 않는다. 신학은 성경 자체의 것이 아닌 성경 외의 어휘들이나 구절들 그리고 구조적인 방법을 사용한다. 그렇지만 복음적인 신학자들은 자신들의 글들이 성경에 충실하다고 주장한다. 그들은 자신들의 신학적 어휘들이 독자들이 성경을 이해하는데 도움을 준다고 주장한다. 다시 말하면 그들의 사고와 삶에 성경을 적용시킨다는 것이다.[1]

---

1) 적용으로써의 신학에 대한 폭넓은 연구를 위하여 필자의 *The Doctrine of the Knowledge of God*(Phillipsburg, N.J.: Presbyterian and Reformed, 1987)을 볼 것.

그러므로 우리가 비록 우리의 신학 형성에 성경 외의 영향이 있음을 용인하여야 하지만, 우리는 그러한 영향들이 우리가 말하는 바를 결정하는데 영향을 미치도록 허용해서는 안 된다. 우리의 목표는 성경이 스스로의 메시지를 말하도록 허용해야 하는 것이다. 오직 하나님의 말씀이 신학과 삶의 모든 것에 대한 최상의 권위를 가지고 있기 때문이다. 다른 지식의 출처들은 신학에 정보를 주지만 그것을 제어할 수는 없다.

그렇지만 열린 신학자들이 주석의 방법을 결정하는 성경 외의 요소들이 여러 가지가 있다. 우리는 인간의 자유에 대한 새로운 강조가 피녹이 부적절하게 성경을 제한시키면서 성경을 주석하였다는 사실을 이미 보았다. 그리고 특별히 제8장에서 자유의지론의 의미에서 인간의 자유에 대한 교리가 양보될 수 없는 전제로 작용하고 있음을 보게 될 것이다. 열린 신학자들은 자유의지론 자체를 성경적 비판의 여과 없이 자유의지론에 일치하는 방법으로 모든 성경적 가르침을 해석하여야 한다고 주장한다. 그러나 여기서는 열린 신학의 두 가지 주석적 제한에 대하여 관심을 기울이려고 한다.

1. 논리

모든 신학자들은 논리적이기를 추구한다. 그러나 논리에 관한 책들은 우리에게 논리를 사용함에 있어서 옳고 그른 방법들이 있음을 알려 준다. 논리의 법칙들은 보편적으로 그리고 필요하게 유효한 것이지만 우리가 그것들을 사용함에 있어서 다른 것들을 사용할 때와 마찬가지로 우리의 유한성과 죄 때문에 오류를 범한다. 하나님의 지성에는 어떤 상반된 것들이 있지 않다. 그러나 인간의 논리적 주장은 여러 가지 면에서 과오를 범하며 인간의 논리적 체계 역시 무오하지도 않다.[2]

---

2) 신학에서의 논리의 사용에 대하여 폭넓게 취급한 것은 Ibid., 242-301을 볼 것. 그리고 필자의 *Cornelius Van Til*(Phillipsburg, N.J.: P&R Publishing,

샌더스는 소위 이율배반에 대한 호소(appeal to antinomies)를 거부한다. 그는 그것을 성경의 어떤 가르침들은 분명 서로 간에 모순된다는 견해로서 이해하고 있다. 그는 자기의 적대자들, 즉 전통적 유신론자 자신들이 성경의 실질적 모순의 가능성을 부인하고 있음을 인지하고 있다. 사실 그는 하나님의 주권을 인간의 자유에 연관시킴에 있어서 전통적 유신론의 일치성을 방어하고 있다. 그는 전통주의자들이 자신의 자유의지론의 견해와는[3] 다르지만 하나님의 주권에 대한 자신들의 견해와 일치하는 자유에 대한 정의를 지지하고 있음을 인지하고 있다.[4] 그렇지만 그와 동시에 그는 전통적 유신론자들이 부당하게 이율배반에 대한 호소를 하고 있지만 실상은 "분명한 모순"[5]에 대해 호소하고 있다고 믿고 있다.

샌더스는 전통적 유신론자들이 "어떤 교리들은 우리들에게는 참모순이지만 하나님에게는 아니다"[6] 라는 입장을 견지하고 있다고 정죄하고 있다. 그렇게 하고 있는 전통적 유신론자들이 있는지 모른다. 어떤 사람들은 "분명한 모순"에 대하여 말해왔지만 그것은 "우리에게 참모순"된다는 것과는 분명 다르다. 후자는 분명 별다른 의미가 없다. 모순들은 분명하든지 아니면 참이든지 한 것이다. 어떤 사람에게는 참이고 어떤 사람에게는 참이 아니라고 할 수는 없다. 전통적 신학자들이 분명한 모순에 대하여 말할 때 그것은 그러한 참모순이 모든 사람에게 해당된다는 것을 거부하는 것을 의미한다. 그들은 단지 논의의 대상인 교리들이 일치성이 있음을 보여줄 수 있는 능력이 있다고 주장하지 않는다. 그것은 이 신학자

1995), 151-75를 볼 것. 논리의 힘과 한계를 간략하게 다룬 소논문으로는 Richard Pratt, "Does God Observe the Law of Contradiction?… Should We?"가 있다(www.thirdmill.org).
3) John Sanders, *The God who Risks*(Downers Grove, Ill: InterVarsity Press, 1998), 36.
4) 자유에 대한 이 같은 정의에 대하여 제8장에서 다룰 것임.
5) Sanders, *The God Risks*, 34-36.
6) Ibid., 36.

들이 자신들의 무능함을 쉽게 고백하는 것이라는 말이다! 분명 그렇듯 보통 이상으로 겸손하게 되는 것에 대하여 반대할 수 없을 것이다.

샌더스의 이런저런 방법의 논리에 대한 논의는 혼란스럽다. 그러나 분명한 모순에 대한 추상적 개념은 전통적 신학에 모순이 존재한다는 열린 신학자들의 결정적 주장보다는 덜 중요하다. 예를 들어, 샌더스는 "성경은 모든 사건에 대하여 하나님이 철저하게 주관하며 인간은 도덕적으로 책임이 있다"는[7] 전통적 견해가 모순이 있다고 생각한다. 피녹은 이 점에 대하여 다음과 같이 수사적으로 뛰어나게 지적하고 있다.

> 하나님이 비밀리에는 죄를 용인하면서 죄를 미워한다고 말하는 것, 우리가 실패하지 않는 것이 불가능한데 타락하지 말라고 하나님이 우리에게 경고한다고 말하는 것, 대부분의 사람들을 구원의 기회로부터 제외시키면서 하나님이 세상을 사랑한다고 말하는 것, 죄인들이 할 수 없다는 사실을 전적으로 알고 있으면서도 하나님이 그들을 오라고 따스하게 초대한다고 말하는 것, 이 모든 것들은 신비스러운 것이라고 불려질 수 없다. 왜냐하면 그러한 것은 별 의미가 없는 말장난에 불과하기 때문이다.[8]

이 같은 비판이 하나님의 규범적 뜻과 교시적 뜻과의 차이를 적절하게 구분하지 못한다는 점을 제7장에서 논증할 것이다. 그리고 제8장에서는 하나님이 싫어하는 일도 때로는 발생시킨다는 좋은 이유들을 가지고 있다는 점을 논증할 것이다. 만일 그 같은 논증들이 건실하다면 소위 논리적 모순성에 대한 송사에 대한 적절한 대답이 될 것이다.

우리가 두 가지의 언급들이 의미하는 바를 적절하게 이해하기 전에 우리는 그 언급들이 서로 모순성이 있는지 혹은 없는지에 대하여 판단

---

7) Ibid.
8) Clark H. Pinnock, "Systematic Theology," in OG, 115. 그는 David Basinger, "Biblical Paradox: Does Revelation Change Logic?" *Journal of the Evangelical Theological Society* 30(1987): 205-13을 언급하고 있다.

할 수 없다. 우리가 주의 깊게 분석하기 전에 종종 어떤 언급들은 모순 되는 것처럼 보인다. 어떤 사람이 지금 비가 온다고 말하고 다른 사람은 아니라고 말할 때, 이 둘의 보도는 모순 되는 것처럼 보일 것이다. 그러나 만일 우리가 밖에 짙은 안개가 끼었음을 발견하면, 우리는 그 둘의 언급이 그 날씨를 아주 공정하게 설명하고 있다고 판단을 내릴 것이다. 모든 논리에 관한 책들은 그 사실을 용인한다. 비모순의 법칙은 A는 같은 시간 내에 그리고 같은 관점 안에서 A가 아닐 수 없다고 말할 수 없다. "같은 관점"이라는 말은 우리가 어떤 표현이 모순 된다고 판단할 수 있기 전에 그 어휘의 의미들을 반드시 이해하고 있어야 함을 암시한다. 우리는 언뜻 보기에 어떤 언급들이 단지 모순 되는 것처럼 보이기 때문에 그것들이 모순 된다고 판단을 내려서는 안 된다. 그러므로 우리의 쟁점은 진정 논리적이 아니고 신학적 내용에 있다.

2 유형들

샌더스는 전통적 신학의 "비모험적 견해"(no-risk view)보다는 "섭리의 모험적 유형"에 더욱 접근하고 있다.[9] 그는 "모험 감당하기"(risk taker)가 하나님에 대한 문자적 설명보다는 하나의 은유라는 사실을 용인하고 있지만 현재적 상황을 강조하기 위한 하나의 중요한 은유라고 생각한다. 그는 생각하기를 왕과 같은 전통적 은유들은 하나님과 우리의 관계에 대한 다양한 양상들을 모호하게 하는 것이라는 것이다.[10]

그렇다면 유형들은 우리가 하나님에 대하여 알고 있는 특수한 사항들의 많은 것들을 하나의 통일된 개념 안에서 조직하는 데 도움을 주는 은유들이다. 하나의 유형은 결코 총괄적일 수가 없다. 우리는 어떤 하나의 유형으로부터 얻은 아주 특이한 생각에 의해서가 아니라 성경의 전체

---

9) Sanders, *The God Who Risks*, 10.
10) Ibid., 11.

가르침으로부터 하나님에 대하여 배운다. 성경에 대한 우리의 주석은 우리의 유형들을 지배해야만 하고, 그 역은 아니다. 그렇지만 우리의 유한함을 고려할 때 우리는 성경에 나오는 모든 것을 단 번에 생각해 낼 수 없다. 그러므로 성경의 자료들을 다양한 일반적 개념과 유형들로 조직하는 것은 신학적 작업에 있어서 필요한 작업이다.

샌더스의 "모험 감당하기"(risk taker) 모델이 비성경적이라는 사실을 나중에 밝힐 것이다. 그러나 우리의 논의의 예비적 단계지만 독자는 이 유형에 대하여 어느 정도 의심해야 한다는 점을 밝혀야 한다. 성경은 하나님이 모험 감당하는 분으로 언급한 적은 없고, 수 없이 많이 하나님은 왕이요, 주라고 말하고 있다. 하나님이 모험 감당하는 존재라는 개념은 고작 논쟁의 여지가 있는 해석으로부터 연역한 개념이다. 반면 하나님은 왕이요 주라는 개념은 분명 하나님에 관한 교리에 대한 성경의 저자 자신들의 강조의 중심부를 차지하고 있다.[11]

샌더스는 모험 감당하는 존재로서의 하나님의 개념을 하나님의 후회 혹은 철회라는 개념과 연결시키고 있는데 그것은 분명 성경에 약간 나온다. 하나님의 철회를 성경적으로 이해하면 그것은 모험 감당하는 것을 암시하는 것이 아님을 후에 논증할 것이다. 하나님과 연관지어 성경에 나오는 철회의 회수와 왕과 주님의 회수 사이에는 엄청난 차이가 있다.

모험 감당하는 존재가 주관을 은유하는 왕을 실제로 대치될 수 있다는 생각은 모호하게 들릴 뿐이다. 그것은 전적으로 그릇된 방향이며 극도로 위험한 생각이다. 우리가 앞으로 보겠지만 그 같은 과정은 신학에 엄청난 왜곡을 초래한다. 그러나 그것은 열린 신학에게 있어서는 본질적이다. 진정 그것은 열린 신학의 주된 원칙을 표현하는 또 다른 방법에 지나지 않는다. 그 원칙은 모든 것이 자유의지론적 자유 교리에 순응해

---

[11] 하나님에 관한 교리를 주되심의 신학으로 취급하는 것이 정당하다는 필자의 주장은 곧 출간될 『하나님에 관한 교리』(The Doctrine of God)의 제1-6장을 참고할 것. 주라는 명칭은 하나님의 본 이름 야웨를 말한다.

야 한다는 것이다. 그러한 관점에서 볼 때, 만일 사람이 자유로워지려면 하나님은 미래를 주관할 수 없게 된다. 만일 하나님이 어쨌든지 행해야 한다면 하나님은 모험을 감당해야만 한다. 자유의지론적 자유의 세계에서는 하나님의 왕권과 주됨은 문젯거리가 된다. 그것은 모험 감당의 모델이 분명하게 이해되기 위하여 반드시 피해야만 하는 은유다.

그러므로 주관의 모델에 대한 선택은 일종의 편견에 의한 것이 된다. 결국은 그것은 신학적 논의의 과정을 결정하게 된다. 비록 필자가 열린 신학자들과는 주석적 차이를 많이 가지고 있지만 본인의 가장 심각한 반대는 그들이 본문에 끌어들인 전제들에 대한 것이다. 바로 그 전제들이 그들의 주석을 지배하기 때문이다.

3. 직설적 주석과 신인 동형 동성설

열린 신학자들과 전통적 신학자들 사이의 논쟁거리 중의 하나는 하나님의 "후회", "마음 바꿈", "지식의 증가" 같은 유의 성경적 언급이 문자적으로 아니면 상징적으로 받아들여야 할 지에 대한 것이다. 웨어는 다음과 같이 말한다.

> 개방성의 주장의 우선적인 호소 중 하나는 우리가 성경의 본문을 단지 그것이 말하는 바를 취해야 된다고 도전하는 데 있다. 성경이 분명하고 명백하게 말하는 바에 대해서 그 반대의 말을 하지 말라고 개방성을 주장하는 자들이 주장한다. 주께서 아브라함에게 "내가 이제야 네가 하나님을 경외하는 줄을 아노라"고 말할 때 우리는 이 말씀들이 정상적인 대화체적 말이 전달하고자 하는 바를 정확하게 말하며 의미를 부여하게 하도록 해야 한다. 그렇게 볼 때 이 말씀은 하나님이 이전에는 알지 못했던 바를 문자적으로 진정으로 알게 되었다는 뜻이 된다.[12]

---

12) Bruce A. Ware, *God's Lesser Glory*, 65.

개방성 – 저술가들은 이 원리를 "직설적인" 주석이라고 자주 말한다. 그렇지만 전통적 신학자들은 그러한 구절을 일반적으로 "신인 동형 동성설"로 설명한다. 하나님을 인간인 것처럼 설명하는 것을 말한다. 전통적인 견해에 따르면 하나님은 미래를 완전하게 알기에 어떤 것도 새롭게 문자적으로 배울 수 없다는 것이다.

웨어 자신도 소위 일컫는 바 창세기 22장 12절에 대한 직설적 해석은 열린 신학의 체계 안에서도 달성될 수 없다는 점을 지적한다. 그는 이에 대해 세 가지 점을 지적한다. 첫째, 만일 하나님이 아브라함의 마음속에 있었던 바를 찾아내기 위하여 그를 시험할 필요가 문자적으로 있었다면 하나님의 무지는 미래에 대한 것이 아니고 현재에 관한 것이다. 그러나 열린 신학자들은 종종 하나님은 현재에 대하여 완벽하게 안다고 주장한다. 둘째, 이 해석은 열린 신학자들이 다른 곳에서 하나님은 인간의 마음의 내적 동기들에 대하여 안다고 확인한 바를 부인하는 것이다. 셋째, 만일 아브라함이 미래에 신실할 것인지를 하나님이 발견하려고 노력한다면, 하나님은 아브라함의 자유의지적 자유 선택을 미리 알려고 애쓰는 것이 된다. 그런데 개방적 견해에 따르면 하나님이 그 점에 대하여 알 수가 없다.

우리는 다른 이유가 존재하지 않는다면 어떤 본문의 표면적 의미를 일반적으로 따라가야 한다는 점에 있어서 웨어와 동의한다.[13] 그러나 주석적 논쟁들은 종종 바로 그 같은 이유들과 관련되어 있다. 그러기에 어떤 해석이 직설적 해석이라고 단순하게 주장하는 것은 도움이 안 된다. 웨어의 예에서 보면, 열린 신학자들이나 전통적 유신론자들 모두 그 본문을 문자적으로 해석하지 못할 이유를 가지고 있다. 그렇지만 열린 신학자들은 자신들의 이유들을 항상 인식하고 있는 것은 아니다.

이 같은 본문에 대한 주석은 본문의 표면적 의미와 나머지 성경이 하나님에 대하여 가르치고 있는 바를 모두 고려해야만 한다. 전통적 신학은

---

13) Ibid., 66.

이 점을 인지하고 있다. 왜냐하면, 그들은 창세기 22장 12절과 같은 본문들을 하나님의 지식에 관한 총체적인 견해에 근거해서 신인 동형 동성적인 것으로 여기고 있기 때문이다. 열린 신학자들도 이와 같이 그러한 본문을 자신들의 다른 주장의 관점에서 이해하려는 관심을 보여야 한다. 그렇지만 그들은 종종 그렇게 하지 않고 있다. 적어도 그들은 자신들의 창세기 22장 12절에 대한 해석과 하나님에 대한 자신들의 주장 사이에 논리적 일치를 보이는 일에 더 많은 관심을 가져야 한다. 어쨌든, 열린 신학자들이 자신들은 이들 본문들을 직설적으로 취급하는 데 비해, 전통적 신학자들이 신인 동형 동성적으로 취급한다고 그저 말하는 것은 지나친 단순화다.

진정, 모든 해석들을 "신인 동형 동성적" 아니면 "문자적"이라는 범주로 분류하는 것은 지나친 단순화다. 하나님에 대한 성경의 모든 언급들은 그 자체가 인간의 언어 안에서 하나님에 대하여 말하고, 적어도 사람들이 이해할 수 있는 개념들을 사용하고 있으며, 적어도 암시적으로나마 얼마간은 하나님과 인간과의 비교를 하고 있다는 점에서 신인 동형 동성적이다. 그 같은 모든 언급들을 옳게 이해하려고 한다면 실상은 하나님을 참되게 또한 실질적으로 제시하고 있다는 점에서 문자적이다.

진정, 여러 가지 면에서 하나님은 문자적으로 인간과 유사성이 있다. 예를 들면, 비록 여러 가지 면에서 하나님의 말과 인간의 말은 다르지만, 인간들도 말하고 하나님도 말한다. 다음에 보겠지만 하나님이 역사 내에 들어올 때(성육신과 같은—유일한 것만은 아니다), 하나님은 우리가 경험하는 것처럼 시간의 흐름을 경험한다. 하나님은 월요일에 발생한 어떤 일을 그러나 화요일에는 다른 일을 본다. 시간 속에 나타난 하나님의 행위에 대한 성경의 언급은 신인 동형 동성적이지만 단지 신인 동형 동성적인 것만도 아니다.[14]

---

14) 문자적, 상징적, 은유적, 유비적 그리고 신인 동형 동성적 술어에 대한 논의는 필자의 *The Doctrine of the Knowledge of God*, 18-40, 226-32; *Cornelius*, 161-75; *The Doctrine of God*, 제11장을 볼 것.

|| 열린 신학 논쟁 ||

제4장
사랑이 하나님의
가장 중요한 속성인가?

　이 책의 나머지 부분에서 열린 신학의 주된 주장을 분석해 보고자 한다. 그것은 이미 제1장에서 요약했다. 그 분석의 순서는 제1장의 요약된 순서를 정확히 따르지 않을 수 있다. 첫째, 그들의 주장의 목록의 첫 번째는 사랑이 하나님의 가장 중요한 속성이라는 것이다.

　하나님의 속성(attribute)으로 불리는 본질(quality)은 하나님을 설명하기 위하여 명사형 혹은 형용사형으로 표현된 개념들이다. 전통적 신학에서 사용된 이들 속성들은 무한성, 영원성, 광대성, 불변성, 전능, 거룩, 진리, 사랑 등이다.

　몇몇 신학자들은 하나님의 한 속성은(혹은 일단의 속성) 독특하게 그분의 본질을 설명하므로 다른 것들보다 더 근본적이라는 사실을 제시하려고 애써왔다. 어떤 때는 그들이 다른 모든 혹은 약간의 속성들을 그 근본적인 속성들로부터 유추시키려고 애써왔다. 아퀴나스(Aquinas)에게 있어서 하나님의 적절한 이름은 존재(Being)다. 그러한 관점에서 그는 하나님의 본질이 하나님 자신의 존재에 일치한다는 전제로부터 모든 하나님의 속성들을 유추하려고 하였을 것이다. 바빙크(Herman Bavink)는 신학사에서 그와 유사한 다른 시도들에 대하여 개관하였다. 스코투스(Duns Scotus)에게 있어서 하나님의 근본적인 속성은 그의 무한성이다. 그리고 몇몇의 개혁주의 신학자들에게 있어서는 자존성(aseity)이며[1], 얀세니우스(Cornelius Jansenius)에게 있어서는 진실성(veracity), 성 씨란은(Saint-Cyran) 전능성, 소시니안파는 뜻, 헤겔은 이성, 야고비, 롯쩨, 도너(Jacoby, Lotze, Dorner)는 절대적인 인격성, 리츨은 사랑이다.[2] 바빙크 이후의 신학자들 중에서 발트는 자유 안에서의 사랑,[3] 부버와 브룬너는 인격[4] 그리고 몰트만은 미래성[5]을 강조하고 있음을 알 수 있다.

이 물음에 대해 열린 신학자들은 하나님의 근본적인 속성으로서의 사랑에 관하여는 리츨의 입장을 취하고 있다.[6] 분명 그러한 입장은 매력적이다. 왜냐하면 하나님은 사랑이시라는 요한1서 4장 8, 16절의 언급과 하나님의 사랑을 본받는 사랑이 성경적 윤리의 중심부를 차지하고 있기 때문이다(출 20:1-3; 신 6:4-9; 요 13:34-35; 고전 13장; 빌 2:1-11; 요일 3:16; 4:10). 그러나 하나님의 속성에 관한한 하나님은 사랑이라는 말은 하나님은 빛이다(요일 1:5) 혹은 하나님은 영이다(요 4:24)라

---

1) Gordon H. Clark은 하나님의 모든 속성을 자존성의 속성으로부터 논리적인 연역을 할 수 있다고 제안하였다. 그의 "Attributes, the Divine," in *Baker's Dictionary of Theology*, ed. Everett F. Harrison(Grand Rapids: Baker 1960), 78-70을 볼 것.
2) Herman Bavinck, *The Doctrine of God*(Grand Rapids: Baker, 1951), 114-20.
3) Karl Barth, *Church Dogmatics*(Edinburgh: T. and T. Clark, 1936-60), II/1-2.
4) Martin Buber, *I and Thou*(Edinburgh: T. and T. Clark, 1937); Emil Brunner, *Dogmatics I, The Christian Doctrine of God*(London: Lutterworth Press, 1949).
5) Jüergen Moltmann, *The Theology of Hope*(New York: Harper and Row, 1965).
6) 리츨은 1822-1889년까지 살았다. 그러므로 열린 신학의 이러한 요소는 제2장에서 논의한 것과 같이 유일하게 현대의 것이 아니다.

는 표현보다 더 그 이상의 근본적인 것을 설명하고 있는가? 아니면 그것은 출애굽기 34장 6-7절에 나오는 하나님의 이름(사랑과 진노라는 어휘)에 대한 해석보다 더 완전하게 하나님의 본성을 설명하는 것인가? 출애굽기 34장 14절(참고, 20:5)에 나오는 질투의 하나님은 어떤가? 혹은 이스라엘의 거룩한 자(시 71:22; 78:41; 89:18; 사 1:4; 6:3)는 어떤가? 아니면 족장 시대의 이름인 엘 샤다이(El Shaddai)에 나타난 속성인 하나님의 전능성은 어떤가? 하나님이 긍휼을 주권적으로 행사하는 관점에서 자신의 이름을 피력한 출애굽기 33장 19절(나는… 긍휼히 여길 자에게 긍휼을 베푸느니라)은 어떤가? 다른 속성들과 특별한 비교를 하려고 하지 않을 때 한 속성의 중심성을 논하는 것은 더 쉽다. 그러나 중심성과 중요성은 비교를 나타내는 어휘들이다. 어떤 하나의 속성의 상대적 중요성을 논하기 위하여 정확한 비교가 필요하다.

앞으로 출판될 『하나님에 관한 교리』에서 주님이라는 명칭이 중심적 역할을 한다. 분명 주님은 성경에서 가장 근본적인 하나님의 이름이다. 그리고 모든 성경적 계시는 그것을 드러내고 있다. 하나님이 자신의 능력을 행함으로 사람들은 하나님이 주됨을 알게 된다(출 6:7; 참고, 7:5, 17; 8:22와 그 외의 다수). 그러므로 그의 통치권(lordship)은 지속적으로 히브리어로 야웨와 아돈 그리고 헬라어로 퀴리어스라는 어휘를 사용함으로 성경에서 가장 자주 언급되는 속성이다. 교육적인 목적을 위하여 또는 덕을 함양할 목적을 위하여 성경이 강조하고 있는 것에서 시작하고 또한 강조하고 있는 성경으로부터 시작하는 것이 합당하다. 왜냐하면 하나님의 통치권은 쉽게 다른 주제를 생각할 수 있도록 이끌기 때문이다. 그렇다고 해서 거룩, 사랑, 영원성 그리고 의는 아니며, 오직 통치권만이 형이상학적으로 하나님의 본질에 있어서 중심적이라고 말하려 하는 것은 아니다. 다른 개념들도 특별한 성경의 상황에서는 중심적이 될 수 있다. 예를 들면, 요한1서 1장 5절이나 4장 8절 같은 데서 그러한 개념들도 하나님을 명명할 수 있으며 정의를 내릴 수 있다.

어떤 하나를 중심적인 속성으로 삼기보다는 고전적 신학은 하나님을 정의하는 모든 속성들을 그분의 어떤 본질을 설명하는 방법으로 삼고 있다.[7] 그러므로 하나님의 속성들은 그분의 본성 내에 있는 어떤 부분이나 분할이 아니고 각각의 속성은 존재 자체에 필요한 것들이다. 각각은 그분에게 본질적이므로 그분의 본질은 그 모든 것을 포함한다. 하나님은 자신의 선함, 지혜, 영원성, 사랑이 없이는 하나님일 수가 없다. 다른 말로 말하면, 하나님은 필연적으로 선하며, 지혜로우며, 영원하며 그리고 그분에게는 사랑이 있다. 그분의 속성 중 어떤 것도 그분으로부터 제거될 수 없으며, 어떤 새로운 속성도 첨가될 수 없다. 다른 속성들 없이는 한 가지 속성이 존재할 수 없다. 그러므로 각각의 속성은 하나님의 속성들을 가지고 있다. 그리고 각각은 다른 것들에 의하여 그 신적인 질이 정해진다. 예를 들면, 하나님의 지혜는 영원한 지혜며, 선은 지혜로운 선이며 의로운 선이다.

그러므로 『하나님에 관한 교리』에서 필자는 하나님의 본질적 속성들은 관점적(perspectival)이라고 논하였다. 그 말은 각각의 속성은 서로 다른 관점에서 하나님의 본질의 모든 것을 설명한다는 뜻이다. 다른 말로 하면, 어떤 속성도 중심적인 것으로 취해질 수 있고 다른 것들은 그것과 연관해서 생각될 수 있다는 말이다. 그렇다면 하나님에 관한 교리는 하나가 아닌 여러 개의 중심을 가지게 된다. 만일 신학자들이 자신들이 선호하는 속성을 중심으로 삼고 그 외의 것들을 제외시킨다면 그것은 잘못된 것이다. 사랑이 하나님의 본질이라고 말할 때 리츨은 옳지만, 거룩은 그렇지 않다고 말할 때 그는 잘못이다. 그러한 종류의 과오는 종종 다른 신학적 과오들과 연관이 있다. 어떤 신학자가 다른 속성들과는 대조적으로 하나님의 사랑만을 중심으로 삼을 때 그는 성경에 반하여 의도적으로 하나님의 진로와 심판의 실재와 무서움에 대하여는 의심을 갖게 만드는 것이다. 리츨이 바로 그런 경우다. 그리고 현대의 몇몇의

---

[7] "속성들을 정의함에 있어서 필자는 하나님의 본성을 정의하는 것으로서의 속성을 말하는 것이다. 이러한 범주 내에 들지 않는 약간의 속성들이 있다."

복음적인 사람들에게서도 보여 지고 있는 경우다.[8]

 그렇다고 해서 모든 속성들이 하나님을 이해하는데 있어서 동일하게 중요하다고 말하는 것은 아니다. 어떤 저자는 시편 139편 15절에서 하나님을 짜깁는 자(knitter)로 말하고 있다고 지적하였다.[9] 만일 그렇다면 우리는 짜깁는 능력을 하나님의 한 속성으로 인식해야만 한다. 물론 그러한 속성은 사랑이나 전능과 같이 중요한 것은 아니다. 그러나 그것은 하나님의 속성들의 모든 것에 대한 하나의 관점이 될 수 있다. 왜냐하면 하나님의 일의 모든 것은 자신의 영광을 드러내기 위해 교직물을 수놓은 것과 같기 때문이다. 그렇지만 그것이 성경에서 가장 중요한 관점은 아니다.

 그러므로 우리는 사랑의 우선권을 약간은 더 약한 의미로 취할 수 있는가에 대한 질문을 해야 한다. 즉 사랑은 형이상학적으로 우선한다는 것이 아니라 하나님을 이해함에 있어서 우선적이라는 것이다. 지금 우리가 묻는 바는 사랑만이 하나님의 본질인가에 대한 것이 아니라 성경이 다른 본질보다 더 사랑에 대하여 두드러지게 강조하고 있는가에 대한 것이다. 그러나 이미 우리가 본대로 빛, 영, 질투, 거룩, 전능성, 주권적인 긍휼, 통치권과 같은 우선적인 속성으로 대두될 만한 다른 성경적인 속성들을 생각할 때 그러한 결론을 도출하기 위해 논증하는 것도 매우 어렵다. 열린 신학자들의 결론을 입증하기 위해 필요한 것은 사랑이 중요하며, 관점적으로 중심적이라는 사실 뿐만 아니라 다른 속성들 하나하나보다 성경적인 계시에 있어서 어느 정도는 더 중요하다는 사실을 입증해야 한다. 그렇지만 열린 신학자 중 어느 누구도 그러한 난해한 작

---

8) 그들의 입장에 대한 뛰어난 비평은 Robert A. Peterson, *Hell On Trial* (Phillipsburg, N.J.: P&R Publishing, 1995)를 보라. 우리가 앞으로 볼 것이지만, 열린 신학자들 중 다수가 영원한 심판에 대한 전통적인 교리에 대하여 의문을 제기한다.

9) Leland Ryken, James C. Wklhoit, and Tremper Longman III, *Dictionary of Biblical Imagery*(Downers Grove, Ill: Intervarsity Press, 1998), 334.

업을 시작하지 않은 것으로 안다.

라이스(Richard Rice)는 하나님의 사랑의 중요성에 대한 성경적 증거들을 많이 제시하였다(예를 들면, 요일 4:8-10, 15-16; 시 103:8; 사 54:8; 63:9; 신 7:8; 렘 31:3; 롬 8:32; 5:8; 요 3:16). 그리고 그는 그러한 사실을 뒷받침하기 위해 헤셸, 발트, 브룬너, 캐스퍼 그리고 판넨버그를 인용하고 있다. 분명 위의 본문들은 하나님의 사랑이 중요하다는 사실을 보여주고 있다. 그러나 라이스는 더 나가서 하나님의 다른 속성들 모든 것보다 더 그것이 더 중요한[10] 것임을 논증하기를 원한다. 그러나 그는 결코 하나님의 다른 속성들과 사랑을 비교하여 제시하지 않았다. 단지 성경에서 사랑이 중요하며 중심을 차지하고 있다고 말하는 것만으로는 그러한 결론이 정당화 되지 못한다. 다른 속성들이 사랑보다 덜 중요하며 덜 중심적임을 제시하여야 한다. 그러나 라이스의 논증은 사랑 외의 다른 속성에 대하여는 다루지 않았다.

하나님의 사랑이 통치권보다 더 중요하다는 점을 성경적으로 입증하기는 특히 어렵다. NIV(New International Version)는 '주' 라는 단어를 7,484회 사용하고 있다. 그것은 이 어휘의 중요성을 대충 측정하기 위한 것이다. 주는 출애굽기 3장 13-15절에서 하나님이 모세에게 준 언약과 관련된 이름을 번역한 것이다. 하나님은 정기적으로 권능을 행하므로 사람들이 자신이 주됨을 알게 한다(출 6:7; 7:5; 8:22; 10:2; 14:4, 18절과 구약 전체의 다른 곳들). 그리스도인의 근본적인 고백은 예수 그리스도는 주시다(롬 10:9; 고전 12:3; 빌 2:11; 참고, 요 20:28; 행 2:36)라는 것이다. 물론 성경에서 하나님의 통치권은 사랑에 반하는 것은 아니다. 그것은 사랑을 포함하고 있으며 동시에 하나님의 다른 속성 모두를 포함하고 있다.

만일 열린 신학자들이 사랑이 하나님의 가장 중요한 속성임을 제시할 수 있다 해도 그들은 사랑이 무엇인지에 대한 그 후의 질문을 제기할 것임에 틀림없다. 왜냐하면 정의된 모든 하나님의 속성은 다른 모든 것을

---

10) Richard Rice, "Biblical Support for a New Perspective," in OG, 21.

포함하고 있음을 이미 보았기 때문이다. 하나님의 사랑은 의로운, 영원한 그리고 주권적인 사랑이다. 열린 신학자들이 전능과 불변성 그리고 언급은 안하지만 공의와 분노 같은 속성들도 우선할 수 있다는 점을 부정하기 때문에 그들은 사랑이 우선한다는 점을 부분적으로 주장하고 있음을 보았다. 그러나 사랑이 그러한 다른 속성들을 포함하고 있다면 그리고 하나님의 사랑이 전능하며 불변이라면, 열린 신학자들은 사랑을 우선적인 것으로 부각시킴으로 얻을 것이 별로 없다.

아무도 하나님의 사랑이 성경에서 아주 중요하며 그분에 대한 다른 것들을 알게 함에 있어서 정당한 관점을 제공해 준다는 사실을 부인하지 않는다. 그러나 열린 신학자들이 상기해야만 할 것이 있다. 그것은 사랑의 상대적 중요성에 대하여 어떻게 생각하든 상관없이 그들은 하나님에 관한한 성경이 말하는 모든 것에 대하여 정당하게 생각할 책임이 있다는 것이다. 그렇게 하기 위하여 여러 관점에서 하나님에 대하여 생각하는 것이 중요하다.

1. 사랑, 민감성, 응답성 그리고 피 침성

하나님의 사랑의 본질을 설명함에 있어서 열린 신학자들의 주 관심사는 사랑은 돌봄과 헌신 그 이상의 것이며, 동시에 민감성과 응답성을 포함하고 있다[11]는 점을 강조하는 것이다. 분명한 것은 그들이 전통적인 신학이 인정하는 것 혹은 사랑의 질에 대하여 충분히 강조하는 바를 믿지 않는다는 것이다.

고전적 신학은 상습적으로 이들 어휘들을 사용하는 것이 아니라 그것들이 표현하고자 하는 사상을 분명하게 확정한다. 민감하다는 것은 다른 사람들의 태도, 느낌, 환경[12]에 의하여 마음이 동하게 되는 것을 말

---

11) Ibid., 15.
12) *The American Heritage College Dictionary*(Boston: Houghton Mifflin,

한다. 응답적이라는 것은 그러한 태도, 느낌 그리고 환경에 적절하게 은혜로운 방법으로 행하는 것을 말한다. 분명 고전적인 신학의 하나님은 자신의 피조물들의 태도, 느낌, 환경을 속속들이 아는 존재다. 그리고 그분은 그렇게 아는 것에 상응하여 은혜롭게 행한다. 우리가 후에 더 자세히 보겠지만 하나님 자신은 느끼는 존재다. 핫지(Charles Hodge)는 필요를 아는 사랑은 느낌을 수반하며 하나님에게 있어서 느낌이 없다면 사랑도 있을 수 없다고 말하였다.[13)]

초현세적 하나님이 어떻게 현세적 사건들과 환경들에 반응할 수 있는지에 대하여는 차후에 논의할 것이다(이미 밝힌 바와 같이 그러한 반응은 단지 신인 동형 동성적인 것으로 치부하지는 않는다). 그러나 분명 고전적인 신학에서는 하나님이 우리의 조건에 대하여 동정적으로 이해한다는 사실을 제외시킬 만한 것이 아무 것도 없다. 뿐만 아니라 하나님이 우리의 적으로부터 우리를 구출할 정도로 사랑의 행동을 한다는 점에 대하여도 제외시킬 만한 것이 아무 것도 없다. 그분의 능력과, 지식과 무소부재하심은 믿음으로 그분을 부르는 모든 사람에게 가장 친근하고 믿을 만한 친구가 되게 하는 것이다. 사랑의 이름으로 그 이상의 것을 누가 감히 정당하게 요구할 수 있겠는가?

아마도 열린 신학자들이 진정으로 하나님께 바라는 것은 하나님의 피침성이다. 제1장에서 이미 인용한 바대로 피녹은 이점에 대하여 하나님의 사랑과 연계 시키고 있다.[14)] 이 하나님의 피 침성을 보이는 듯한 고전적 신학의 어떤 부분에 대하여는 제11장에서 논의할 것이다. 그것은 다름 아닌 하나님이 자신을 그리스도의 성육신 안에서 죽음에 노출시킨 부분이다. 그러나 고전적 신학은 하나님은 자신의 영원한 계획을 완수

2000), 1242.
13) Charls Hodge, *Systematic Theology*(reprint, Grand Rapids: Eerdmans, n.d.), 1:428-29.
14) Clark H. Pinnock, "Systematic Theology," in OG, 103.

함에 있어서 패배하거나 자신의 본성에 대한 상실을 겪을 수 없다는 의미에서 침해당할 수 없는 분임을 확인한다. 열린 신학은 그 같은 전통적 견해에 대하여 분명 불만족하게 여긴다. 그들은 피 침성의 또 다른 차원이 하나님의 사랑과 관련된 사항이라고 주장한다.

 그러나 과연 그것은 무엇을 의미하는가? 사람은 당신을 사랑하기 위하여 침범을 당해야만 하는가? 아니면 당신이 그를 사랑하기 위하여 침범을 당해야 하는가? 어떤 사람의 피 침성은 당신으로 하여금 그에 대하여 동정심을 갖게 할 것이다. 그리고 그러한 감정들은 여러 가지 면에서 사랑과 혼합될 수 있다. 그러나 과연 너무 강하기 때문에 패배할 수 없는 어떤 사람에게 있어서 사랑을 나타낼 수 있는 것은 불가능한가? 혹은 그와 반대로 우리는 사랑하는 자에게서 우리를 지원하는데 실패하지 않는 힘을 요구하지는 않는가? 우리를 튼튼하게 붙들어 주는 사랑으로부터 우리를 빼앗아 갈 수 있는 것은 아무 것도 없지 않는가? 분명 그러한 사랑이 성경에서 말하는 하나님의 사랑의 본질이다. 누가 우리를 그리스도의 사랑에서 끊으리요(롬 8:35)? 아무도 우리를 우리 하나님의 손에서 빼앗을 자가 없다(요 10:28-29). 하나님의 사랑은 주권적인 사랑이기에 침해당할 수 없다.

‖ 열린 신학 논쟁 ‖

제 5 장
하나님의 뜻은 모든 것에 대한 궁극적 설명인가?

우리가 이미 본 바와 같이 열린 신학자들은 하나님의 뜻이 모든 것에 대한 궁극적 설명임을 부정한다. 역사는 하나님과 그분의 피조물이 행하기로 결정한 것에 대한 혼합된 결과[1]라는 것이 그들의 견해다. 후에 역사의 과정에서 피조물들의 역할에 대하여 논의할 것이다. 그들의 자유의 성격은 제8장에서, 그리고 하나님께 영향을 미칠 수 있는지 여부에 대하여는 제10-11장에서 논의할 것이다. 그러나 본 장에서는 하나님의 뜻은 진정 모든 것에 대한 궁극적 설명이라는 견해의 성경적인 근거를 제시하려고 한다.[2] 본 장에서 열린 신학자들에 대한 언급은 하지 않을 것이지만, 다음 장에서는 하나님의 우주적인 예정의 교리에 관한 그들의 반대에 대하여 논의할 것이다.

---

[1] Richard Rice, "Biblical Support," 16.
[2] 기술적인 문제 두 가지. (1) 여기에서 "하나님의 뜻"이라는 표현은 하나님의 뜻이 자신의 지성 혹은 다른 신성들보다 더 근본적인 것이라고 제안하는 것이 아니다. 필자는 이곳에서 열린 신학자들이 사용하는 언어에 부응하기 위해 그것을 사용한다. 필자는 얼마든지 하나님 자신이 궁극적인 설명이라고 쉽게 말할 수도 있다. (2) 본 장에서의 "하나님의 뜻"은 하나님의 교시적 뜻을 말하는 것이지 규범적인 뜻을 말하는 것이 아니다. 이에 대한 차이는 제7장을 보라.

1. 자연 세계

성경 저자들은 주저하지 않고 직접적으로 자연 세계의 사건들을 하나님과 연관시키고 있다. **그가** 땅에 물을 댄다(시 65:9-11). **그가** 번개와 바람을 보낸다(시 135:5-7). **그가** 눈과 서리와 우박을 내리며 그 말씀으로 그것들을 녹인다(시 147:15-18). 창세기 8장 22절, 욥기 38-40장, 시편 104편 10-30절, 107편 23-32절, 145편 15-16절, 147편 8-9절, 사도행전 14장 17절과 그 외의 다른 구절들과 비교해 보라. 하나님은 이러한 일들이 단순하게 일어나도록 허용하는 것이 아니고 그 일들을 발생시킨다.

보기에 가장 우연적인 것처럼 보이는 사건들도 하나님의 주권적인 통치하에 있다. 사람이 제비는 뽑으나 일을 작정하기는 여호와에 있느니라(잠 16:33). 우리가 우연이라고 여기는 것들도 주님으로부터 온다(출 21:13; 삿 9:53; 왕상 22:34).

때때로 하나님은 어떤 목적을 가지고 자연적인 사건들도 차별적으로 발생케 한다. 하나님이 바로의 불순종에 대한 심판으로 애굽 사람들에게 우박을 보내실 때 이스라엘 사람들이 사는 고센땅은 건드리지 않았다(출 9:13). 하나님은 어떤 지방에는 비를 주지만 다른 땅에는 비를 내리지 않는다(암 4:7). 하나님은 풍요와 궁핍을 동시에 보내는 분이기도 하다(창 41:32).

예수님도 하나님은 자연의 아주 작은 것의 상세한 것까지도 통치한다는 사실을 강조하였다. 그는 말하기를 우리의 아버지는 해가 뜨게 하며 비를 내리게 하고(마 5:45) 뿐만 아니라 새들을 먹이고 (마 6:26-27) 백합화를 입히기도 하며(6:28-30) 참새가 땅에 떨어지는 것도 주장하며 (마 10:29) 우리의 머리 털 하나라도 샘한다(마 10:30)라고 말한다.

이와 같이 자연 세계에 대한 성경적 견해는 하나님의 인격성과 관련이 있음을 집중시키고 있다. 자연의 사건들은 하나님으로부터 온다. 그렇다고 해서 자연 자체 안에 어떤 물리적 힘이 있음을, 다른 말로 말하면, 자연의 법칙이 있음을 부인하는 것은 아니다. 물론 그러한 법칙들이 존재하고 있다는 사실을 성경에서 입증하기는 어렵다. 그러나 그러한 자연의 법칙들 뒤에 인격적인 주님의 힘이 있는 것이다.

2 인간 역사

하나님은 땅을 가지고 우리를 만드셨다(창 2:7). 그러므로 우리는 자연의 일부분이며 비, 태양, 곡식 그리고 동물들에게 의존적으로 존재한다. 하급의 피조물(lower creation)과의 협력 없이 우리는 존재할 수 없다. 예수께서 하나님이 참새들과 백합화에 필요한 것을 제공한다고 말할 때 그것은 전이해적 논증의 일부분이다. 그가 너희를 더욱 돌보지 않겠느냐? 우리는 많은 참새보다 귀하니라(마 10:31).

또한 우리는 외견상 우연적인 사건들의 집대성 없이는 존재할 수 없다. 우리 모두의 존재는 무수히 많은 가능성 중에서도 단 한 정자와 단 한 난자의 결합으로 말미암아 가능해졌다. 마찬가지로 그러한 불가측의 결합은 우리의 부모, 조상 그리고 아담에게로까지 거슬러 올라간다. 한 번 생각해보라. 얼마나 많은 자연의 사건들이 우리 조상들이 재생산하고 성숙하도록 도와주었는지 말이다. 이러한 모든 일들과 우리 자신의 삶의 경험들 속에 나타난 상상치 못한 일들이 현재의 우리를 만들지 않았는가?

그러므로 만일 하나님이 자연의 모든 사건들을 주관한다면 분명 우리 자신의 삶의 과정도 주관할 것이다. 우리는 이전의 논증으로부터 그러한 결론을 유추할 필요는 없다. 오히려 성경은 그 사실을 분명하게 가르치고 있다. 사도 바울도 아덴의 철학자들에게 다음과 같이 말하였다. 인류의 모든 족속을 한 혈통으로 만드사 온 땅에 거하게 하시고 저희의 년대를 정하시며 거주의 경계를 한 하셨으니(행 17:26). 하나님은 이스라엘뿐만 아니라 모든 나라의 왕이시다(시 45:6-12; 47:1-9; 95:3; 창 18:25). 하나님은 인간 역사의 사건들을 자신의 목적을 달성하기 위하여 지배한다(시 33:10-11).

하나님이 역사의 대사건들을 지배하는 방법들을 생각해보라. 우리는 형제들에게 배반당하여 애굽으로 팔려갔지만 후에 거기서 높은 위치에 오른 요셉의 이야기를 잘 알고 있다. 하나님은 그의 가족을 애굽에서 보존하는 수단으로 그를 사용하였다. 그런데 그들은 그곳에서 큰 민족을 이루게 되었다. 창세기의 기사는 이 모든 사건들을 주님의 일로 돌리고 있다.

요셉은 바로가 꿈꾼 두 개의 꿈이 앞으로 올 7년간의 풍년과 그 후 7년간의 흉년에 대한 꿈이라고 해석하였다. 요셉은 자신이 천부적으로 꿈을 해석할 수 있는 능력을 가지고 있다는 사실을 부인하였다. 그러기에 그는 이는 내게 있는 것이 아니라 하나님이 바로에게 평안한 대답을 하시리이다(창 41:16)라고 대답한다. 하나님은 꿈의 해석자일뿐만 아니라 그 꿈을 주는 분이다. 요셉은 하나님이 그 하실 일로 바로에게 보이신다함이 이것이라… 하나님이 이 일을 속히 행하시리라(28, 32절)고 말한다. 풍성함과 기근을 주는 분이 하나님이다.

그 형제들의 배반까지도 하나님의 일이 되었다. 요셉을 애굽에 보내 생명을 구하게 하신 분도 하나님이고, 요셉을 애굽의 총리로 만든 분도 하나님이다(창 45:5-8). 요셉은 자기 형제들이 자신을 해하려고 하였지만 하나님은 그것을 선으로 바꾸사 오늘과 같이 만민의 생명을 구원하게 하시려 하셨다(창 50:20)는 사실을 인식하였다.[3]

강한 팔로 자기 백성을 애굽에서 건져낸 분도 하나님이다. 그리고 자기 백성이 약속의 땅을 차지하려 할 때 하나님은 이스라엘의 적들의 마음속에 두려움을 심어놓았다(출 23:27; 신 2:25; 창 35:5). 여호수아의

---

3) 샌더스(John Sanders)는 *The God Who Risks*, 55에서 어휘의 "의도"에도 불구하고 그 본문은 하나님이 이들 사건들을 일으켰다거나 아니면 필요하게 만들었다고 말하지 않는다고 주장한다. 반대로, 샌더스의 견해에 따르면, 그 본문은 하나님이 악으로부터 선을 이끌어 냈다고 단순히 말하는 것이다. 그러나 샌더스는 자신의 그러한 해석에 대한 논증을 제시하지 않았다. 그 해석은 그 본문의 직설적 의미는 물론 명확한 하나님의 대행에 대한 상황적 강조에 대해서도 모순을 갖는 해석이다.

정복 후에 하나님은 그들에게 쉼을 주었으며 그들에게 행한 모든 약속을 지켰다(수 21:44-45). 전쟁 중에도 항상 이김을 주는 분은 하나님이다(신 3:22; 수 24:11; 삼상 17:47; 대하 20:15; 잠 21:31; 슥 4:6).

이스라엘이 하나님을 배반할 때 하나님은 앗수르 사람들과 바벨론 사람들을 자신의 확실한 목적을 달성하는 도구로 사용하였다(사 14:26-27; 10:5-12; 14:24-25; 37:26). 그렇지만 자신의 때에 하나님은 이들 나라들도 겸손케 하였다(렘 29:11-14). 왕들을 세우며 폐하는 분도 하나님이다(단 2:21; 참고, 4:34-35). 출생하기 100년 전에 하나님은 바사 황제 고레스의 이름을 부르고 이스라엘을 약속의 땅으로 귀환 시키는 일을 하게 한 분도 하나님이다(사 44:28; 45:1-13). 다음 하나님은 그의 마음을 움직여(스 1:1) 그들이 귀환하도록 명한다. 고레스의 칙령이 있기 수세기 전에 이미 하나님은 내가 이 일을 하리라(렘 30:4-24)고 말하였다.

이 모든 사건들은 예수님의 오심의 무대를 마련하는 것이었다(갈 4:4). 거듭 말하지만 하나님은 모든 것을 발생시키는 분이다. 예수님의 잉태는 초자연적이다. 그가 행한 모든 것은 예언을 성취한 것이었다(예, 마 1:22; 2:15; 3:3; 4:14). 예수님은 배반당하였으나 그 배반 자체도 하나님이 미리 알고 세운 목적의 결과다(행 2:23-24; 참고, 3:18; 4:27-28; 13:27; 눅 22:22). 죽은 자 가운데서 예수님을 일으킨 분도 하나님 아버지며 그의 재림의 날과 시간을 계획한 분도 그분이다(마 24:36).

이와 같이, 하나님은 인간 역사의 전 과정을 지배한다. 물론 성경은 구속의 역사와 관련한 대사건들에 초점을 맞춘다. 하나님의 이스라엘 선택, 성육신, 부활, 승천 그리고 재림이다. 그러나 이러한 대사건들이 일어나기 위하여, 하나님은 모든 나라들을 주관하여야만 했다. 예를 들면, 애굽, 바벨론, 앗수르, 페르시아 그리고 이스라엘 등이다. 또한 하나님은 자연의 모든 힘들을 주관하여야만 했다. 그렇지 않으면 역사의 사건들이 일어날 수 없기 때문이다. 진정 하나님의 능력의 행위들은 자신이 이 땅의 모든 것을 지배하는 왕이심을 입증하는 것이다.

3. 인간 개인의 삶

그러나 하나님은 자연의 과정과 역사의 대사건들만을 주관하지는 않는다. 우리가 이미 본 바와 같이 하나님은 미미한 것까지도 관심을 가진다. 그러기에 우리는 성경에서 하나님은 각자의 삶의 과정을 주관하는 분임을 발견할 수 있다. 하나님은 마치 우연적인 것처럼 보이는 것들을 포함한 자연의 모든 미미한 사건들을 주관한다. 하나님은 나라들의 역사와 인간 구원의 역사를 주관한다. 그런데 실상은 그러한 것들은 어떤 의미에서는 반대로 우리의 일상적인 삶의 사건들을 하나님이 지배하는 것이 된다. 뒤집어 말하면, 만일 하나님이 수많은 인간 개인의 삶의 사건들을 주관하지 않는다면 역사의 위대한 발전을 그분이 주관할 수 있을 것이라고 감히 어떻게 상상할 수 있겠는가?

사실상 성경은 하나님이 우리 개인의 삶의 과정을 주관한다고 분명하게 가르치고 있다. 그러한 주관은 예레미야 선지자가 말한 것처럼 이미 잉태하기 전부터 시작된다. 만일 하나님이 예레미야를 잉태하기 전에 알고 있었다면 그것은 하나님이 아담에 이르기까지 예레미야의 조상의 각 사람을 생산하기 위하여 특정한 정자와 난자를 결합시켰다는 사실을 말하는 것이 된다. 그러므로 하나님은 자신의 선지자로 세우기 위한 바로 그 사람을 창조하기 위하여 역사의 모든 사건들을 주관하여야 하는 것이다.[4] 어떤 개인에 대하여 하나님이 미리 아신다는 말은 인간의 전 가족을 완전하게 주관한다는 말이 된다. 바울은 모든 믿는 자들에 대하여 창세 전에 그리스도 안에서 우리를 택하사(엡 1:4)라고 말한다.

---

4) 이미 논의한 바와 같이 고레스에 대해서도 동일하게 언급되어야 한다. 또한 왕상 13:1-3에 따르면 이름이 밝혀지지 않은 선지자가 악한 왕 여로보암에게 다윗의 후손인 요시아가 우상숭배하는 제사장들을 죽일 것이라고 예언하였다. 고레스의 경우에서처럼 그 선지자는 요시아라는 이름과 함께 그의 행동들을 그가 출생하기 오래 전에 이미 언급하였다(왕상 13:1-3).

그러므로 인간 생성의 전 역사는 하나님의 주관하에 있는 것이다. 하나님은 우리 각자를 잉태하도록 의도적으로 행동한다(창 4:1, 25; 18:13-14; 25:21; 29:31-30:2; 30:17, 23-24; 신 10:22; 룻 4:13; 시 113:9; 127:3-5). 물론 하나님은 각자에 대한 잉태 후에도 태아의 모양을 갖추는 일에 행동한다(시 139:4-6).

그러므로 우리는 인간으로서의 우리의 존재 자체를 위하여 하나님께 빚진 자된다. 더 나가서 우리는 하나님의 섭리에 의하여 한 개체로서의 우리가 되는 것이다. 현대의 과학은 우리의 생체 구조 때문에 발생하는 더 많은 것들을 복잡한 DNA 코드화하는 작업을 통하여 발견한다.[5] 어떻게 각각의 산세포 내에 있는 정보에 대하여 인격적인 창조자 외의 다른 무엇으로 설명이 가능할까?

출생 후의 우리의 삶의 모든 사건들도 하나님의 손 안에 있다. 생명을 취하는 규례를 밝히는 출애굽기 21장 12-13절은 다음과 같이 기록되어 있다.

> 사람을 쳐 죽인 자는 반드시 죽일 것이나 만일 사람이 계획함이 아니라 나 하나님이 사람을 그 손에 붙임이면 내가 위하여 한 곳을 정하리니 그 사람이 그리로 도망할 것이며.

위 본문에서 언급한 규례에서 소위 우리가 말하는 생명을 실수로 잃게 되는 경우, 그것은 하나님의 행위로 돌려지고 있다. 룻의 시어머니인 나오미는 자기의 두 아들의 죽음에서 하나님의 손길이 작용하고 있음을 깨닫는다(룻 1:13). 사무엘의 어머니 한나는 기도할 때에 하나님의 손길을 인정한다.

---

[5] 그렇지만 필자는 유전적 코드가 우리의 존재에 관한 모든 것을 설명한다고 믿지 않는다. 신체와 영 사이에 아주 복잡한 관계들이 있기 때문이다.

> 여호와는 죽이기도 하시고 살리기도 하시며
> 음부에 내리게도 하시고 올리기도 하시는도다
> 여호와는 가난하게도 하시고 부하게도 하시며
> 낮추기도 하시고 높이기도 하시는도다
> (삼상 2:6-7; 참고, 시 37:23).

이와 같이 하나님은 우리의 삶의 과정 즉 출생, 죽음 그리고 부하든지 가난하든지 모든 것을 계획하고 있다.[6]

우리 사이에 있는 차이도, 예를 들면, 우리의 다른 성격 혹은 영적 능력 등과 같은 것들은 하나님께로부터 말미암는다(롬 12:3-6; 고전 4:7; 12:4-6).

야고보는 우리의 미래에 대한 지나친 확신을 하지 말라고 말한다. 왜냐하면 그것은 전적으로 하나님의 손 안에 있기 때문이라는 것이다(약 4:13-16).[7] 분명히 우리의 삶의 모든 사건들은 하나님의 손 안에 있다. 우리가 무엇을 하든 그것은 하나님이 그것을 발생케 하는 뜻에 달려 있다.

4. 인간의 결정들

이제 우리는 인간의 결정이라는 더 많은 논쟁의 대상이 되는 영역에 접근하려고 한다. 하나님은 우리의 결정을 유도하는가? 아니면 어느 정도인가? 아니면 그들 중 어떤 것인가? 제8장에서 참되며 중요한 인간의 책임과 자유의 성격에 대해 논의하려고 한다. 그러나 이곳에서는 우리

---

6) 제8장에서 악의 문제를 논의할 때 우리의 생애에 있어서 특정한 악을 하나님이 예정하였음을 조금 더 자세하게 말할 것이다.
7) 부정적인 예에 관한한 눅 12: 13-21에 나오는 어리석은 부자에 대한 비유를 보라. 또한 렘 10:23의 "여호와여 내가 알거니와 인생의 길이 자기에게 있지 아니하니이다"라는 말과 비교해 보라.

는 우리의 결정들이 하나님과 독립적이 아니며, 그러므로 우리의 자유의 한계는 어느 정도는 인간의 의지에 대한 하나님의 주권과 일치한다는 사실을 논의하려고 한다.

구속사에 대한 우리의 탐구에서 우리는 하나님은 어떤 사람들의 자유로운 결정을 야기시켰음을 보게 된다. 예를 들면 요셉의 형제들(창 45:5-8), 고레스(사 44:28) 그리고 유다(눅 22:22; 행 2:23-24; 3:18; 4:27-28; 13:27). 그러므로 우리는 하나님은 결코 우리의 자유의지적 결정을 예정하지 않는다는 비성경적이지만 인기 있는 개념의 편견을 벗어나야 한다.

더 나가서 우리는 하나님이 자연과 우리의 일상의 삶의 사건들을 주관한다는 사실을 보았다. 그렇다면 어떻게 우리의 삶의 전반에 걸친 하나님의 관여가 우리의 결정에 확고한 영향을 미치지 않을 수 있단 말인가? 우리의 안팎을 만든 분이 하나님이다. 우리의 있는 그대로의 우리를 만들기 위하여 우리의 유전성을 주관해야만 하지 않겠는가? 그러기에 하나님은 우리에게 부모를 주었으며 또한 조상들을 준 것이다. 하나님은 그들의 자유로운 결정들을 주관해야만 했다(예레미야 부모가 결혼함에 있어서 자유로운 선택과 같은). 더욱이 우리는 하나님이 우리를 우리의 환경에 그리고 우리가 결정하도록 요구하는 상황에 두었다는 사실을 보았다. 하나님은 우리가 얼마나 오래 살 것인지 결정하며, 우리의 성공과 실패를 주관한다. 외적인 요소들이 추가되지만 그러한 것들은 우리의 자유로운 결정에 따르는 것이 보통이다.

부정적으로, 다른 방법으로는 가능하지 않기 때문에 하나님의 목적을 이룸에 있어서 우리의 자유로운 결정을 제한하기도 한다. 하나님이 요셉을 애굽으로 데리고 갈 계획을 세웠기에 그의 형제들이 그를 한 때는 죽이려고 했지만 그를 죽일 자유는 없었던 것이다. 골리앗이 다윗을 죽일 수가 없었던 것도, 또는 예레미야가 모태에서 죽지 않았던 것도 마찬가지다. 하나님의 선지자들이 다르게 선포하였기에 로마 군인들이 십자가에 달리신 예수님의 다리를 꺾지 못했던 것이다.

이러한 예들 말고도[8] 성경은 하나님이 우리의 자유로운 결정을 야기시킨다는 점을 직접적으로 가르친다. 하나님은 우리에게 발생할 그 무엇과 우리가 무엇을 하기로 선택하는 것을 단순하게 예정하는 것이 아니다.

인간의 결정의 뿌리는 마음이다. 예수님은 선한 것과 악한 것이 동시에 마음으로부터 나온다고 말하였다(눅 6:45). 그러나 그 마음이 하나님의 통제하에 있다. 왕의 마음이 여호와의 손에 있음이 마치 보의 물과 같아서 그가 임으로 인도하시느니라(잠 21:1). 우리가 본 대로 분명 이 사실은 고레스에게 적용된다. 또한 그것은 출애굽 당시의 바로 왕에게도 적용 된다(롬 9:17; 참고, 출 9:16; 14:4). 이 점에 대하여는 다음 항목에서 볼 것이다.[9]

하나님은 왕뿐만 아니라 모든 사람들의 마음을 지도한다(시 33:15). 그와 같이 하나님은 바로의 결정뿐만 아니라 애굽의 백성들이 이스라엘에게 호의를 베풀게 하는 결정도 주관한다(출 12:36). 성경은 이러한 변화가 주님의 일임을 밝히고 있다. 왜냐하면 성경은 불붙는 떨기나무에서 모세를 만날 때 하나님이 미리 예언했음을 언급하고 있기 때문이다(출 3:21-22).

우리의 마음의 목적을 형성하는 하나님은 그러한 목적들을 수행해 나가는 과정들도 결정지어 준다.

> 사람이 마음으로 자기의 길을 계획할지라도
> 그 걸음을 인도하는 자는 여호와시니라(잠 16:9).

---

8) 미래에 대한 하나님의 총체적 지식에 대한 근거로서 다른 예를 들 수 있다. 만일 하나님이 우리가 태어나기 전에 우리의 자유로운 결정을 안다면, 우리는 그 결정들에 대한 궁극적 자원이 아니다. 그렇지만 열린 신학자들은 미래에 대한 하나님의 총체적 지식을 거부한다. 그러기에 필자는 후에 그 교리에 대하여 변호할 것이다(제12장에서). 만일 그러한 변호가 설득력 있는 것이라면 그것은 본 장의 논지에 대한 또 다른 논증을 제공한다.
9) 사울에 대하여는 삼상 10:9, 그리고 솔로몬에 대하여는 왕상 3:12을 보라.

여러 성경 구절들을 보면 하나님은 우리의 자유로운 결정과 태도들을 주관하며 경우에 따라서는 그러한 것들을 훨씬 이전에 예언하기도 한다. 하나님은 이스라엘 사람들이 절기에 참석하기 위하여 예루살렘에 올라갈 때 적국들이 그 땅을 약탈하지 못할 것이라고 선언하였다(출 34:24). 하나님은 이들 이방 사람들의 생각과 마음을 주관하여 그러한 때에 그들이 이스라엘에게 어려움을 야기시키지 못하도록 한다고 말하고 있는 것이다.

기드온이 그의 소수의 군대로 미디안의 적진을 공격할 때 여호와께서 그 온 적군으로 동무끼리 칼날로 치게 하셨다(삿 7:22). 포로 기간 중 하나님은 환관장이 다니엘에게 은혜와 긍휼을 얻게 하였다(단 1:9). 포로 후에 하나님이 이스라엘로 즐겁게 하시고 또 앗수르 왕의 마음을 저희에게로 돌이키게 하였다(스 6:22).

예수님의 십자가 곁에 있던 군사들은 임의로 예수님의 옷을 찢지 않고 그 대신에 제비뽑기로 결정하였다. 그러나 이 같은 결정은 이미 하나님이 예정한 것이었다.

이 일은 성경이 말한 것을 이루게 하려 함이라고 했다.

> 군병들이 서로 말하되 이것을 찢지 말고 누가 얻나 제비 뽑자 하니
> (요 19:24; 시 22:18을 인용).

여기서 요한이 지적하는 바는 하나님이 무슨 일이 일어날지 미리 알았을 뿐만 아니라 그 사건이 일어나게 함으로 성경이 말한 바가 이루어지게 하였다는 것이다. 이 사건을 통하여 성경을 응하게 하는 것이 누구의 의도인가? 그것은 군인들의 의도가 아니라 그들의 결정을 원천적으로 자극한 하나님의 의도였다.

복음서들은 거듭거듭 사건들이 발생하므로 성경이 응하게 되었다는 점을 언급한다. 그러한 사건들 중 많은 것들이 인간의 자유로운 결정과 관련이 있다(예를 들어, 마 1:20-23; 2:14-15, 22-23; 4:12-16 등을 보

라). 어떤 경우는 사람들이(예수님 자신도 포함 마 4:12-16) 성경을 응하게 하려는 의도를 가지고 의식적으로 행한 사건들이다. 다른 경우는 사람들이 그러한 의도를 가지지 않았거나 혹은 그들이 성경을 응하는 일을 하고 있다는 사실을 알지도 못하였다(예, 마 21:1-5; 26:55-56; 행 13:27-29). 하여간 성경은 반드시 성취되어야만 했다(막 14:49).[10]

이러한 광범위한 성경 구절을 통해서 우리가 그릴 수 있는 그림은 하나님의 목적이 인간의 자유로운 결정의 배후에 존재하고 있다는 것이다. 자주 하나님은 우리에게, 어떤 때는 사건 발생 훨씬 이전에 어떤 한 사람이 임의로 무엇을 결정할 것이라고 달한다. 그러나 이 점은 하나님이 어떤 사건을 단지 미리 알았다는 것이 아니라 그 사건을 통해 자신의 목적을 성취한다는 사실을 지적하는 것이다. 하나님의 목적은 어떤 필연성을 유발하여 그 예언된 사건이 발생하도록 인간이 자유롭게 결정하도록 한다(헬라어의 데이⟨dei⟩는 필연성을 말하는 어휘인데 다음의 예에 나온다. 마 16:21; 24:6; 막 8:31; 9:11; 13:7, 10, 14; 눅 9:22; 17:25; 24:26).[11] 물론 우리는 그러한 필연성이 어떻게 인간의 자유와 조화를 이루는가에 대하여 나중에 논의할 것이다.

---

10) 이 구절에서 예수님은 그의 적들이 성전 뜰에서 그를 체포하려고 시도하지 않기로 결정한 것과 동산에서 그들을 체포하려고 결정한 것 속에서 성경이 응하여졌다고 말한다.

11) 예언의 "성취"의 성격은 복잡하다. 신 18:21-22과 단 7:1-28에 나오는 것처럼 예언은 직설적으로 미래의 사건들을 예언하고 그러한 사건들이 발생할 때 그 예언은 성취된다. 다른 경우에 있어서 예언과 성취의 관계는 마 2:14-15에서와 같이 그렇게 분명하지 않다. "애굽에서 내 아들을 불렀다"고 한 호 11:1을 마태가 인용할 때 그는 메시아가 애굽에서 머물 것을 호세아가 예언한 것이라고 주장하는 것이 아니라 그러한 머무름이 상징적으로 이스라엘의 신실한 남은 자로서의 예수의 역할에 적절한 것이라고 주장했다고 생각한다. 그러나 어떤 경우에라도 본문은 이런 방법 혹은 저런 방법으로(문자적으로, 상징적으로 혹은 암시적으로) 예언의 심오한 의미로부터 발생된 사건을 하나님이 불러일으킨다는 점을 제안하고 있다. 이러한 성취와 관련된 구절들에는 항상 하나님의 필요성이라는 의미가 있다.

5. 죄악들

본 항에서는 위에서 논의한 것보다 더 난해한 문제를 제기할 것이다. 만일 우리가 일반적으로 인간의 결정과 행동에 대한 하나님의 예정을 받아들이기 어렵다면 구체적으로 우리의 죄악 된 결정들과 행동에 대한 예정은 더욱 받아들이기 어렵다. 전자의 경우는 인간의 자유와 책임에 대한 의문을 제기하지만 후자의 경우는 하나님 자신의 선에 대한 의문을 제기하기 때문이다. 어떻게 거룩한 하나님이 죄를 짓게 할 수 있는가라는 질문 때문이다.

그 문제야말로 잘 알려진 악의 문제인 것이다. 이 문제에 대하여 완벽하게 만족을 주는 해답은 없다. 어떤 사람들은 인간의 자유의지적 자유에 호소하면서 이 문제의 해답을 찾으려고 한다. 그러나 후에 자유의지론적 관점에서의 자유가 비성경적이며 도덕적 책임에 대하여 파괴적이기 때문에 그러한 호소가 부적절하다는 점을 제시할 것이다. 성경은 이 문제를 하나의 수수께끼로 여기고 있다는 점을 지적하는 것이 더욱 유익할 것이다(욥 38-42장). 성경은 이 점에 대하여 하나님은 악을 허용함에 있어서 궁극적으로는 선한 목적을 가지고 있기 때문에 언젠가는 모든 비판자들을 잠재우고 칭송을 불러일으킬 것이라고 지적한다(롬 8:28-39; 계 15:3-4).[12]

그러나 지금은 비록 우리가 이해하기에 무척 난해함을 불러일으킬 수 있지만 인간의 죄악된 행위를 사실상 하나님이 불러일으킨다는 점을 아는 것이 중요하다. 우리가 악의 문제를 어떤 방법으로든 제기한다 해도 우리의 응답은 죄를 포함한 모든 것에 대한 하나님의 예정을 확인하는

---

[12] 악의 문제에 대한 더 긴 논의에 관해서는 필자의 *Apologetics to the Glory of God*(Phillipsburg, N.J.: P&R Publishing, 1994), 149-90과 출판될 *The Doctrine of God*, 제9장을 보라. 인간의 자유의 역할과 관련해서 이 책의 제8장에서 논의할 것이다.

수 없이 많은 성경 구절들과 뜻을 같이 할 수밖에 없다. 악의 문제를 해결하려고 하는 많은 사람들이 이 점을 부정하지만 분명하게 성경은 그 점을 가르치고 있다.

특히 인간 존재의 중심부인 마음을 주관함으로 인간의 자유 결정을 하나님이 주관한다는 점을 우리는 이미 브았다. 그러나 하나님이 예레미야를 통하여 말한 것처럼(렘 17:9) 타락한 사람들의 마음은 죄악된 것이다. 사람들은 자유롭게 악을 행할 것을 선택한다. 왜냐하면 그들은 그들의 진정한 소원에 따라서 행하기 때문이다. 그러나 그 점에 있어서도 그들은 하나님의 통제 밖을 벗어나지 못한다.

그러기에 요셉을 종으로 팔아 버린 그의 형제들의 죄악된 행동이라는 수단으로 요셉의 친척들을 기근의 때에 보존시키기 위하여 하나님이 요셉을 애굽에 보냈다는 점을 본 것이다. 요셉의 때와 모세의 때 사이에 바로 왕들은 이스라엘을 향하여 등지게 했다. 시편 기자는 애굽인들의 하나님을 향한 증오심에 대하여 말하기를 주저하지 않는다.

> 여호와께서 그 백성을 크게 번성케 하사
> 그들의 대적보다 강하게 하셨으며
> 또 저희 마음을 변하여 그 백성을 미워하게 하시며
> 그 종들에게 교활히 행하게 하셨도다(시 105:24-25).

하나님이 이스라엘을 애굽에서 건져낼 일에 대하여 모세에게 말할 때 바로 왕은 강한 손으로 치기 전에는(출 3:10) 이스라엘을 애굽에서 나가도록 허용하지 않을 것이라고 미리 말하였다. 그런 다음 하나님은 바로의 마음을 강퍅케 하여 허용하고 싶지 않는 마음을 갖게 했다(출 4:21; 7:3, 13; 9:12; 10:1, 20, 27; 11:10; 14:4, 8).[13] 하나님의 대리권에 대한

---

13) 출 14:17-18과 비교하라. 여기에서 하나님은 개굽의 군사들의 마음을 강퍅케 하였고, 그러므로 그들이 하나님이 야웨임을 알게 되었다.

지속적인 강조에 대하여 주지하라. 바로가 자신의 마음을 강퍅케 한 것도 사실이지만 그 기사는 하나님께서 그를 강퍅케 했다는 점을 아주 분명하고 강하게 우선적으로 강조하고 있다는 사실을 말하고 있다. 자신의 마음을 강퍅케 하는 것은 하나님의 명을 거절하는 것이다. 그것은 그 명령을 듣기를 거절하거나 아니면 심각하게 받아들이지 않는 것을 포함한다. 분명 그것은 죄다. 하나님은 그 죄에 대하여 경고한다(시 95:7-8을 보라). 그러나 이 경우에 있어서 자신의 특별한 목적을 위하여 하나님이 그것을 발생시켰다는 것이다(롬 9:17). 바로에 대한 하나님의 다루심에 대하여 말한 후 바울은 다음과 같이 요약한다. 그런즉 하나님께서 하고자 하시는 자를 긍휼히 여기시고 하고자 하시는 자를 강퍅케 하시느니라(롬 9:18).

이 시점이 오기 이전에도 바로는 악한 사람이었다는 사실은 의심의 여지가 없다. 하나님이 그를 강퍅케 하심은 바로의 이전의 태도의 자연스러운 연장선이라는 인간적 관점에서 볼 수 있다. 혹은 이전의 죄에 대한 하나님의 심판으로도 볼 수 있다(그러나 우리가 이 문제에 대하여 더 깊이 성찰한다면 우리는 나머지 성경의 관점에서 하나님이 어떻게 바로의 이전의 유전, 환경, 성격 그리고 결정들에 관여했는지 질문해 보아야 한다). 강퍅케 하는 것과 관련된 모든 성경 구절이 사실이라면 자신에 대하여 신실하고 선한 사람들의 마음을 강퍅케 하지 않았음을 안다. 하여간 강퍅케 됨은 하나님으로부터 온다. 하나님은 죄인들이 더욱 죄악되게 함으로 죄인들을 다루신다.[14]

바로는 어떤 이유에서든지 유일한 예는 아니다. 성경에서 하나님의 강퍅케 함에 대한 이야기를 우리는 읽을 수 있다. 헤스본의 왕 시혼은 가나안 땅으로 들어가는 길목을 이스라엘이 통과하지 못하게 하였다. 왜냐하면 이는 너의 하나님 여호와께서 그를 네 손에 붙이시려고 그 성

---

14) 롬 1:24-32에서 어떻게 하나님이 죄인들을 정욕에 버려두었으며 결과적으로 그들이 더 큰 죄를 지었는가를 설명하고 있다.

품을 완강케 하셨고 그 마음을 강퍅케 하셨음이라(신 2:30; 비교, 수 11:18-20; 삼상 2:25; 대하 25:20). 비슷하게 하나님은 사울에게 악한 영을 보내심으로 그를 괴롭게 하였다(삼상 16:14). 그 후에 하나님은 악한 왕 아합이 전쟁터에 나가 싸우다가 죽게 하기 위하여 또 다른 영을 보내어 거짓 선지자들이 거짓을 말하게 하였다(왕상 22:20-23).[15]

하나님은 이스라엘 백성들은 물론 그들의 악한 왕들도 강퍅케 하였다. 하나님은 이사야 선지자에게 복의 말이 아닌 백성을 강퍅케 하는 말을 하게 하였다.

> 이 백성의 마음으로 둔하게 하며
> 그 귀가 막히고
> 눈이 감기게 하라
> 염려컨대 그들이 눈으로 보고
> 귀로 듣고
> 마음으로 깨닫고
> 다시 돌아와서 고침을 받을까 하노라(사 6:10).

그 후에 이사야 선지자는 질문한다.

> 여호와여 어찌하여 우리로 주의 길에서 떠나게 하시며 우리의 마음을 강퍅케 하사 주를 경외하지 않게 하시나이까(사 63:17).

그런 다음 불평한다.

---

15) 하나님이 악한 혹은 속이는 영을 보낸다는 주제에 관해서 삿 9:23과 왕하 19:5-7을 보라. 살후 2:11-12은 그리스도가 다시 오기 전에 사단이 위장된 기적들을 행할 것이라고 말한다. "이러므로 하나님이 유혹을 저의 가운데 역사하게 하사 거짓 것을 믿게 하심은 진리를 믿지 않고 불의를 좋아하는 모든 자로 심판을 받게 하려 하심이니라."

주의 이름을 부르는 자가 없으며
스스로 분발하여 주를 붙잡는 자가 없사오니
이는 주께서 우리에게 얼굴을 숨기시며
우리의 죄악을 인하여 우리로 소멸되게 하셨음이니이다(사 64:7).

다른 나라들도 역시 하나님의 강퍅케 함의 대상이다. 하나님의 선지자들이 자주 나라들과 개인들이 하나님께 반역할 것을 예언한다. 우리가 본대로 이사야는 하나님이 앗수르 사람들을 보내어 이스라엘을 뿌리째 뽑아 버리겠노라고 예언한다(10:5-11). 앗수르인들은 와서 악한 일들을 하는데 그들이 온 것은 내가 그를 보냈기 때문이다(10:6)라는 것이다. 비슷하게 곡(Gog)도 하나님의 백성을 악독하게 공격할 것인데 그 이유인즉 내가 너로 말미암아 이방 사람의 목전에서 내 거룩함을 나타내어 그들로 다 나를 알게 하려 함이니라(겔 38:16)인 것이다. 그 예언은 하나님의 목적을 지적하고 있다. 즉 백성들의 죄를 불러일으키어 자신의 영광을 드러내게 하기 위함이라는 것이다.

예언을 말하지 않아도 성경은 종종 하나님이 죄악된 행동을 유발한다는 점을 지적하고 있다. 하나님의 백성들이 주변의 이방 사람들과 결혼하는 것이 금지 당했지만, 삼손은 블레셋 여인을 자기의 아내로 취하려고 하였다. 그의 부모는 이 사실에 대하여 분개하였지만 그들은 이 일이 여호와께로부터 나온 것인 줄은 알지 못하였다(삿 14:4). 유사하게 사무엘하 24장에서도 주께서 다윗으로 하여금 계수하게 자극하였다. 이 일은 후에 하나님이 그를 심판하고 다윗이 회개하게 하기 위함이었다.

구약에서 몇 번 하나님이 어떤 사람들로 하여금 지혜로운 자문을 따르지 못하도록 하였다. 다윗의 반역한 아들인 압살롬은 아히도벨의 지혜로운 자문을 들으려 하지 않았다. 그 이유는 "이는 여호와께서 압살롬에게 화를 내리려 하사 아히도벨의 좋은 모략을 피하기로 작정하셨음이더라"(삼하 17:14)이다. 그 후 솔로몬의 후계자요 아들인 르호보암도 지혜로운 자의 자문과 백성들의 간청을 무시하였으며 자신을 두려운 독재자가 되게 하였고 그 결과로 북 왕조의 효시가 되었다. 그는 지혜로운 자들의 말을 경청치 않았는데 그 이유인즉 "이 일은 여호와께로 말미암아 난 것이라 여호와께서 전에 실로 사람 아히야로 느밧의 아들 여로보암에게 고한 말씀을 응하게 하심이더라"(왕상 12:15)고 했다. 하나님은 유다왕 아마샤로 하여금 지혜로운 자문을 순종하지 못하도록 하였으니 그 이유는 "하나님이 그에게 심판을 내리려고 하였기 때문이다"(대하 25:20).

신약으로 넘어가도 우리는 예수님이 마태복음 13장 14-15절에서 이사야 6장을 인용하면서 그가 사용하는 비유에 대한 설명을 하고 있다. 그렇게 함으로 제자들을 일깨우지만 악한 사람들의 마음을 강퍅케 하는 것이다. 이 구절은 요한복음 12장 40절에서도 유대인들이 기적적인 표적들을 믿지 않는 이유에 대하여 설명하고 있다. 또한 예수님은 예언에 의하여 악한 행실들이 필요하게 되었음을 언급하고 있다. 요한복음 13장 18절(시 41:9을 인용)에서 예수님은 자신을 배신한 자가 주님의 축복으로부터 제외된다고 말하고 있다.

> 내가 너희를 다 가리켜 말하는 것이 아니라 내가 나의 택한 자들이 누구인지 앎이라 그러나 내 떡을 먹는 자가 내게 발꿈치를 들었다 한 성경을 응하게 하려는 것이니라.

예수님이 배반당할 때에 자신을 배반할 자가 누구인지를 미리 알았다. 그는 성경을 통하여 하나님이 배반을 필요하게 만들었다는 점을 지적하였다. 요한복음 15장 25절에서 예수님은 유대인들이 많은 표적과 기사들을 보면서도 불합리하게 예수님을 불신하는 이유를 설명하고 있다. "그러나 이는 저희 율법에 기록된 바 저희가 연고 없이 나를 미워하였다 한 말을 응하게 하려 함이니라."

바울도 베드로처럼(벧전 2:6-8)[16] 사도들의 사역에 대하여 이사야 6

---

16) 베드로는 불신자들이 불순종의 길을 가도록 정해졌다고 덧붙여 말한다.

장에 나오는 방식대로 언급하고 있다(고후 2:15-16). 성경에서 하나님의 말씀은 빛과 구원을 초래하는 것으로 나타나 있다. 그러나 어떤 경우에는 그 말씀은 강퍅케 만들므로 어둠과 불신앙을 가져오게 한다.

바울은 유대인들의 불신앙이 하나님의 강퍅케 함에 기인한다고 말한다(롬 11:7-8; 사 29:10을 인용하고 있음). 그는 로마서 9-11장의 전체 맥락에서 하나님은 이방인들을 모으는 일을 달성하기 위하여 이스라엘의 불신앙을 일으켜야만 했다고 주장한다(9:22-26과 11:11-16, 25-32를 보라. 이것 후에 이루 형용할 수 없는 하나님의 목적에 대한 바울의 위대한 찬양이 뒤따른다).

그렇지만 이스라엘이 강퍅케 되기 이전에 하나님이 이방인을 강퍅케 하는 일이 선행된다. 하나님은 창조를 통해 자신을 모든 사람들에게 계시하였다(롬 1:19-20). 그러나 그들은 하나님께 영광 돌리는 대신 진리를 거짓 것으로 바꾸면서 우상숭배함으로 하나님의 계시를 배척하였다(롬 1:21-25). 그에 대한 하나님의 반응은 그들을 강퍅케 하는 것이었다.

> 그러므로 하나님께서 저희를 마음의 정욕대로 더러움에 내어 버려두사… 이를 인하여 하나님께서 저희를 부끄러운 욕심에 내어 버려두셨으니… 하나님께서 저희를 그 상실한 마음대로 내어 버려두사(24-28절).

인간의 죄에 대한 하나님의 주권은 머레이(John Murray)가 말한 바와 같이 하나님 자신의 예정에서 그 극치를 이룬다. 역사의 최악의 범죄는 하나님의 아들을 죽이는 것이다. 우리가 본 바와 같이 유다의 배반과[17] 예수에 대한 살기가 가득한 유대인들의 증오심, 그리고 로마인들의 무시무시한 불공평 모두는 하나님이 미리 정한 목적과 예지(행 2:23)에 기인한다. 이 백성들은 하나님의 권능과 뜻대로 이루려고 예정하신 그것을 행하려고 하였다(행 4:28; 비교, 13:27; 눅 22:22). 예수님의 십자가는 죄

---

17) 요셉에 대한 형제들의 배신과 병행 되는 구절은 의미있다.

없이는 있을 수가 없었다. 왜냐하면 예수님은 사형에 해당한 일을 하지 않았기 때문이다. 그러나 하나님은 십자가를 예정하였기 때문에 이 일이 이루어지도록 하기 위하여 죄악된 행동을 미리 예정하여야 했다.

마지막으로 요한계시록에서 악한 짐승이 이 세상 나라 가운데서 마귀적인 통치를 하려고 할 때 우리는 "하나님이 자기 뜻대로 할 마음을 저희에게 주사 한 뜻을 이루게 하시고 저희 나라를 그 짐승에게 주게 하시되 하나님 말씀이 응하기까지 하심이니라"(계 17:17)는 말을 읽는다.

요약하면 지혜자의 말은 "여호와께서 온갖 것을 그 씌움에 적당하게 지으셨나니 악인도 악한 날에 적당하게 하셨느니라"(잠 16:4)[18]는 것이다.

6. 신앙과 구원

어떤 면에서 신앙과 구원의 문제는 전 장에서 다룬 것보다는 다루기가 편하다. 왜냐하면 이것은 하나님의 주권에 대한 부정적인 면보다는 긍정적인 면에 대한 주제이기 때문이다. 그러나 우리가 기억해야 할 것은 양면은 서로 불가분의 관계라는 것이다. 양자는 서로를 보강한다. 만일 구원하는 믿음이 하나님의 선물이면, 믿음의 결여는 죄악된 불신앙이며 하나님이 신앙의 복을 거두어들인 결과다.[19] 그러므로 지금의 주제는 이전의 주제를 보강할 것이다.

그렇지만 우리는 구원이 하나님으로부터 온다(욘 2:9)는 사실로 인하여 즐거워해야 한다. 구속사에 관한 우리의 논의에서 하나님은 주권적으로 자신의 백성을 죄와 그 결과로부터 구출해 낸다는 사실을 보았다.

---

18) 성경에 자주 나오는 바와 같이 사악함에 대한 하나님의 주관에 관한 이 구절은 자신들의 행위에 대한 악한 자의 책임을 강조하고 있는 다른 구절에 선행된다.
19) 신 29:4 "그러나 깨닫는 마음과 보는 눈과 듣는 귀는 오늘날까지 여호와께서 너희에게 주지 아니하셨느니라"를 주지할 것.

하나님의 구원 없이는 우리 모두는 한 때 소망이 없었으며 죄와 불의로 죽었으며(엡 2:1), 본질상 진노의 자녀였다(엡 2:3). 그렇지만 바울은 다음과 같이 말한다.

> 긍휼에 풍성하신 하나님이 우리를 사랑하신 그 큰 사랑을 인하여 허물로 죽은 우리를 그리스도와 함께 살리셨고(너희가 은혜로 구원을 얻은 것이라) 또 함께 일으키사 그리스도 예수 안에서 함께 하늘에 앉히시니 이는 그리스도 예수 안에서 우리에게 자비하심으로써 그 은혜의 지극히 풍성함을 오는 여러 세대에 나타내려 하심이니라 너희가 그 은혜를 인하여 믿음으로 말미암아 구원을 얻었나니 이것이 너희에게서 난 것이 아니요 하나님의 선물이라 행위에서 난 것이 아니니 이는 누구든지 자랑치 못하게 함이니라 우리는 그의 만드신 바라 그리스도 예수 안에서 선한 일을 위하여 지으심을 받은 자니 이 일은 하나님이 전에 예비하사 우리로 그 가운데서 행하게 하려 하심이니라(엡 2:4-10).

진노의 대상인 우리를 향한 하나님의 무조건적인 사랑 즉 하나님의 은혜로 우리를 자신과 화목케 하기 위하여 하나님 자신이 그리스도 안에서 오셨다는 말이야말로 성경의 중심적인 메시지이며 바로 그것이 복음이다. 우리가 보는 것처럼 은혜는 행위와 반대 된다. 구원은 우리의 행위를 통해서가 아니라 하나님이 우리를 위해 하신 행위를 통해서 온다. 우리가 자랑할 것이 아무 것도 없다. 우리는 죄인들이며 유일한 희망은 하나님의 긍휼뿐이다.

그러므로 구원은 하나님의 행위다. 그것은 우리가 이미 본 바와 같이 광의적으로 역사의 과정에서 뿐만 아니라 개인적으로 우리 각자를 향한 하나님의 행위라는 것이다. 그것은 하나님 자신이 만든 세상과 피조물을 향한 하나님의 주권의 행사다. 그러한 주권적 행위는 세상이 만들어지기 전 아니 우리가 잉태되기 전 이미 시작되었다. 그러므로 바울은 우리에게 다음과 같이 말한다.

곧 창세 전에 그리스도 안에서 우리를 택하사 우리로 사랑 안에서 그 앞에 거룩하고 흠이 없게 하시려고 그 기쁘신 뜻대로 우리를 예정하사 예수 그리스도로 말미암아 자기의 아들들이 되게 하셨으니 이는 그의 사랑하시는 자 안에서 우리에게 거저 주시는 바 그의 은혜의 영광을 찬미하게 하려는 것이라(엡 1:4-6; 참고, 딤후 1:9).

여기에서 우리는 창세 전에 하나님이 자신을 위하여 사람들을 선택하였다는 사실을 알게 된다. 구원은 궁극적으로는 하나님의 계획이요, 선택이다(참고, 행 13:48; 살전 1:4; 5:9; 살후 2:13-14).

분명 거기에는 인간의 선택 즉 그리스도를 받아들이는 다시 말하면 그를 믿는 선택이 있다(요 1:12; 3:15-16; 6:29, 40; 11:26).[20] 그러한 선택 없이는 구원이 없다(요 3:36). 그리고 그리스도를 따르며 그의 계명을 순종하려는 인간의 결단이 있다. 그러한 결단은 계속적으로 우리의 결단이 될 것을 성경이 촉구한다(예, 요 14:15, 21, 23). 그렇다면 어떤 선택이 먼저일까? 하나님이 우리를 먼저 구원에 이르도록 선택하고 그 다음 우리가 응답하도록 하는 것인가? 아니면 우리가 먼저 그를 선택하고 그 다음 하나님이 우리를 구원에 이르도록 행하게 하는 것인가?

두 번째 선택 사항은 은혜의 개념 자체에 어긋남으로 전혀 불가능하다. 만일 하나님에 대한 우리의 선택이 하나님을 움직여 우리를 구원하게 한다면 구원은 우리의 행위에 기인한 것이 되고 그렇다면 우리가 자랑할 만한 것이 된다.[21]

---

20) 어떤 칼빈주의자들은 "너희가 나를 택한 것이 아니요 내가 너희를 택하여 세웠나니"라고한 요 15:16을 사용하여 인간의 선택은 전혀 없다는 점을 입증하려 했다. 물론 그 주장은 우리의 예수께 대한 관계에서 볼 때 인간의 결정의 중요성을 보여주는 여러 구절들의 관점에서 보면 억지다. 요 15:16에서 예수님은 제자들이 자신을 따르기 위하여 아무런 결정을 내리지 않는다고 말하는 것이 아니라 그들의 선택이 아닌 자신의 선택이 제자들과 사도로서의 자신에 대한 그들의 관계의 시작임을 지칭하는 것이다.
21) 알미니안주의자들과 또 다른 사람들의 반응은 믿음이 행위임을 부인한다. 믿음

더욱이 하나님의 선택은 어떤 존재도 잉태하기 전 영원 전에 이루어진 것이다. 우리가 존재하기 전에 우리를 향한 하나님의 계획이 충분하게 형성되었다. 우리는 우리의 조상들을 우리가 임의로 바꿀 수 없듯이 하나님의 선택을 임의로 바꿀 수 없다.

그렇지만 알미니안주의는 하나님이 우리가 그를 선택할 것이라는 사실을 미리 알기 때문에 하나님이 우리를 선택한다고 주장한다. 이 견해에 따르면 우리의 선택은 원인이 되며 하나님의 선택은 결과가 된다. 우리가 제일 원인이요 하나님은 제이 원인이라는 말이다. 어떤 사람들은 로마서 8장 29절과 베드로전서 1장 2절을 인용하면서 그러한 주장에 동조한다. 그 두 구절은 예지가 선택의 기초가 되고 있다는 점을 시사한다. 그러나 이 구절들에 나오는 예지는 우리가 하나님을 선택할 것이라는 사실에 대한 하나님의 예지가 아니다. 성경적 언어에서 자주 발견되는 것은 안다는 동사가 하나의 대상으로서의 사실적인 것이 아니면서[22] 명사형을 취할 때 그것은 정보에 대한 지식이 아니라 인격적인 관계에 대하여 언급하는 것이 된다. 예를 들면 시편 1편 6절에서 우리는 "대저 의인의 길은 여호와께서 인정하시나 (히브리어로는 안다 임)"라는 언급을 본다. 그런데 이 구절은 단순히 하나님이 의인이 무엇을 행할지 안다는 것을 의미하지 않고 그들을 지키고 보호한다는 뜻을 지니고 있다. 아모스 3장 2절과 비교해 보라.

이 우리를 구원하도록 하나님을 움직이게 한 공로가 아닌 것은 진리다. 우리가 행하는 어떤 것 아니 모든 것에 관해서 그것은 진리다. 그러나 알미니안자들은 양쪽 다 취하기를 원한다. 그들은 믿음이 공로가 아니지만 우리의 믿음은 어느 정도는 하나님이 우리를 구원하도록 하는 동력이 된다고 말하기를 원한다. 즉 우리가 하나님을 선택한 것을 기초로 해서 하나님이 우리를 선택한다는 것이다. 그러나 우리의 믿음이 하나님을 움직여 우리를 구원하게 한다면 그들의 눈에는 그것은 공로일 수밖에 없다.

22) 이것은 "그를 아는 것"과 "그것을 아는 것"과의 차이다. 예를 들어 "내가 빌을 안다"와 "나는 빌이 43세임을 안다"는 것과의 차이를 고려해 보라.

> 내가 땅의 모든 족속 중에
> 너희만 알았나니
> 그러므로 내가 너희 모든 죄악을
> 너희에게 보응하리라 하셨나니.

위의 구절에서 선택했다라고 번역한 NIV는 옳다. 하나님은 이스라엘 외의 다른 족속들을 알지 못한다고 선언하는 것이 아니라 이스라엘이 깨뜨린 언약과 관련하여 그들과 맺은 특별한 언약 관계를 선언하고 있다는 것이다. 호세아 13장 4절, 마태복음 25장 12절, 요한복음 10장 14절, 로마서 11장 2절에서 나오는 미리 아셨다는 말과 비교해 보라. 고린도전서 8장 3절, 데살로니가전서 5장 12절(안다를 존중하다로 번역함), 베드로전서 1장 20절(미리 아심을 선택하였다라고 번역함)도 비교해 보라. 이와 같이 로마서 8장 29절에서 바울은 하나님이 신자들을 미리 아셨다고 말하고 있는데 그것은 하나님이 그들과 인격적인 관계를 맺었다는(엡 1:4-5에 따르면 영원 전부터) 의미다. 미리 아셨다로 번역된 헬라어 단어는 편을 들다, 미리 사랑하였다, 선택하였다 또는 택했다는 뜻으로도 번역이 가능하다.[23]

열린 신학의 견해는 알미니안의 견해보다 성경적인 가르침에서 더 멀어져 있다. 왜냐하면 열린 신학은 하나님이 누가 믿을 것이며 누가 믿지 않을 것이라는 것을 미리 안다는 점까지도 부정한다. 그러므로 열린 신학자는 창세 전에 어떤 개인을 구원에 이르도록 선택한다는 사실을 다루고 있는 성경 구절들에 대하여 아무런 곤심도 가질 수 없다.

---

23) 하나님의 총체적인 예지의 교리를 거부하면서, 열린 신학자인 Gregory A. Boyd는 롬 8:29에 대한 전통적인 칼빈주의적 해석을 실제로 수용한다. 왜냐하면 그 안에는 미래 사에 대한 지식보다는 개인에 대한 지식이 있다고 보았기 때문이다(*God of the Possible* 〈Grand Rapids: Baker, 2000〉, 47-48). 그렇지만 여기에서 그는 개인이 아닌 공동체에 대한 하나님의 선택으로 본다. 이 문제에 관해서 이 책의 제6장을 보라.

그래서 성경은 예수께서 제자들에게 가르친 것처럼 모든 신자들에게 "너희가 나를 택한 것이 아니요 내가 너희를 택하여 세웠나니 이는 너희로 가서 과실을 맺게 하고 또 너희 과실이 항상 있게 하리라"(요 15:16)고 가르친다. 하나님의 선택은 우리의 선택보다, 응답보다, 믿음보다 선행한다. 우리가 이미 자연과, 역사와, 인간의 삶에 대한 일반적인 하나님의 주권에 대하여 살펴본 바를 모두 고려해 본다면 달리 결론을 내릴 수가 없지 않겠는가? 그리스도를 믿기로 한 우리의 선택이 하나님의 주관 밖의 선택이 될 수 있는가? 구원이 우리가 하나님께 찬양을 드려야만 할 영역이 아닌가?[24]

여러 성경 구절에서 우리의 응답이 하나님의 선물이라고 분명하게 가르친다. 예수님도 "아버지께서 내게 주시는 자는 다 내게로 올 것이요"(요 6:37), "나를 보내신 아버지께서 이끌지 아니하면 아무라도 내게 올 수 없으니 오는 그를 내가 마지막 날에 다시 살리리라"(요 6:44),[25] 그리고 "내 아버지께서 오게 하여 주지 아니하시면 누구든지 내게 올 수 없다"(요 6:65)라고 가르쳤다. 우리가 하나님을 아바 아버지라고 부를 수 있는 것은 오직 성령에 의해서만 가능하다(롬 8:15).

바울과 실라가 빌립보 시에서 처음으로 복음을 전하였을 때 이것을 들은 사람들 중의 하나는 루디아라는 이름을 가진 여자였다. "주께서 그 마음을 열어 바울의 말을 청종하게 하신지라"(행 16:14). 그 후 그 여자

---

24) 이 같은 중대한 질문을 필자에게 제안한 Vern Poythress에게 감사한다.
25) "이끈다"(helko)는 단어는 강한 단어인데 종종 "끈다"로 번역된다. 끌리는 사람은 저항할 수도 있지만 성공할 수가 없다. 요 18:10; 21:6, 11; 행 16:19; 21:30; 약 2:6을 보라. 알미니안 신학자들은 요 12:32에서 예수님이 "모든 사람을 자신에게 이끈다"고 약속했음을 지적한다. 여기서도 이끄는 것은 효과를 나타내는 것이다. 그러나 그 본문의 상황은(특히 20-22절의) 그가 오직 유대인만이 아닌 모든 나라 백성들을 이끈다고 약속했음을 보여주고 있다. 그 주제는 요한복음의 규칙적인 주제다(1:13; 10:16; 11:51). 그와 같이 요 12:32에서 예수님은 개개인 모두를 자신에게 이끈다고 약속하지 않았다.

와 온 가족이 세례를 받게 되었다. 위의 말은 아주 직설적으로 그녀의 믿음은 하나님께로부터 왔다는 것이다. 일찍이 비시디아 안디옥에서 얼마의 이방인이 그리스도를 믿게 되었다. 영생을 주시기로 작정된 자는 다 믿더라(행 13:48)고 기록되어 있다.[26] 영생을 주기로 작정된 것이 먼저며 믿음은 그 결과다.[27] 그러므로 하나님의 손이 사도들과 함께 있을 때 사람들은 믿는다(11:21). 그들의 회심은 하나님의 은혜에 대한 증거다(23절). 사도행전 18장 27절에서도 회심자들이 은혜로 믿은 자 된 사람들이라고 말한다(롬 12:3; 고전 2:5; 12:9; 엡 6:23; 빌 1:29; 살전 1:4-5과 비교해 보라).

회개도 우리 안에서의 하나님의 역사다. 그것은 믿음의 반대적인 측면이다. 믿음은 그리스도께로 돌이키는 것이고, 회개는 죄로부터 떠나는 것이다. 그러나 이것과 저것은 서로가 없으면 있을 수가 없다. 믿음과 같이 회개를 가능하게 하는 것도 하나님이다. 하나님은 때때로 사람들의 마음을 강퍅케 함으로 말미암아 회개할 수 없게 한다는 사실을 이미 보았다. 하나님은 또한 회개의 영을 주심으로 긍정적인 행동을 한다.

---

[26] 이 원칙은 요 10:26에 빛을 던져준다. 이곳에서 예수님은 유대인들에게 "너희는 나의 양이 아님으로 나를 믿지 않는다"고 말한다. 예수님의 양이 된다는 것은 택함 받아 영생이 주어진 것을 말한다. "내가 저희에게 영생을 주노니 영원히 멸망치 아니할 터이요 또한 내 손에서 저희를 빼앗을 자가 없느니라"(28절). 거듭하면, 선택은 믿음을 선행한다는 것이다. 요 17장에서도 그런 관계를 언급하고 있다. 이 장에서는 예수님이 제자들을 일컬어 아버지가 자신에게 준 사람들이라고 말한다(2, 6절). 그는 아버지에게 다음과 같이 말한다. 자기는 이들 택함을 받은 백성들을 가르쳤고 그 결과로 그들이 믿게 되었노라(6-8절).

[27] 그렇게 해서, 핍박에도 불구하고 하나님은 바울에게 고린도에 머물라고 명한다. 왜냐하면 그 도시에 많은 사람을 남겨두었기 때문이라는 것이다(행 18:10). 하나님은 이미 믿는 사람들에 대하여 말하고 있는 것이 아니라 바울이 1년 반 동안 그곳에서 사역한 결과로 믿는 사람들에게 대하여 말하고 있는 것이다. 그들은 하나님의 선택 때문에 이미 하나님께 속한 사람들인데 바울의 설교를 통하여 믿기에 이르렀다.

그리스도의 고난에 대해 분명하게 예언하고 있는 스가랴서의 한 구절에서 하나님은 다음과 같이 선언한다.

> 내가 다윗의 집과 예루살렘 거민에게 은총과 간구하는 심령을 부어 주리니 그들이 그 찌른 바 그를 바라보고 그를 위하여 애통하기를 독자를 위하여 애통하듯 하며 그를 위하여 통곡하기를 장자를 위하여 통곡하듯 하리로다(슥 12:10).

그렇지만 예수님은 십자가로부터 하나님의 오른 손의 위치로 승귀함으로 "이스라엘로 회개케 하사 죄 사함을 얻게 하시려고 그를 오른 손으로 높이사 임금과 구주를 삼으셨느니라"(행 5:31)고 하였다. 그 후에 유대인 그리스도인들은 하나님께서 이방인에게도 생명 얻는 회개를 주셨음에 대하여(행 11:18; 참고, 딤후 2:25) 감사하였다.

그 외의 여러 성경 구절들은 구원에 있어서 하나님의 주권을 드러내고 있다. 우리는 그 모든 것을 자세하게 다룰 수 없지만, 그것이 그렇다는 사실을 언급해야만 한다. 하나님께서 사람들을 그리스도와 연합을 이루도록 효과적으로 부르시는 부르심에 관한 교리가 있다(롬 1:6-7; 8:30; 11:29; 고전 1:2, 9, 24, 26; 살후 2:13-14; 히 3:1; 벧후 1:10). 부르심은 항상 효과적인 부름만을 의미하지는 않는다. 청함을 (헬라어로는 부름을) 받은 자는 많되 택함을 입은 자는 적다. 마태복음 22장 14절(또한 20:16 흠정역)에서는 많지 않다고 말한다. 위의 구절은 그리스도를 통한 보편적 구원을 거절한 사람들이 많다는 사실을 의미한다. 그러나 이미 언급한 구절들 중에 나오는 부름 받은 사람들은 하나님이 죽음으로부터 생명으로 주권적으로 인도하여 낸 사람들이다.

또한 중생 즉 신생의 교리가 있다. 효과적인 부름과 같이 신생도 하나님의 행위지 우리가 생성해 낼 무엇은 아니다.[28] 전통적인 구절인 요한

---

28) 이것은 출생의 은유가 미치는 힘의 일부분이다. 분명히 우리는 우리의 육체적인

복음 3장에서 예수님은 니고데모에게 거듭나는 것은 하나님의 성령에 의해서 가능한 것임을 말하고 있다(5-6절). 거듭나게 하는 일을 위하여 성령님이 바람과 같이 보이지 않게 임의대로 행한다(8절).[29] 신생(new birth)이 어떻게 가능한가? 그것은 새로운 영적 삶의 시작이다. 바울이 우리가 본질상 허물과 죄로 죽었던(엡 2:1) 사람들이라고 말한 바 있다. 신생은 죽은 자에게 생명을 부여한다. 이러한 신생이 없으면 우리는 하나님의 나라를 볼 수 없다(요 3:3). 왜냐하면 우리의 영적 눈이 멀어져 있기 때문이다. 바울은 로마서 1장에서 죄인들은 진리를 거짓 것으로 바꾼다고 가르친다. 그러므로 신생은, 영적 이해의 시작은 물론 순종적인 제자도의 시작임을 지칭한다.

다른 구절들도 우리의 영적 이해가 하나님의 선물임을 강조한다. 마태복음 11장 25-27절에서 우리는 하나님 아버지와 하나님 아들이 영적 깨달음을 어떤 사람들에게는 숨기고 어떤 사람들에게는 계시한다는 사실을 알 수 있다. 예수님은 "아버지 외에는 아들을 아는 자가 없고 아들과 또 아들의 소원대로 계시를 받는 자 외에는 아버지를 아는 자가 없느니라"고 말한다. 요한은 우리에게 "하나님의 아들이 이르러 우리에게 지각을 주사 우리로 참된 자를 알게 하신 것"(요일 5:20)이라고 말한다. 주님의 이 말씀들과 성령님의 기름부음을 비교해 보라(2:20-21, 27). 바울은 얼마 동안 숨겨져 있던 그리스도의 지혜에 대하여 다음과 같이 말하고 있다. "곧 감추어졌던 것인데 하나님이 우리의 영광을 위하사 만세 전에 미리 정하신 것이다"(고전 2:7). 그리고 바울은 계속해서 아무도 하나님의 성령을 통하지 않고는 그리스도의 지혜를 알 수 없다고 말한다(12-16절). 그리고 바울이 믿음을 가져다주는 그의 설교의 능력에

출생에 있어서 간여한 바가 없다. 우리의 육체의 생명은 다른 사람으로부터 왔기 때문이다. 마찬가지로 영적인 생명도 다른 존재 즉 하나님의 은혜로 온다.

29) 중생에 있어서 하나님의 주권을 강조하는 다른 구절들은 요 1:13; 요일 2:29; 3:9; 4:7; 5:1, 4, 18이다.

대하여 말할 때 일상적으로 하나님의 성령님의 깨우치는 능력을 지칭하고 있다(고전 2:4-5; 살전 1:5; 살후 2:14).[30] 만일 하나님이 우리에게 깨닫는 마음을 주시지 않는다면 우리는 그의 메시지를 이해할 수 없을 것이다(신 29:4; 참고, 사 6:9-10). 그러므로 우리는 예수님 때문에 주실 것을 믿고 하나님이 영적 지혜의 궁극적 근원임을 알고 하나님께 지혜를 구한다(약 1:5; 참고, 엡 1:17-19; 골 1:9).[31]

또한 성경은 어떻게 하나님이 우리에게 죽음과 무지로부터 생명과 영적 깨달음을 주는 지에 대하여 설명하는 다른 방법을 채택하고 있다. 하나님은 우리의 마음에 할례를 행한다(신 30:6), 그의 율법을 우리의 마음에 기록한다(렘 31:31-34), 우리에게 새로운 마음을 준다(겔 11:19; 36:26), 그를 아는 마음을 준다(렘 24:7), 우리를 깨끗이 씻어 새롭게 한다(딛 3:4-7), 우리를 새롭게 창조한다(고후 5:17), 우리의 어둠을 비춰준다(고후 4:6),[32] 그리고 우리 안에 선한 일을 시작한다(빌 1:6). 이러한 표현들은 항상 최초의 중생 혹은 영적 생명의 시작만을 언급하는 것이 아니라 우리의 영적 삶과 지식이 하나님의 역사라는 점에 대하여 언급하는 것이다.

---

30) 영에 대한 내적인 증거에 대하여는 John Murray, "The Attestation of Scripture," in *The Infallible Word*, ed. N. B. Stonehouse and Paul Woolley(Grand Rapids: Eerdmans, 1946), 40-52; John M. Frame, "The Spirit and the Scripture," in *Hermeneutics, Authority, and Canon*, ed. D. A. Carson and John D. Woodbridge(Grand Rapids: Zondervan, 1986)을 볼 것.
31) 그와 같이 하나님의 지식은 그리스도 안에서의 새 생명의 일부분이다. 그것은 단지 지식적인 것만은 아니다. 지성과 관련된 면은 언약에 의한 전체적인 구조의 일부분이다. "여호와를 경외하는 것이 지혜의 근본이다"(시 111:10; 참고, 신 4:6; 잠 1:7; 9:10; 15:33; 사 33:6). 지식에 대한 기독교적 이론에 관하여 이것이 의미하는 바에 대하여는 필자의 *The Doctrine of the Knowledge of God* (Phillipsburg, N.J.: Presbyterian and Reformed, 1987)을 보라.
32) 바울은 여기서 창 1:3의 빛의 창조와 병행시키고 있다. 즉 오직 흑암이 있을 때 빛이 있었다.

그러므로 우리의 하나님과의 계속적인 삶은 그 시작과 비슷하다. 즉 우리는 지속적으로 순종적인 삶을 살기 위한 자원을 위하여 주님을 끊임없이 의지해야 한다는 것이다. 주님 없이는 우리가 할 수 있는 것은 아무 것도 없다(요 15:5). 이미 우리는 죄를 범하는 결정을 포함하여 사람들의 자유로운 결정에 대하여 하나님의 주권이 나타남을 보았다. 그런데 구원하는 은혜를 이룸에 있어서 자신을 순종하도록 사람들에게 동기를 부여하는 분도 하나님이다. 물론 우리가 행하는 바에 대하여는 우리의 책임이지만 거듭남은 물론 성화도 그분의 역사다.

그러므로 우리는 에베소서 2장 10절에서 "우리는 그의 만드신 바라 그리스도 예수 안에서 선한 일을 위하여 지으심을 받은 자니 이 일은 하나님이 전에 예비하사 우리로 그 가운데서 행하게 하려 하심이니라"는 말씀을 기억한다. 우리는 하나님의 은혜 없이는 죄 안에서 죽은 자임을 안다(엡 2:1; 롬 7:18; 8:6-8). 우리는 우리의 자력으로 선한 어떤 일도 할 수 없다. 그래서 우리가 우리의 구원을 이룸에 있어서도 "너희 안에서 행하시는 이는 하나님이시니 자기의 기쁘신 뜻을 위하여 너희로 소원을 두고 행하게 하시나니"(빌 2:13)라는 사실을 안다. 성화를 이루는 분도 주님이며, 자기 백성을 거룩하게 하는 분도 하나님이다. 자기 백성들로 하여금 자신을 위하여 자원하여 행하게 하는 분(학 1:14)도, 주님의 일을 위하여 기쁨으로 헌신하며 드리게 하도록 그들을 자극하는 분도 하나님이다(대상 29:14-19; 참고, 왕상 8:5-8). 이 세상에서 우리는 죄 없이 완전한 상태에 있지는 않지만(요일 1:3-10) 주님은 그리스도의 형상이 우리 안에서 완전해지도록 일한다(렘 32:39-40; 엡 5:25-27). 그래서 우리는 하나님이 우리에게 힘 주사 하나님을 기쁘게 하는 삶을 위하여 기도한다. 왜냐하면 우리는 그것이 하나님의 뜻이며 그러한 삶이 가능하게 만드는 분도 하나님임을 알기 때문이다(골 1:10-12).

또한 하나님은 하나님의 말씀을 선포하는 일에 있어서 성공할 수 있는 근원이기도 하다. 바울은 자신의 사역에 대한 확신이 자기 안에 있는 그 무엇에 기인하고 있지 않다는 사실을 받아들이고 있다. "우리가 무슨 일이든지 우리에게서 난 것 같이 생각하여 스스로 만족할 것이 아니니 우리의 만족은 오직 하나님께로서 났느니라"(고후 3:5). 그리고 "우리가 이 보배를 질그릇에 가졌으니 이는 능력이 심히 큰 것이 하나님께 있고 우리에게 있지 아니함을 알게 하려 함이라"(고후 4:7; 참고, 10:17)고 말한다. 하나님은 우리에게 은사를 주고 그것을 사용하여 다른 사람을 섬기도록 한다(롬 12:3-8; 고전 4:7; 12:1-11; 엡 4:1-13). 위의 구절들은 이들 은사들이 하나님의 은사요 그리스도 안에서 성령님으로 말미암아 우리에게 준 은사임을 거듭거듭 강조하고 있다.

그러므로 하나님의 은혜는 그리스도인으로서 우리가 누리고 있는 모든 복의 근원이다. 예수님이 말하였듯이 "진정 나를 떠나서는 너희가 아무 것도 할 수 없다"(요 15:5). 우리가 받지 않은 것이 아무 것도 없다(고전 4:7). 은혜에 대한 우리의 응답마저도 은혜에 의하여 주어진 것이다. 하나님이 우리를 구원할 때 하나님은 그것을 자랑할 만한 모든 가능한 근거를 우리에게서 제거시킨다(엡 2:9; 고전 1:29). 찬양과 영광 모두가 주님께 속한 것이다.

7. 요 약

본 장에서 그토록 많은 성경 구절을 인용하였음에 대하여 변명하지 않는다. 신학의 역사에 있어서 현재의 시점에서 성경이 세상을 보편적으로 지배한다는 사실을 거듭 가르치고 있다는 점에 대하여 하나님의 백성들이 확신을 갖게 되는 것 이상으로 더 중요한 것은 없다. 성경은 이러한 지배가 역사적이며 교리적 맥락에서 다양하게 나타난다고 언급하고 있다. 그리고 그러한 지배는 하나님과 함께한 우리의 삶 속에 수없이 많은 방법으로 적용된다고 성경은 가르치고 있다. 그러한 주제에 대한 가르침의 다양성과 분량은 이 장의 주안점이었다.

이들 성경 구절들에 대하여는 거의 별도의 설명을 하지 않았는데 그 이유는 그것들 스스로가 말하기 때문이다. 어떤 구절들은 해석상의 어려움이 있다는 것도 사실이지만 전체적인 증거의 힘을 피하기란 거의 불가능하다는 것은 명확하다. 워필드(B. B. Warfield)가 성경의 영감에 대하여 말한 것처럼 전체적인 증거는 모든 것을 집어 삼키는 산사태와 같은 것이다. 사람이 약간의 바위 덩어리들은 용케 피할 수 있지만 모든 것을 피할 수는 없다.

이 같은 설득력 있는 성경의 증거는 하나님이 발생하는 모든 것들을 주관한다고 분명하게 언급하고 있지만, 상대적으로 그 수는 적은 성경 구절들에 대하여도 우리가 반드시 고려해야 하는 상황을 설정하고 있다. 우리가 본 바와 같이 이러한 구절들을 적용함에 있어서 우리가 제한해서는 안 된다. 우리는 그것이 큰 사건이든 아니면 작은 사건이든 이 세상에서 발생하는 모든 것은 하나님의 주권적인 주관하에 있음을 안다. 보편적인 예정에 대하여 명료하게 가르치는 구절들은 성경의 특성인 반복적 사용의 도움을 받아 이렇듯 많은 성경의 자료들을 요약하고 있을 뿐이다.

이제 세상에 대한 하나님의 보편적인 주관을 분명하게 가르치고 있는 네 개의 성경 구절들을 보자. 첫째, 예레미야애가 3장 37-38절이다.

> 주의 명령이 아니면
> 누가 능히 말하여 이루게 하랴
> 화, 복이 지극히 높으신 자의
> 입으로 나오지 아니하느냐.

위의 구절에서 말하는 바는 하나님의 교시의 영역은 우주적이다라는 것이다. 그것은 모든 재난과 복을 통괄하고 있다. 사건이 일어나도록 하나님이 허용하시기 전에 무엇인가를 일으킬 사람은 아무도 없다. 다음, 바울이 로마서 8장 28절에서 가르치는 바를 살펴보자.

> 우리가 알거니와 하나님을 사랑하는 자 곧 그 뜻대로 부르심을 입은 자들에게는 모든 것이 합력하여 선을 이루느니라.

바울이 여기서 말하는 바는 그리스도인이 앞으로 올 영광과 소망을 가지고 참아야 할 고난에 대한 것이다. 이러한 고난은 우주적 차원을 가지고 있다. 그래서 22절에서 "피조물이 다 이제까지 함께 탄식하며 함께 고통하는 것을 우리가 아나니"라고 말한다. 이렇게 볼 때, 이 고난은 그리스도 때문에 신앙인들이 받는 핍박이 아니라 아담의 타락으로 말미암아 피조 세계에 떨어진 모든 고난임을 말한다. 예를 들면, 출산의 고통, 이 땅의 가시와 엉겅퀴 같은 것들이다(창 3:14-19). 그런데 이러한 고난은 잠시 동안은 견디기가 어렵지만 장차 우리에게 나타날 영광과 족히 비교할 수 없는 것이다(롬 8:18). 기쁜 소식은 예수님의 구속이 우주적 차원을 가지고 있다는 것이다. 즉 때가 이르면 그 구속이 타락은 물론 죄의 모든 결과에 대하여 역작용함으로 "피조물도 썩어짐의 종노릇한 데서 해방되어 하나님의 자녀들이 영광의 자유에 이르게 한다는" 말이다(21절). 그러므로 지금 하나님이 모든 일 가운데서 역사하고 있음으로 비록 우리가 복음 때문에 고난을 당한다 해도 그리스도와의 연합을 위한 효험적인 부름을 받은 모든 사람들에게 선이 이루어지게 된다. 우리의 목적에 부합하는 결론은 모든 사건은 하나님의 백성에게 풍성한 복을 주기 위한 하나님의 거대한 계획의 일환이라는 것이다. 우리는 이 세상의 고난이 앞으로 올 기쁨을 어떻게 증진시킬지 모르지만 하나님이 그러한 결과를 가져온다는 사실에 대하여는 신뢰한다. 왜냐하면 하나님은 모든 일 가운데서 일하므로 모든 것을 주관하기 때문이다.

모든 일 중에서 하나님이 일한다는 확신은 우리로 하여금 이러한 확신을 읊고 있는 위대한 찬양을 되뇌게 한다.

> 내가 확신하노니 사망이나 생명이나 천사들이나 권세자들이나 현재 일이나 장래 일이나 능력이나 높음이나 깊음이나 다른 아무 피조물이라도 우리를 우리 주 그리스도 예수 안에 있는 하나님의 사랑에서 끊을 수 없으리라(38-39절).

이제 에베소서 1장 11절을 보자.

모든 일을 그 마음의 원대로 역사하시는 자의 뜻을 따라 우리가 예정을 입어 그 안에서 기업이 되었으니.

이 구절은 하나님의 주권적인 예정에 대하여 말하고 있는 에베소서 1장에서 처음 언급된 것이 아니다. 4절은 선택에 대하여, 3절은 아들들로 양자 삼는 예정에 대하여 언급하고 있다. 11절의 전반부(선택하사, 예정하사)는 그 이전의 구절들의 가르침을 되풀이하고 있다. 그러나 모든 일을 그 마음의 원대로 역사하는이라는 표현은 되풀이 정도로만 끝나서는 안 된다. 선택하고 예정하는 하나님의 계획에 따라 우리가 선택받고 예정되었다는 사실을 바울이 단순하게 반복했을 리가 없다. 오히려 바울은 하나님의 구원하는 선택과 예정은 거대한 계획의 일부분임을 말하고 있다는 것이다. 구원은 하나님이 만든 세상에 대한 전체적인 주관의 일부분이다. 구원은 분명 절정에 이를 것이다. 왜냐하면 구주가 모든 것을 주관하는 분이기 때문이다.

마지막으로, 우리는 로마서로 돌아간다. 바울은 로마서 9-11장에서 하나님은 이방인들에게 복을 내리는 문을 열기 위하여 많은 수의 유대인들의 마음을 강퍅하게 하였다고 가르친다. 그렇지만 그 모든 것이 언급된 후에도 많은 것들이 신비스러운 것으로 남게 된다. 이에 대한 바울의 반응은 하나님의 공정성이나 사랑에 대한 질문이 아니다. 그는 그러한 불평들에 대하여 토기장이와 질그릇의 비유로 대응한다(9:21-24). 질그릇에게는 토기장이의 특권에 대해 의문을 제기할 수 있는 권한이 없다.[33]

---

[33] *God of the Possible*, 141에서 보이드는 렘 18장과 롬 9장에서 진흙은 토기장의 의도를 거역하여 그의 계획을 수정하도록 강요한다는 점을 제안하고 있다. 그러나 롬 9:19에서 바울은 진흙이 토기장이의 뜻을 거역할 수 없다는 점을 특별히 지적하고 있다. 렘 18장과 롬 9:19-21에서의 논제는 토기장이가 진흙을 임의로 주관할 수 있는가에 대한 것이 아니라 그가 그러한 방식으로 진흙을 주관하는 권한을 가지고 있는가에 대한 것이다. 그 대답은 물론 예다. 토기장이에 대한 샌더스의 논의는 제8장을 보라.

그럼에도 불구하고 아직도 비밀이 많이 남아 있다. 그러기에 이에 압도된 바울은 하나님의 이해하지 못할 지혜에 대하여 찬양하고 있다.

> 깊도다 하나님의 지혜와 지식의 부요함이여,
> 그의 판단은 측량치 못할 것이며
> 그의 길은 찾지 못할 것이로다
> 누가 주의 마음을 알았느뇨
> 누가 그의 모사가 되었느냐
> 누가 주께 먼저 드려서 갚으심을 받겠느뇨
> 이는 만물이 주에게서 나오고 주로 말미암고 주에게도 돌아감이라
> 영광이 그에게 세세에 있으리로다 아멘
> (롬 11:33-36; 사 40:13과 욥 41:11 인용).

36절은 창조의 모든 것을 하나님께로 돌리고 있다. 모든 것들은 단지 물질만이 아니라 모든 사건들도 포함한다. 33절의 판단과 길, 그리고 하나님의 이스라엘에 대한 심판과 이방인의 복을 포함한다. 세상에서의 하나님의 간여는 삼중적이다. 세상의 창조자로서(주에게서), 통치자로서(주로 말미암아), 그리고 궁극적 목적으로서(돌아감이라).

놀랍게도 샌더스의 *The God Who Risks* 나 보이드(Boyd)의 *God of the Possible* 에서도 에베소서 1장 11절이 성경 색인에 나오지 않는다. 보이드는 로마서 11장 36절이나 예레미야애가 3장 37-38절 모두를 포함시키지 않았다. 샌더스는 로마서와 애가의 구절들에 대한 일반적 맥락만 논의했고 그 구절에 함유되어 있는 하나님의 주관적인 계획의 보편성에 대한 내용을 언급하지 않았다. 그 결과는 적어도 열린 신학자들이 자신들의 입장에 반하는 가장 강력한 성경적인 증거에 대하여 진지하게 다루고 있지 않는 것처럼 보인다는 것이다.[34] 그러나 이러한 분명

---

34) 열린 신학의 문헌에서는 일반적으로 다른 입장에서 사용한 중요한 성경 구절들

한 본문을 떠나서라도, 우리로 하여금 하나님의 주권은 모든 것에 미친 다고 결론을 내리게 하는 성경적인 자료가 충분히 많이 있다.

을 연계시키는 데 실패하고 있다. 로저 니콜은 보이드의 책 *God of the Possible* 은 "롬 8:33, 9:11, 그리고 11:28을 제외하고 '택한' 혹은 '선택'이라는 어휘들이 들어가 있는 26구절에 대하여 어떤 인용도 하지 않고 있다"는 점을 지적한다("A Review Article: God of the Possible?" *Reformation and Revival* 10, no. 1〈winter, 2001〉, 170-71). 또한 니콜은 보이드가 창조 전의 하나님의 목적을 다루는 9구절 중 오직 4구절, 그리고 "복을 내리기로 작정한 존재로서 하나님을 제시하고" 있는 89구절 중 오직 5구절만 언급하고 있음을 지적한다.

제 6 장
열린 신학자들의 답변

 전 장에서 하나님의 총체적인 예정에 대한 성경의 진술을 산사태로 비유하였다. 이 본문 혹은 저 본문에 대한 해석상의 문제가 있을 수 있지만, 그 교리는 너무나 강한 설득력을 가지고 성경에서 제시되어 있기에 아무도 그같이 축적된 힘을 피할 수 없다. 그럼에도 불구하고 열린 신학자들은(알미니안주의자들, 소시니안주의자들, 몰리니안주의자들 그리고 그들 이전의 펠라기우스주의자들처럼) 이 가르침을 부정한다. 본 장에서는 그에 대한 그들의 반대의 일부분을 다루며 나머지는 후에 다룰 것이다.

1. 특수한 것을 보편화시킴?

 샌더스는 린드스트롬(Fredrik Lindstroem)[1])에 동의하여 기본적인 문제는 주석가들이 본문을 문헌적이며 역사적인 정황에 놓는 대신 보편

---

1) 샌더스는 Fredrik Lindstroem, *God and the Origin of Evil: A Contextual Analysis of Alleged Monistic Evidence in the Old Testament*(Lund: CWK Gleerup, 1983)를 언급하고 있다.

적인 원리만을 급하게 주장하는 데에 있다[2]라고 말한다. 여기에서 다른 본문들에 적용한 논지의 한 예로서 샌더스가 한 본문을 어떻게 다루었는지 제시하려고 한다.

> 이사야 45장 7절은 나는 빛도 짓고 어두움도 창조하며 나는 평안도 짓고 환난도 창조하나니 나는 여호와 이 모든 일을 행하는 자니라고 말한다. 이것은 하나님이 우주 전체 내의 선과 악에 대한 모든 행위들에 대하여 책임이 있다는 말인가? 결코 아니다. 왜냐하면 린드스트롬이 주장한 것처럼 위 본문이 나오는 전체 단락은 전 우주가 아닌 이스라엘에 대한 야외의 조치를 다루고 있기 때문이다. 이 사실은 사용된 어휘로 보아도 입증된다. 빛은 이사야 40-55장에서 우주의 창조에 대한 언급으로 사용되고 있지 않다. 오히려, 그것은 바벨론으로부터의 정치적 해방에 대한 하나의 은유로 사용되어 있다(사 42:6; 49:6; 53:11). 어둠(호섹)이라는 어휘도 그와 같이 불운과 포로에 대한 하나의 은유로 보아야 한다(42:7; 47:5; 49:9).[3]

40-66장은 바벨론 포로로부터의 해방에 대한 일반적 관심사임에는 틀림없다. 그러나 샌더스가 제시한 성경 구절들 중(49:9은 예외로 칠 수 있다) 어느 하나도 빛을 정치적인 해방에 대한, 어둠을 포로에 대한 하나의 은유로 사용하고 있지 않다. 이사야 42장 6절과 49장 6절에서 하나님은 그의 종을 이방인의 빛으로 부른다. 이것은 하나님이 이방인을 바벨론 포로로부터 정치적으로 해방하는 자임을 뜻하는가? 그러한 해석은 옳지 않다. 과연 샌더스는 이사야 53장 11절의 의미를 제한시켜서 종 메시아가 고난 후에 정치적인 포로로부터의 해방을 볼 것이라고 해석하기를 원하는가?

전체 맥락에서 볼 때 45장 7절의 빛을 창세기 1장에서의 빛과 연결시켜 해석하는 것이 훨씬 더 자연스러울 것이다. 하나님이 땅을 지었으며

---

2) John Sanders, *The God Who Risks*, 82.
3) Ibid.

(12, 18절) 이스라엘을 만들었다(10-11절). 토기장이가 질그릇을 가지고 자신이 원하는 대로 만들 수 있는 권한이 있듯이 하나님도 자신의 백성들을 가지고 원하는 바대로 할 수가 있다(9-11절). 하늘이 의를 비같이 내리고, 땅은 구원을 가져온다(8절). 그것은 창세기에서 하나님이 수목을 자라게 하는 것과 똑같다. 그렇다면, 7절의 빛과 어둠은 분명히 하나님이 문자적으로 빛과 어둠을 만든 원래의 창조를 지칭하는 것이다.

성경에서 빛을 상징적으로 하나님의 영광을, 그러므로 그의 임재 특히 축복 중의 임재를 지칭하는 것이 일반적이다. 그렇다면 빛에 거하는 것은 그의 임재 안에 거하는 것이고 그 임재는 제의적으로(성전에 근접한) 혹은 윤리적으로(그의 의를 반사하는) 생각될 수 있다. 그러므로 유대인들이 포로에서 하나님의 임재가 있는 땅으로 귀환했기 때문에 빛은 정치적 포로로부터의 해방에 대한 적합한 은유다. 그러나 그것의 정치적 의미만으로는 본래의 뜻을 총체적으로 다 드러내지 못한다. 그와 반대로 그 어휘는 더 광범위한 신학적 의미를 가지고 있기 때문에 정치적 의미도 함유하고 있다고 해야 할 것이다.

이사야 45장 7절의 맥락에서 그 의미는 중요하다. 주님이 페르시아 황제[4] 고레스에게 모든 적들과의 싸움에서 승리할 것을 약속하면서 하나님은 그에게 말하고 있다. 하나님이 이 일을 할 수 있는 것은 모든 것을 지은 분이기 때문이다(12절). 아무도 하나님께 명령하거나 대답을 요구할 수 없다(11절). 하나님은 토기장이고 우리는 질그릇이기 때문이다(9-11절). 하나님이 비를 내림으로 자라게 하듯이(8절) 의의 비를 내린다. 모든 것에 대한 주권을 가지고 있기 때문에 하나님은 고레스가 주도권을 잡는데 있어서 장애가 되는 모든 것을 극복할 수 있다(1-6절). 이스라엘을 위한 정치적 해방은 그러한 하나님의 행동의 하나의 결과지만

---

4) 보수적인 연대기에 따르면 여기에서 하나님이 고레스에게 말할 때 그것은 그가 출생 전 수세기 전이었고, 이 사실은 하나님의 총체적 주권에 대한 강조를 말하는 경우임을 강화시키는 것이 된다.

그보다 더 중요한 결과는 해 뜨는 곳에서든지 지는 곳에서든지 나 밖에 다른 이가 없는 줄을 무리로 알게 하리라 나는 여호와라 다른 이가 없느니라(6절)는 선언이다.

그러므로 45장 7절의 빛도 짓고는 단지 정치적 해방만을 의미하는 것이 아니다. 이들 장 중에 나오는 빛과 고레스에 대한 하나님의 말씀에 대한 강조는 오히려 빛과 어둠에 대한 하나님의 주권이(문자적이며 상징적인 의미 모두를 택하여) 정치적 해방의 근간이 된다는 점을 시사하고 있다. 창조와, 섭리와, 고레스 자신의 정복에서 드러나고 있는 것처럼 하나님이 모든 것에 대한 주권을 가지고 있기 때문에 고레스는 하나님이 이스라엘을 해방시킨다는 사실을 반드시 염두에 두어야만 했다.

물론 성경의 모든 구절은 어떤 면에서는 시간과 공간이라는 특수 상황과 관련이 있다. 그러나 성경은 언제나 그러한 특수 상황을 영원하며 보편적인 원칙이라는 조명하에 스스로 해석하고 있다. 그러므로 여기에 나타나 있는 고레스의 정치적 성공은 하나님의 보편적인 주권에 기초하고 있는 것이다. 종종 우리는 어떤 본문의 의미를 아주 좁은 상황에 제한시키려는 유혹을 받는다. 그것은 우리가 광의적인 해석이 암시적으로 가능하다는 사실에 반대하는 편견을 가지고 있을 때 특히 그렇다. 그러나 어떤 본문이 어떤 특수 상황을 전제한다고 해서 그것이 어떤 광의적 혹은 보편적인 원칙을 동시에 가르칠 수 있다는 가능성마저도 배제시킬 수는 결코 없다. 진정 성경 기자들의 특징은 자기 당대의 상황을 뛰어넘는 여러 상황에 적용되는 원칙을 염두에 드면서 어떤 특수 상황을 언급하는 것이다. 그러므로 우리는 보편적인 것들을 특수한 것으로 연관짓는 일에 대하여 아주 조심해야 한다. 이러한 유의 주석의 문제는 너무 쉽기에 신학적 편견에 굴복 당할 수 없다. 우리는 보편적인 것을 특수화시키는 것이 적어도 특수한 것을 보편화시키는 것만큼이나 좋지 않다는 사실을 기억해야만 한다.

이사야 45장 7절은 정치적 해방이 빛에 대한 의미를 총체적으로 다 소화한다고 생각할 이유를 가지고 있지 못하다. 반면 이 본문의 상황은 정치적인 해방의 근거가 하나님의 보편적 주권임을 믿어야 할 충분한 이유를 제공하고 있다. 그 밖에, 이미 전 장에서 논증한 것처럼 여러 다른 성경 구절들이 하나님 한 분 만이 번영과 재난의 궁극적 근원임을 선언하고 있다.

   또한 샌더스도 칼빈이 특수한 것으로부터 일반적인 것으로 논지를 전개하고 있음을 알고 불평하였다. 그것은 칼빈이 특수한 상황 속에서 하나님이 바람과 비를 보낸다는 본문으로부터 모든 바람과 비가 하나님으로부터 온다는 일반적인 주장을 하고 있음에 대한 것이다.[5] 그러나 전 장에서 우리가 본 바와 같이 시편은 하나님이 일반적으로 날씨를 통제한다는 사실을 가르치는 내용으로 가득 차 있다. 시편 기자들에게 있어서 하나님이 단지 때때로 바람과 비를 통제한다는 개념은 모호한 것이다.

   제5장에서 논의한 많은 수의 구절들의 무게는 샌더스의 반대를 극복하고도 남음이 있다. 성경은 하나님이 특수한 상황을 지배함에 대하여 종종 말하고 있다. 그러나 동시에 에베소서 1장 11절과 로마서 11장 36절(이 구절들에 대하여 샌더스와 보이드는 거의 언급하지 않음)과 같은 성경은 하나님의 주권적인 주관에 대하여 일반적으로 말하며 또한 수없이 많은 특수한 경우에 있어서도 하나님의 주관을 특수하게 말하고 있다. 성경 기자들이 특수한 경우에 있어서 하나님의 주권적 주관에 대하여 말할 때, 그 주관은 그들에게 있어서 전혀 놀랄만한 것이 아니었다. 왜냐하면 그들은 하나님의 특수한 행동이 자신의 일반적인 주권의 과시임을 너무나 잘 알고 있었기 때문이다. 그들은 하나님에 의한 폭풍과 단순한 자연적 원인에 의한 것을 구분할 특별한 기준을 사용하지 않는다. 진정 그들은 단순히 자연적인 원인들에 의하여 발생한 폭풍에 대하여 아는 바가 없다. 오히려 그들은 모든 폭풍이 하나님으로부터 온다고 알고 있었기 때문에 폭풍을 하나님께로 돌린다.

   오직 몇몇의 폭풍들과 다른 자연 현상들만이 하나님께로 온다는 개념

---

[5] Ibid., 81.

의 의미에 대하여 언급해야만 한다. 열린 신학자들이 하나님의 자기 제한을 인간의 자유의지에 부합시키는 것으로 제시하려고 시도하는 것은 보통 있는 일이다. 즉 하나님이 인간의 자유 선택을 주관하기를 거절하기에 하나님과 인간 사이에 참다운 관계가 존재할 수 있다는 것이다. 그렇지만 폭풍에 대한 샌더스의 견해는 무언가 다른 것을 말한다. 그것은 더 극단적이고 더욱 곤란케 하는 그 무엇이다. 폭풍은 결코 자유로운 수행자가 아니기 때문이다. 그렇다면 이들 자연적 현상들이 왜 하나님의 주관 밖에 있어야 하는가? 자유의지 논쟁은 자연적 사건들이 하나님의 의지를 떠나 독립적으로 발생한다는 그들의 주장을 설명하기에 충분치가 않다. 하나님이 만족해야만 하는 우주니의 우연성 혹은 임의성이라는 요소가 있는가? 만일 그렇다면 하나님이 과연 그러한 우주 안에서 자신의 목적들을 달성할 수 있는 분인가에 대한 질문을 갖지 않을 수가 없다. 자연적 사건들이 하나님 외의 다른 초자연적 존재에 의하여 야기되는가? 그러한 개념은 다신론 혹은 이원론을 제시하기에 이른다. 열린 신학자들은 어떻게 비인격적 사건들이 하나님의 주권적인 주관을 피하면서 발생할 수 있는 지에 대하여 설명해야만 한다. 필자가 알기로는 그들은 그것을 설명하려고 시도하지 않았다.

그러나 특수한 것을 보편화시키는 문제에 대하여 다시 돌아가자. 다니엘 2장 38-40절에서 하나님은 느부갓네살 왕이 한 꿈을 꾸게 한다. 그 꿈은 앞으로 있을 수백 년 동안에 걸쳐 네 개의 제국의 흥망을 설명하는 것이었다. 보이드는 그 부분에 대하여 다음과 같이 주석한다.

> 이 본문과 미래와 관련된 다른 성경 구절에 대한 열린 견해는 다음과 같다. 미래는 문제의 구절이 미래가 정해졌다라고 말하는 정도로 정해진다. 그들은 그 사실을 단순히 받아들일 뿐이지 그 이상도 그 이하도 아니다… 열린 견해는 이들 구절들에 따라서 미래가 완벽하게 정해져야만 한다는 전제를 가지지 않는다.[6]

---

6) Gregory A. Boyd, *God of the Possible*, 42.

다시, 보이드는 그가 거부하는 바로 그 전제를 보증하는 에베소서 1장 11절과 같은 구절들을 무시한다. 그러나 그것을 제외시키고 보이드는 제국들의 흥망과 관련된 사건들의 광범위한 상황을 진지하게 고려하지 않는다. 한 제국의 몰락은 하나의 단순한 사건이 아니다. 제국들은 약한 지도력, 군사적 실수, 정부 내부의 음모, 방어력이 없는 국경, 사회적 불안, 취약한 경제력, 기술적 열세, 도덕적 종교적 쇠락, 그리고 그 외의 많은 요소들 때문에 몰락한다. 그리고 그러한 요소들 각각은 다른 특수한 자연적 사건들과 사람들의 결정에 의한 복잡한 결과물들이다. 위와 같은 것은 경쟁적 제국의 발흥에도 마찬가지로 적용된다. 전 장에서 이미 우리가 본대로 하나님이 수 없이 많은 미세한 사건들을 주관하지 않는다면 이러한 거대한 역사적 발전도 주관할 수 없다고 말할 수 있다.[7]

꿈의 해석자 다니엘은 네 개의 제국들의 흥망을 하나님의 일상의 일의 한 부분으로 보고 있다. 그는 때와 기한을 변하시며 왕들을 폐하시고 왕들을 세운다(단 2:21). 그리고 어떤 때는 수치를 당한 후에 예를 들면 느부갓네살 같은 사람이 메시지를 받는다.

> 그 권세는 영원한 권세요 그 나라는 대대에 이르리로다… 그는 자기 뜻대로 행하시나니 누가 그의 손을 금하든지 혹시 이르기를 네가 무엇을 하느냐 할 자가 없도다(단 4:34-35).

여기에서 느부갓네살이 말하는 바는 하나님이 하늘의 권세들 중 어느 일부분에 대하여 혹은 이 땅에 거하는 몇몇 사람들에 대하여만 그 기쁘신 뜻대로 행한다고 말하는 것인가? 분명 아니다. 35절에서 시작하는 "모든"은 하늘의 모든 권세와 이 땅 위의 모든 사람을 다 포함하는 단어다. 만일 여기에 예외를 둔다면 왕이 야웨에게 경외심을 표하는 극적인 성격은 파괴되고 만다. 분명 다니엘서의 가르침은 하나님이 인간 역사의 모든 움직임을 야기시킨다는 것이다.

---

7) 이것은 잃어버린 "말굽을 박는 못 하나를 위한" 전쟁에 대한 시를 생각나게 한다.

2. 하나님의 예정과 인간의 책임

열린 신학자들이 보편적인 하나님의 예정이라는 명제(thesis)에 대하여 도전하는 다른 방법은 하나님의 주관과 인간의 자유 선택 사이에 반대적 명제(antithesis)를 설정하는 것이다. 예를 들면, 보이드는 로마서 9장에 대한 결정론적 해석을 거부한다. 왜냐하면 30-32절에서 바울이 복은 믿음으로 말미암는다고 말하기 때문이라는 것이다. 이 부분에 대하여 보이드는 다음과 같이 주석한다.

> 이스라엘 사람들과 이방인들의 도덕적으로 책임 있는 선택이라는 점을 드러냄으로 바울은 자신이 9장에서 말하고 있는 모든 것에 대하여 설명하고 있다… 우리는 어떤 사람은 강팍하게 하고 어떤 사람에게는 긍휼을 베푸는 하나님의 과정이 하나님의 임의대로 되지 않는다는 사실을 안다. 하나님은 넘어지는 자에게는 (이스라엘 나라) 엄위가 있으니, 너희가 만일 하나님의 인자에 거하면 그 인자가 너희에게 (신앙인들)에게 있으리라(롬 11:22)고 말한다.[8]

로마서 9-11장은 분명 하나님의 주권과 인간의 책임이 하나님의 구원 사역에 관여되고 있음을 가르친다. 그 양자 사이의 관계를 가능한 한 우리가 분명히 이해하는 것이 중요하다. 비록 그것의 어떤 면은 아주 신비스러운 면이 있지만 말이다. 우리는 그 양자를 서로 반대적인 위치에 놓아서는 안 된다. 보이드는 믿음을 구사하기로 한 결정은 그 믿음이 하나님의 선물이라면 그것은 도덕적으로 책임 있는 선택일 수가 없다고 믿는다. 그러나 전 장에서 우리는 그 믿음이 선물이라고 밝히는 많은 구절들을 보았다. 그러므로 9장 30-32절과 11장 22절의 언급은 하나님이 긍휼을 베풀 자에게 긍휼을 베푼다는 9장 15-18절의 가르침과 상반되지 않는다. 9장 15-18절의 하나님의 결정과 연이은 9장 30-32절의 인

---

[8] Ibid., 140-41.

간의 믿음도 상반되지 않는다. 왜냐하면 전자는 물론 후자도 하나님의 주권적인 선택이기 때문이다.

보이드는 인간의 책임이 하나님의 철저한 예정과 상반된다고 믿는다. 왜냐하면 인간의 책임은 자유의지적 자유에 의존한다고 그는 믿기 때문이다. 후에 자유의지적 관점에서의 자유는 존재하지 않으며, 비성경적이며, 논점이 일치하지 않으며, 사실상 도덕적 책임에 대하여 파괴적이라는 점을 주장할 것이다. 만일 필자의 입장이 옳다면 우리는 하나님이 모든 것이 발생하도록 하며 반면 인간은 도덕적으로 책임이 있다는 점을 확인하여야 한다. 바로 그러한 주장이야말로 성경과 일치된다고 믿는다.

3. 어떤 종류의 선택인가?

제5장에서 하나님은 사람들을 구원하기 위하여 선택하며, 그의 선택은 그들의 하나님에 대한 선택보다 선행한다고 성경에서 가르친다고 주장했다. 그러므로 하나님이 모든 것을 예정한 것처럼 하나님은 인간의 구원을 예정한다. 열린 신학자들은 하나님은 자신의 목적을 위하여 사람들을 선택한다는 점을 인정하지만 그들은 하나님의 선택이 일차적으로는 (1) 개인적이라기보다는 집단적이며, (2) 구원을 위하기보다는 봉사를 위한 것이라고 주장한다. 라이스(Rice)는 다음과 같이 설명한다.

> 성경 전체를 통하여 하나님의 선택은 봉사를 위한 집단적인 부르심으로 나타난다. 그것은 개인에게 보다는 집단에 적용되며 미래의 삶에 있어서 보다는 현재의 세상에서의 하나님의 구원의 역사에 있어서의 역할을 담당한다(비록 미래의 삶이 현재의 삶의 연장이지만).[9]

---

9) Richard Rice, "Biblical Support," 56.

라이스는 몇몇 경우에 있어서 하나님이 집단은 물론 개인을 부른다는 점을 인정하지만, 하나님의 부르심이 특정한 개인들에게 집중될 때 그것은 개인의 구원에 대한 보증이 아니라 봉사를 위한 부르심이라고 주장한다.[10]

성경에서의 선택은 항상 개인적인 것과 구원을 위한 것만이 아니라는 점에 대하여 동의한다. 그러나 우리는 다양한 상황 속에서의 선택과 관련된 다양한 의미에 대해 구분할 필요가 있다. 예를 들면, 예수님은 유다를 사도의 하나로 택하였지만(요 6:70-71) 그를 마귀라고 설명하였다. 필자의 책 『하나님에 관한 교리』에서 필자는 역사적인 선택과 영원한 선택을 구분하였다. 역사적인 선택에 있어서 하나님은 아브라함과 그의 가족이 모든 민족의 복의 수단으로 선택하였다(창 12:1-3). 그러나 아브라함의 가족 중(이스마엘과 에서) 일부는 그 언약의 복을 받지 않았다. 또한 이스라엘 백성 중 믿지 않는 사람들도 역시 그렇다(롬 9:1-13). 궁극적으로 복은 신실한 남은 자들을 위한 것이다(사 1:9; 10:20-22; 11:11, 16). 그러나 최종의 판결은 예수님 외에는 아무도 신실하지 않았다는 것이다. 예수님만이 남은 자며 선택 받은 자. 보이는 교회 안에도 이스라엘 안에서처럼 모든 사람이 언약의 궁극적 복을 받는 것이 아니다. 얼마간은 예수님으로부터 돌이킬 것이고(요 6:66-67; 히 6:4-6; 10:26-31; 요일 2:19) 다른 얼마간은 그들이 예수님과의 연합으로 인해 구원을 받게 될 것이다.

그러므로 역사적 의미에서 볼 때 사람들은 선택 받은 자가 될 수 있지만 후에 선택 받지 못한 자가 될 수 있다. 그러나 또한 성경은 영원함으로 설명이 되는 더 강력한 종류의 선택을 가르치고 있다. 에베소서 1장 4절에서 바울은 하나님 아버지가 "창세 전에 그리스도 안에서 우리를 택하사 우리로 사랑 안에서 그 앞에 거룩하고 흠이 없게" 하려고 우리를 택하였다고 말한다. 이 절과 이어지는 5-14절에서 하나님의 선택의 결과

---

10) Ibid., 57.

는 완전한 의미에서 구원인데, 그것은 거룩하며, 흠이 없고, 아들로 양자 삼고, 구속의 은혜를 입었고, 죄 용서함과, 신령한 지혜와 총명과 믿음과 유업의 보증으로서 성령과 하나님의 영광의 찬양이 되는 것을 포함한다. 로마서 8장 30절에서 바울은 "미리 정하신 그들을 또한 부르시고 부르신 그들을 또한 의롭다 하시고 의롭다 하신 그들을 또한 영화롭게 하였다"고 말한다. 분명, 선택은 이러한 의미에서 구원을 초래하며 그것을 잃어버릴 수가 없다. 왜냐하면 구원의 복은 영원한 것이기 때문이다.

이제 역사적 선택과 관련해서 라이스는 옳지만, 영원한 선택에 관한 성경의 가르침에 대해서는 그는 무시하거나 거부하고 있다. 역사적으로 하나님은 사람들을 구원하는 것 이외의 다른 목적을 위해서 사람들을 선택한다. 비록 모든 목적들이 구속사의 일부분을 차지하고 있지만 말이다. 그리고 역사적 선택에 있어서는 개인들보다는 집단에 더 많은 초점이 모아진다. 그러나 영원한 선택은 그러한 관점에서는 다르다. 그것 역시 집단을 다루지만 그것은 그 집단 안에 있는 개인들에 대하여 확고하게 상관하고 있다. 예를 들면, 로마서 8장 28-39절과 에베소서 1장 3-14절에서 바울은 개인의 구원과 관련된 선택에 대하여 논하고 있다. 그것은 상실될 수가 없으며 영원까지 하나님의 복의 충만함으로 이끈다. 이러한 구절들을 오직 집단에만 제한적으로 적용시키면 그 집단 속에 있는 어려움을 겪고 있는 성도들의 확고하며 개인적인 확신의 골자를 제거해 버리는 것과 같다. 신자 각 개인은 아무도 자신들을 송사할 수 없으며(롬 8:33-34), 예수님의 사랑으로부터 자신을 분리시킬 수 없다는 사실을 알 필요가 있는 사람들이다(35-39절). 하나님 앞에서 거룩하고 흠이 없고(엡 1:4), 하나님의 양자들이 되며(5절), 구속 받았으며(7-10절), 그리스도 안에서 소망이 되었으며(12절) 성령의 인침을 받은 자(13-14절) 되도록 선택함을 받은 사람은 개인적인 신앙인이다. 15-23절에서 바울은 그들이 지혜와 계시요, 깨달음과, 소망과, 능력을 갖도록 기도한 기도의 대상은 이들 개인들이지 추상적인 집단이 아니다.

성경의 여러 다른 구절들도 이 같이 구원을 위한 개인의 선택에 대하여 말하고 있다(예, 마 24:22, 24, 31; 막 13:20-22; 눅 18:7; 행 13:48; 고전 1:27-28; 엡 2:10; 골 3:12; 살전 1:4-5; 살후 2:13; 딤후 1:9; 2:10; 딛 1:1; 약 2:5).

열린 신학자들이 로마서 9장은 개인의 선택보다는 집단의 선택과 관련된 것이라고 생각하지만 그것은 위의 목록에 추가되어야 할 것이다. 샌더스는 다음과 같이 선언한다.

> 바울은 개인들의 영원한 구원 혹은 유기의 문제에 대하여 토론하는 것이 아니다… 오히려 그의 관심은 하나님의 이스라엘 선택이 실패로 끝났는지 아닌지에 관한 것이다. 왜냐하면 대부분의 유대인들은 예수를 메시아로 받아들이지 않았기 때문이다.[11]

로마서 9-11장은 집단의(유대인과 이방인) 문제와 역사적 선택의 문제를 다루지 않고 개인들의 운명에 깊은 관심을 가지고 있다. 바울은 그리스도를 배척한 동족들이 유대인들을 향하여 "내게 큰 근심이 있는 것과 마음에 그치지 않는 고통이 있다"(9:2)라고 시작한다. 여기에서 그의 슬픔은 어떤 집단에 대한 것이 아니라 구원의 유일한 소망을 거부한 개인들을 향한 것이다. 바울의 슬픔은 이스라엘이 하나님의 유일한 집단적인 백성으로서의 지위를 상실한 사실에 기초하고 있지 않다. 그 사실만은 기뻐해야 할 이유가 된다. 왜냐하면 그 결과로 이방인들이 하나님의 나라에 들어갈 문이 열렸고 또한 나중에 수많은 유대인들이 그러한

---

[11] 샌더스, *The God Who Risks*, 121. 보이드의 견해는 다소 다르다. 그는 바울이 은혜에만 근거한 새 언약에 기초하여 하나님이 유대인들에게 한 약속들을 파기하였다는 견해를 반박하고 있는 것으로 이해하고 있다. "하나님의 언약은 결코 행위에 근거하고 있지 않았다"는 점을 지적하면서 바울이 이 문제에 대응한다고 보이드는 말한다(*God of the Possible*, 143). 그것은 분명 롬 3:21-4:25에서의 바울의 관심사며 롬 9장에서는 그것을 반향하고 있다. 그러나 롬 9장에는 그 이상의 것이 나온다.

기회를 가지게 되기 때문이다(11:11-32). 바울의 슬픔은 믿지 않는 개인들에 대한 것이었다. 로마서 9장에서 그는 왜 그러한 불신앙이 존재하게 되었는지 제시하고 있다.

이 사실을 제시하기 위하여 바울은 하나님이 과거에 어떻게 언약의 백성 안에서 차별하였는지 설명하고 있다. 하나님은 이스마엘 대신 이삭을(9:6-9), 에서 대신 야곱을(10-13절) 택하였다.[12] 이삭과 야곱은 약속의 백성의 족장들이 되었고 그 결과로 하나님의 선택에 있어서 집단적인 양상이 나타나게 되었다. 그러나 그들 또한 개인들이었다. 그리고 그들로 말미암아 이스라엘에게서 난 그들이 다 이스라엘이 아니요(6절)라는 원칙이 설명되는 것이다. 한 개인의 운명은 그가 어떤 집단의 일원인가에 의해서 결정되는 것은 아니고, 개인으로서 하나님의 그에 대한 은혜에 의해서 된다. 바로의 경우는 바로 이 점에 있어서 더 분명한 증거가 된다(16-18절). 바로는 언약의 족장으로서의 잠재성이 없다. 하나님은 그를 한 개인으로서 거절한 것이다.

여기에서 불순종하는 이스라엘에 대한 하나님의 거절과 관련해서 바울이 똑같이 지적하고 있다는 결론을 피할 수 없다. 분명한 것은 바울의 선택에 관한 설명이 역사적 선택의 영역에서 다루고 있지 않다는 것이다. 그러나 바울은 역사적 선택과 영원한 선택과의 차별을 두지 않고 있다는 것이다. 오히려, 바울은 두 형태의 선택이 공통적으로 가지고 있는 원칙들에 대하여 초점을 맞추고 있다. 양자의 경우에 있어서 선택은 행위를 떠난 은혜에 의한 것이다. 두 경우에 있어서 선택은 하나님의 목적과(11절) 부르심에 의하여(12절) 이루어진다. 에서는 그가 태어나기 전에(11절) 이미 하나님의 미워한 바 되어(13절) 약속에서 제외되었다(역사적

---

12) 이스마엘과 에서가 영원히 저주받았다고 말하는 것은 불필요하다. 그들은 역사적으로는 택함 받지 않은 사람들이다. 그러나 그 구절은 그들이 영원히 택함 받지 못했다고 가르치지는 않는다. 여기서 바울은 영원한 선택에 대한 자신의 견해를 설명하기 위해 역사적 선택의 양상들을 사용한다.

으로 또는 영원적으로). 예수를 거절한 바울 시대의 유대인들에게도 그 같은 원칙은 똑같이 적용된다.[13] 하나님이 그들을 부르지 않았기 때문에 그들이 예수를 거절한 것이다. 그들은 하나님의 주권적인 결정에 의하여 제외되었다.

그렇지 않으면, 14절의 "그런즉 우리가 무슨 말 하리요 하나님께 불의가 있느뇨?"라는 질문은 아무런 의미가 없게 된다. 그 같은 질문은 바울의 견해에 따르면 오직 유대인의 불신이 하나님의 주권적인 결정에 기인하기 때문에 가능한 것이다. 만일 그들의 불신이 자신들의 자유로운 결정에 따른 것이었다면 아무도 하나님의 그들에 대한 정죄가 불의한 것이라고 말하려 들지 않았을 것이다. 바울은 이 점을 출애굽기 33장 19절을 인용하면서 강조하고 있다.

> 내가 긍휼히 여길 자를 긍휼히 여기고
> 불쌍히 여길 자를 불쌍히 여기리라(롬 9:15, 18절에서 반복됨).

그리고 바울은 "그런즉 원하는 자로 말미암음도 아니요 달음박질하는 자로 말미암음도 아니요"(16절)라는 말을 첨가시키고 있다.

바로의 경우도 똑같다. 바울은 하나님이 바로에게 자신을 위하여 어떻게 말할 지에 대하여 모세에게 말하고 있는 출애굽기 9장 16절을 인용한다. 내가 이 일을 위하여 너를 세웠으니 곧 너로 말미암아 내 능력을 보이고 내 이름이 온 땅에 전파되게 하려 함이로다(17절).

---

[13] 바울의 설교에 응답하지 않은 이스라엘 사람들 모두가 영원히 저버림 받았다고 가정할 수 없다. 그들 중 얼마는 나중에 그리스도에게로 돌아올 것이라는 점을 바울이 인식하였다는 것은 의심할 바 아니다. 바울은 로마서 9-11장에서 복음을 거절한 수많은 유대인들에 대한 관심을 표명하고 있다. 그의 대답은 하나님이 처음에는 거절하였다는 것이다. 그들 중 얼마는 일시적으로, 얼마는 영원하게.

그리고는 또 다시 하나의 질문이 제기 된다.

> 혹 네가 내게 말하기를 그러면 하나님이 어찌하여 허물하시느뇨 누가 그 뜻을 대적하느뇨 하리니 이 사람아 네가 뉘기에 감히 하나님을 힐문하느뇨 지음을 받은 물건이 지은 자에게 어찌 나를 이같이 만들었느냐 말하겠느뇨 토기장이가 진흙 한 덩이로 하나는 귀히 쓸 그릇을, 하나는 천히 쓸 그릇을 만드는 권이 없느냐(19-21절).

바로나 그 외의 다른 사람들이 자유로운 결정으로 하나님을 거절하였기에 하나님은 의롭다고 바울은 말하였을 수도 있다. 그것은 상황의 진전으로 볼 때 분명 사실이다. 그러나 바울은 그보다 더 심오한 대답을 하기를 원하고 있다. 왜냐하면 그것이 이스라엘의 질문에 대한 대답이기도 하기 때문이다. 그의 대답은 이스라엘의 불신이 하나님의 주권적인 결정에 의한 것이라는 것이다. 그러한 관점에서 볼 때 우리는 다음의 질문에 대하여도 이해할 수 있다.

> 만일 하나님이 그 진노를 보이시고 그 능력을 알게 하고자 하사 멸하기로 준비된 진노의 그릇을 오래 참으심으로 관용하시고 또한 영광받기로 예비하신 바 긍휼의 그릇에 대하여 그 영광의 부요함을 알게 하고자 하셨을찌라도 무슨 말 하리요(22-23절).

이러한 것 중 어느 하나도 이스라엘 자신의 책임을 모면할 수 있게 해주지는 않는다. 바울은 이 점에 대하여 9장 30절-10장 21절에서 강조하고 있다. 그러나 그런 후에 다시 11장 1-10절에서 바울은 하나님의 주권에 대하여 강조한다. 남은 자는 은혜로 택함 받은 자(5절)다. 하나님이 그들에게 혼미한 영을 주었기 때문에 다른 사람들은 완악하여졌다(7-10절).

이러한 말들은 아주 어려운 말들이다. 그러나 위에서 제시한 적은 양의 구절들이 오늘날의 신학적 분위기에서 성경 구절을 주석하는 사람들에게 도전이 되기를 바란다. 하여튼 바울에게 있어서 이스라엘 개인들의 불신 혹은 신앙은 하나님의 주권적인 선택에 기인한 것이라는 결론을 피할 수가 없다.

4. 항상 행하는 하나님이 지금 어떻게 행할 수 있는가?

샌더스는 만일 하나님이 모든 것의 원인이라면 왜 어떤 것들은 하나님으로부터 존재하는 것임을 제외시켜야 하는가라는 질문을 한다.[14] 어떻게 하나님의 특별한 섭리, 기적 그리고 능력 있는 구속의 행위에 대하여 특별하다고 말할 수 있는가? 그 대답은 다음과 같을 것이다. 비록 하나님은 모든 것을 발생시키지만 (1) 하나님이 인간에 특별한 유익이 되는 일을 하며, (2) 자신을 특별한 방법으로 계시하며, (3) 유한한 매체들의 능력과 분명하게 대조되는 자신의 능력을 행사하는 어떤 사건들이 있다는 것이다. 하나님은 때때로 자신의 인증이 있는 그리고 명료하게 역사 안에서 자신의 목적들을 진척시키는 (4) 특별한 행동을 한다. 그러므로 사도행전 5장 39절에서 가말리엘은 "만일 하나님께로서 났으면 너희가 저희를 무너뜨릴 수 없겠고 도리어 하나님을 대적하는 자가 될까 하노라"고 말한다.

모든 것이 하나님께로 난다. 그러나 너무나 자주 우리는 하나님의 보편적 주권을 인식하지 못한다. 하나님은 우리의 관심을 끌기 위해 그리고 자신의 목적을 달성하기 위해 비상한 행동들을 한다.[15] 그러한 비상한 행동들은 협의적인 혹은 특수한 의미에서 하나님께로 나오는 것이다. 그러나 가말리엘이 잘 알고 있었듯이 그러한 사건들은 하나님의 총

---

14) Sanders, *The God Who Risks*, 83.
15) 필자의 출판될 *The Doctrine of God* 13장에 나오는 기적에 대한 논의와 비교해 보라. 성경에서의 기적과 섭리에 대한 차이는 그렇게 날카롭지는 않다. 기적들은 하나님의 주권에 대한 다소 비상한 과시들이다.

체적인 주권을 강조해야 할 일이지 의문을 제기할 일이 아니다.

5. 열린 신학의 또 다른 반대

하나님의 총체적인 예정에 대한 열린 신학의 또 다른 반대는 (1) 성경에서 하나님의 뜻은 불가항력적이 아니다, (2) 총체적인 하나님의 예정은 자유의지적 인간의 자유와 부합하지 않는다, 그리고 (3) 성경에서 하나님은 미래를 완전하게 알지 못하며 그러므로 그것을 완전히 주관할 수 없다는 것이다. 이어지는 장들에서 이 반대들이 다루어질 것이다.

‖ 열린 신학 논쟁 ‖

제 7 장
하나님의 뜻은 불가항력적인가?

하나님의 총체적인 예정 교리에 대하여 열린 신학자들이 제기하는 또 다른 반대는 하나님은 자신이 원하는 바를 항상 하지 않았다고 성경에서 말하고 있다는 것이다. 피조물들이 종종 하나님의 뜻을 방해하였다는 것이다. 그러므로 하나님은 위협을 당한다는 것이다.

니콜(Nicole)은 열린 신학자들에게 이 위협은 참으로 크게 부각된다고 지적한다. 그들에게 있어서 하나님의 좌절은 어쩌다가 있는 일이 아니라 아주 자주 있는 일이다. 하나님이 자유로운 천사들을 창조하였을 때 큰 모험을 가져야 했다. 사단은 타락한 많은 천사들을 데리고 이탈하였고 결과적으로 엄청난 악의 문제를 야기시켰다. 하나님은 아담과 하와가 의로워지기를 기대하였으나 그렇지 못했다. 어떤 때는 악이 너무 창궐하여 하나님은 인류를 만든 것에 대해 후회하였고 인류를 거의 멸종시키는데까지 이르렀다. 하나님은 노아와 그의 가족을 구원하는 모험을 감행하였으나 일이 이루어지지 않았다. 하나님의 도박은 큰 실패로 끝났으므로 자신의 아들의 죽음만이 그 상황을 구원할 수가 있게 되었다. 그러나 그것마저도 불충분하게 되었다. 왜냐하면 많은 사람들이 믿기를 거절하고 엄청난 결과를 감당해야만 했기 때문이다.[1]

---

1) Roger Nicole, "A Review Article," 10, no. 1, 182-83. 이것은 니콜의 설명을

샌더스도 광의적인 측면에서 볼 때 하나님의 뜻은 항상 이루어진다는 점을 인정한다. 시편 135편 6절과 다니엘 4장 35절에 대한 응답으로 그는 다음과 같이 말한다.

> 하나님이 주권적으로 설정한 계획의 목표, 구조, 경계라는 관점에서 볼 때 하나님이 원하는 바를 취한다라는 점에서는 어떤 질문이든 있을 수 없다. 하나님은 세상을 창조할 수 있으며, 자신의 전폭적인 소원을 방해할 아무도 아무 것도 없으므로, 세상에 자신의 사랑을 베풀고 필요한 것을 공급할 수 있다. 만일 하나님이 자신의 사랑을 주고받을 수 있는 사람들이 있는 세상을 창조하기로 결정한다면 그리고 하나님이 그들과 진정으로 주고받기식의 관계를 맺으신다면 하나님의 의도를 방해할 수 있는 것이 아무 것도 없다고 말하는 것은 적절하다.[2]

그렇지만 조금 더 특수한 차원에서 볼 때 샌더스는 하나님의 뜻이 방해 받을 수 있다고 믿는다.

> 만일 하나님이 피조물들이 자신의 사랑에 강제로 주고받도록 하지 않는다면, 적어도 어떤 사람들은 자신의 사랑 안에 들어오지 못할 가능성이 나타나게 된다. 그렇게 되면 하나님의 특수한 소원의 어떤 것들이 방해 받을 수 있게 된다. 만일 하나님이 자신이 원하는 모든 것을 얻을 수 없는 가능성이 존재하는 세상을 원한다면 궁극적인 의미에서 하나님의 뜻은 방해 받지 않을 것이다. 어떤 경우에 있어서 하나님이 원하는 바를 얻지 못한다면, 그것은 궁극적으로는 자신이 원하는 바를 얻지 못하는 그런 유의 세상을 창조하기로 결정하였기 때문이다.[3]

필자가 요약하고 풀어쓴 것이다.
2) John Sanders, *The God Who Risks*, 228-29.
3) Ibid., 229.

하나님의 소원들 그리고 뜻들[4] 중 서로 다른 차원을 분별함에 있어서 샌더스는 전통적인 입장에 있다. 칼빈주의 신학자들도 하나님이 참된 가치를 두는 (그러므로 소원하는) 일들이 있지만 실제로는 실체화시키지 않는 일들이 있음을 인정한다. 예를 들면, 어떤 의미에서 하나님은 모든 사람들이 자신을 경배하며, 부모들을 존중하며, 살인이나 간음하지 말기를 원한다는 사실은 아주 분명하다. 그러나 그러한 하나님의 소원은 만족되지 않는다.

우리는 우리 자신의 경험을 통해서 그러한 차원의 소원을 이해할 수 있다. 우리는 여러 다른 종류의 소원과 기쁨을 가지고 있으며 그것들을 우리의 우선순위에 따라서 배열한다. 우리는 어떤 것들을 다른 것보다 더 원한다. 어떤 것들을 우리가 성취할 수 없기에 다른 것들을 위해 일하게 된다. 우리는 어떤 소원들이 이루어질 때까지 다른 것들을 성취하는 것을 늦춘다. 종종 어떤 것은 다른 것보다 먼저 성취되어야 한다. 어떤 것들은 다른 것들과 부합하지 못하기에 우리는 그들 사이에서 선택해야 한다. 그러한 이유들 때문에 우리의 소원 중 어떤 것들은 성취되지 않거나, 일시적이거나 아니면 영구적이 된다.

종종 우리의 소원의 우선화 작업은 우리의 연약함에 기인하지만 어떤 때는 그렇지 않다. 어떤 사람은 아이스크림을 원하며 쉽게 얻을 수 있지만 자발적으로 어떤 작업이 끝날 때까지 그것을 먹는 것을 연기한다. 그는 아이스크림을 먹는 것보다 자기 일을 끝내는 것에 더 큰 가치를 두고 있을지 모른다. 아니면 그렇지 않을 수도 있다. 그는 실제로 아이스크림의 가치를 더 칠 수 있으나 일을 끝낸 후에 아이스크림을 먹음으로 더

---

[4] 이들 차원들 각각을 기술적인 어휘와 연관시킬 수 있다면 그것은 편리한 것이 될 것이다. 예를 들면, **의지**를 최상의 수준과 관련한 것으로 **소원**을 낮은 수준과 관련된 것으로 사용할 수 있다면과 같은 것이다. 그렇지만, 성경에서는 "의지"(will), "소원"(desire), "바람"(want) 그리고 "기원"(wish)들과 같은 어휘들 모두가 다중적인 수준에서 사용되고 있다.

즐거움을 가질 수 있다고 믿을 수 있다. 그와 같이 우리의 결정 과정은 종종 아주 복잡하다. 우리의 여러 소원들의 상호 관계 혹은 그것들을 성취하는 여러 가지 수단들의 상호 관계가 매우 복잡하기 때문이다.

이런 관점에서 우리는 하나님의 뜻의 복합성에 대한 유비를 가질 수 있다. 하나님도 여러 가지 다양한 가치와 우선순위를 가진 소원들을 가지고 있다. 어떤 것들은 즉각적으로 이루어진다. 그러나 시간 속에서 하나님이 세상을 창조하였고 또 그 세상에 역사와 목표를 주었기 때문에 하나님의 소원 중 어떤 것들은 자신의 영원한 계획에 따라서 시간의 경과를 기다려야만 한다. 더 나가서, 비록 선한 것이라도 하나님의 계획의 성격 때문에 결코 성취되지 않는 것도 얼다간 있다. 하나님의 계획은 피조물의 통합성에 비추어 볼 때 스스로 일치한다. 만일 죠(Joe)가 정확하게 세 자녀들을 갖도록 하나님이 미리 예정하였다면 비록 다섯 아이가 있는 것이 그에게는 선한 일일지 모르나, 그가 다섯 자녀를 가질 수 있는 가능성은 제거된다. 그러므로 하나님의 역사에 대한 광의적 의도는 악의 역사와 상관없이 존재하는 세상의 복의 가능성을 제외시킨다.

이와 같이 신학자들은 하나님의 뜻의 광의적 개념들 사이의 차별화를 만들었다. 물론 하나님의 뜻은 하나다. 그러나 그 뜻은 또한 복합적이기 때문에 어떤 사람들은 그 뜻의 다양성을 차별화시키기 위하여 뜻들이라는 복수 명사를 도입하였다. 그러나 우리는 이러한 언어에 대하여 조심해야만 하지만 그렇게 함으로 우리가 우리의 주제에 대한 복합성을 생각함에 있어서 훨씬 쉽게 만든다.

1. 선재적 그리고 결과적 뜻들

어떤 신학자들은 하나님의 선재적인 뜻과 결과적인 뜻들을 구별하여 왔다. 어떤 일들을 선한 것으로 보는 하나님의 일반적인 가치부여를 하나님의 선재적인 뜻으로 부른다. 이들 선한 것들 중에서의(하나님이 만든 세상의 전체적인 성격에 비추어 볼 때) 하나님의 특별한 선택들을 결과적인 뜻이라고 부를 수 있다. 로마가톨릭파, 루터파 그리고 알미니안주의 신학자들은 선재적-결과적 분류를 사용하여 자유의지적 자유를 주장하는 사람들을 위한 논리적 공간을 마련하였다. 그들의 견해에 따르면 하나님의 선재적 뜻은 모든 사람을 구원하는 것을 포함한다. 그렇지만 그의 결과적인 뜻은 인간의(자유의지적) 자유로운 선택들을 기다린다. 믿기로 결정한 사람들을 하나님이 복 주고, 그렇지 않은 사람들은 영원한 심판을 당한다. 이러한 복과 저주는 그 자체가 인간의 선택들에 상응하는 하나님의 결과적인 뜻에 의하여 온다.

필자의 견해로는 이들 신학자들이 하나님은 선재적으로 모든 사람이 구원 받기를 원한다고 말하는 것은 정당하다. 보편적 구원은 분명 바람직한 상태다. 그들이 실제적인 역사의 상황이라는 관점에서 하나님이 그 결과가 나타나도록 하지 않는다고 주장하는 것은 옳다. 이러한 제 이차적인 의지를 결과적이라고 부르는 것은 해롭지 않다. 하나님의 영원한 계획 속에서 하나님은 어떤 선한 일들을 성취하지 않기로 결정한다. 그러나 필자는 이러한 분류와 관련된 자유의지적 자유의 개념은 반대한다. 우리가 본 바와 같이 하나님의 선택이 먼저다. 인간의 선택들은 하나님의 선택에 반응하는 것이며 그 선택의 효과다.

2. 교시적 그리고 규범적 뜻들

개혁주의 신학자들은 선재적-결과적 분류가 자유의지적 자유와 관련되어 있다고 해서 그것을 종종 거부해왔다. 그러나 그들은 오히려 유사한 분류법을 도입하였다. 그것은 하나님의 교시적-규범적 뜻들이라는 분류다. 하나님의 교시적 뜻(혹은 단순히 하나님의 칙령)은 우리가 제5장에서 논의한 하나님의 예정과 동의어적이다. 그것은 하나님의 영원한 목적이며 그것으로 그는 발생하는 모든 것을 예정한다. 하나님의 규범적 뜻[5]은 그의 가치부여 특히 하나님의 말씀을 통해 우리에게 계시한

---

5) **관점**(perspective)이라는 어휘는 다소 그릇 인도하는 것이다. 왜냐하면, 그것은

것을 말한다. 하나님의 교시적 뜻을 거역할 수 있는 방법이 없다. 하나님이 교시한 것은 반드시 일어난다. 그렇지만 피조물들이 하나님의 규범적 뜻은 불순종할 수 있다.

이러한 분류는 약간은 선재적–결과적 분류와 유사성이 있다. 그렇지만 이들 두 분류법은 서로 다른 신학적 전통 속에 나타나는 경향이 있다. 하나님의 규범적 뜻은 선재적 뜻과 같이 모든 가능한 그리고 실재적인 일들의 상태에 대한 하나님의 가치부여를 포함하고 있다. 그의 교시적 뜻은 결과적 뜻과 같이 실재로 발생하는 그 무엇을 결정한다. 교시적 뜻과 결과적 뜻 사이의 차이는 교시적 뜻의 개념은 자유의지적 자유주의를 배제한다는 것이다. 실재로 발생하는 그 무엇에 대한 하나님의 결정은 인간의 자유의지적 선택에 대한 하나님의 예지에 근거하고 있지 않다.

그러나 개혁주의적 견해에 따라서도 하나님의 주권적인 선택은 하나님이 만들기로 선택한 세상의 성격을 염두에 둔다. 이미 예를 든 죠의 자녀들에서처럼 하나님은 이미 자신이 예정한 어떤 사건과 불일치하는 다른 사건을 일으키지 않는다. 그러한 방법으로 하나님은 자신의 영원한 계획 속에 있는 각 사건, 사람 그리고 사물들의 통합성을 존중한다. 그러므로 하나님의 계획의 각 부분은 그 계획과 일치하지 않는 일들의 상태를(어떤 것들은 자체적으로 선한 것일 수 있다) 제외시킨다. 그러므로 하나님은 순수하게 자신이 역사 속에서 말하기로 선택한 특별한 이야기와 부합되지 않는 여러 가지 일들의 상태의 가치를 결정한다. 다른 말로 말해서, 그렇다면 하나님의 계획은 그 계획 속에 포함된 피조물의 성격에 의하여 제한 받는다는 말이 된다. 그러나 그것은 하나님의 계획

항상 자유주의적 규범(하나님의 법, 계명들과 같은)들만 취급하는 것이 아니다. 종종 하나님의 규범적 뜻은 하나님이 보시기에 바람직하나 실제로 그것을 불러일으키지 않는 사건의 상태를 지칭한다(예, 겔 18:23; 벧후 3:9). 그렇지만 필자는 습관적인 이유 때문에 그리고 그보다 더 월등한 어휘를 알고 있지 못하기 때문에 **관점**을 그냥 사용할 것이다.

은 그 자체의 일치성과 통합성에 의해서만 제한 받는다고 말해야만 한다는 것이다.

하나님의 생각들은 궁극적으로는 일시적인 것들의 연속이라기보다는 초시간적이라는 점을 후에 논증할 것이지만 하나님의 생각은 가정적으로 두 단계로 되어있다고 제시하는 것이 도움이 될 것이다. 첫 번째, 하나님은 일들의 모든 가능한 상태를(선재적, 규범적) 평가한다. 두 번째, 하나님은 이들 가치들(교시적, 결과적) 사이에서 선택한다. 자신의 역사적 드라마 때문에 어떤 것들은 거부하며 다른 것들은 수용한다.

이러한 분류를 성경은 보증하고 있는가? 하나님의 교시적 뜻에 해당되는 어휘들인 **생각, 의도, 기쁨, 목적, 계획** 그리고 **뜻**과 같은 어휘들을 사용하고 있는 몇 개의 성경 구절들을 보자.

> 당신들은 나를 해하려 하였으나 하나님은 그것을 선으로 바꾸사 오늘과 같이 만민의 생명을 구원하게 하시려 하셨나니(창 50:20).

> 그 때에 예수께서 대답하여 가라사대 천지의 주재이신 아버지여 이것을 지혜롭고 슬기 있는 자들에게는 숨기시고 어린아이들에게는 나타내심을 감사하나이다 옳소이다 이렇게 된 것이 아버지의 뜻이니이다(마 11:25-26).

> 그가 하나님의 정하신 뜻과 미리 아신 대로 내어준 바 되었거늘 너희가 법 없는 자들의 손을 빌어 못 박아 죽였으나(행 2:23).

> 그런즉 하나님께서 하고자 하시는 자를 긍휼히 여기시고 하고자 하시는 자를 강퍅케 하시느니라 혹 네가 내게 말하기를 그러면 하나님이 어찌하여 허물하시느뇨 누가 그 뜻을 대적하느뇨 하리니(롬 9:18-19).

> 모든 일을 그 마음의 원대로 역사하시는 자의 뜻을 따라 우리가 예정을 입어 그 안에서 기업이 되었으니(엡 1:11).

(시 51:18; 115:3; 사 46:10; 렘 49:20; 50:45; 단 4:17; 약 1:18; 계 4:11과 비교해 보라.) 로마서 11장 33절의 하나님의 길은 교시적 의미로 취해야 할 것이다. 비록 그 어휘가 다른 곳에서는 거의 항상 규범적으로 사용되고 있지만 말이다.

교훈적 의미로 사용된 어휘들이 나오는 몇 개의 성경 구절들은 다음과 같다.

> 나더러 주여 주여 하는 자마다 천국에 다 들어갈 것이 아니요 다만 하늘에 계신 내 아버지의 뜻대로 행하는 자라야 들어가리라(마 7:21).

> 그러므로 어리석은 자가 되지 말고 오직 주의 뜻이 무엇인가 이해하라(엡 5:17; 참고, 6:6).[6]

(시 5:4; 103:21; 마 12:50; 요 4:34; 7:17; 롬 12:2; 살전 4:3; 5:18; 히 13:21; 벧전 4:2과 비교할 것.) 이들 구절들은 문자적으로 하나님의 교훈에 해당된다.

다음의 구절들은 그 같은 교훈에 해당되지는 않지만 하나님이 지정하지 않은 그러나 바람직한 일의 상태에 해당된다. 이것은 하나님의 규범적 뜻의 범주에 일반적으로 포함되는 것이다.

> 나 주 여호와가 말하노라 내가 어찌 악인의 죽는 것을 조금인들 기뻐하랴 그가 돌이켜 그 길에서 떠나서 사는 것을 어찌 기뻐하지 아니하겠느냐(겔 18:23).

> 주의 약속은 어떤 이의 더디다고 생각하는 것같이 더딘 것이 아니라 오직 너희를 대하여 오래 참으사 아무도 멸망치 않고 다 회개하기에 이르기를 원하시느니라(벧후 3:9).

---

6) "뜻"은 여기서 델레마(thelema)를 번역한 것인데, 1:11에서는 분명히 교시적으로 사용되고 있다.

인간들이 회개하기를 기대하는 하나님의 원함을 나타내는 다른 구절들이 있다(사 30:18; 65:2; 애 3:31-36; 겔 33:11; 호 11:7-8).

3. 샌더스의 분류

샌더스의 견해는 선재적-결과적 분류에 대한 전통적 분류와 유사하다. 이 분류에서는 하나님의 뜻이 인간의 자유 선택에 의하여 제한 받는다. 그러나 샌더스는 그보다 더 나간다. 제6장에서 샌더스는 모든 날씨가 하나님으로부터 온다는 사실을 부인하였음을 지적하였다. 그러므로 샌더스에게 있어서는 분명하게 자유의지적 자유가 하나님의 세상에 대한 주관의 제한뿐만 아니라 그는 자연 세계 자체도 일종의 자율성을 가지고 있기 때문에 자연 내의 사건들은 물론 인간의 자유 선택까지도 종종 하나님을 놀라게 한다고 믿고 있다.

샌더스가 어떤 의미에서 하나님의 뜻은 방해 받을 수 없고 또 다른 의미에서는 그것은 방해 받을 수 있다고 말한 것은 옳다. 하나님의 뜻을 방해하는 것은 그의 계획의 광범위한 윤곽에서라기 보다 특수한 문제에 있어서 나타난다는 그의 주장에 동의한다. 하나님이 자신의 뜻이 방해 받도록 허용하는 것은 그가 만든 피조물들의 성격 때문에 그리고 그들의 통합성과 그의 계획의 통합성 때문이라는 그의 주장에 역시 동의한다.

그러나 통합성과 자유성은 서로 다른 두 가지다. 만일 제5장에서 지적한대로 하나님이 모든 것을 발생케 한다면 자연계나 인간계에 자율성이 존재할 공간은 없게 된다. 하나님은 계획하고 모든 것이 발생하도록 미리 예정하였다. 그러므로 아무것도 기습적으로 나타나지 않는다.

다음 장에서 왜 자유의지적 자유가 비성경적이라고 믿는 이유를 밝힐 것이다. 자연 세계의 자율성에 관한한 성경은 그러한 일들을 암시한 적이 없다. 제5장과 제6장에서 밝혔듯이 성경 기자들의 세계관은 지극히 인격성을 띤 것이다. 그들에게 있어서 자연의 사건들은 하나님의 일이다.

샌더스와 그 외의 다른 열린 신학자들은 성경에 따르면 하나님의 뜻이 때로는 방해받기 때문에 자연 세계는 어느 정도는 자율적이며, 자유의지론자들의 관점에서 인간들은 자유로워야 한다고 분명히 생각하고 있다. 그러나 그러한 결론은 결코 받아들여 질 수 없다. 하나님의 뜻이 왜 항상 성취되지 않는 이유에 대하여는 완전하며 적절한 설명이 있다. 그것은 결코 자율성 혹은 자유의지론의 이론들과는 전혀 관련이 없다. 그 설명은 아주 단순하다. 하나님의 뜻은 그가 뜻하기 때문에 그리고 그의 소원들 중 어느 하나가 다른 것에 비해 앞서도록 했기 때문에 때때로 방해 받을 수 있다는 것이다.

4. 하나님의 뜻의 효과

그러나 열린 신학과 관련한 중요한 질문은 하나님의 뜻이 하나님이 뜻하기 때문에 항상 이루어지는지 아닌지에 관한 것이 아니다. 오히려 그 질문은 하나님은 자신이 행하기로 의도한 어떤 것에 있어서 실패할 수 있는가의 여부에 있다. 다른 말로 말하면 피조물들이 하나님의 교시적 뜻을 방해할 수 있는가? 이 질문에 대하여 성경은 아주 분명하며 모호성이 없다. 단순하게 말하자면 하나님의 능력은 언제나 자신의 목적을 달성할 수 있다는 것이다. 하나님 자신이 가치를 두는 모든 것을 발생하도록 의도하지는 않는다. 피조물들은 그를 대적할 수 있을지 모르나 분명한 것은 그들이 관철시키지는 못한다는 것이다.

이제 우리는 하나님이 역사의 종말을 명할 뿐만 아니라 역사의 매순간들의 사건들을 명한다는 사실을 기억해야만 한다. 하나님 자신의 이유들 때문에 하나님은 역사의 종말에 대한 자신의 의도들을 성취시키는 것을 늦추기로, 또한 복합적으로 연이어 나타나는 역사적 사건들을 통하여 그러한 의도들을 성취시키도록, 선택하였다. 그러한 연속성 때문에 하나님의 목적은 때로는 패배하는 것처럼 또는 어떤 때는 승리하는 것처럼 보인다. 그러나 분명히 패배처럼 보이는 각각의 사건이 실제로는 사실상 하나님의 승리가 되며 더욱 더 영광스럽게 된다. 물론 예수님의 십자가가 그러한 경우에 있어서 가장 주요한 예가 된다. 그러므로 하나님은 자신의 궁극적 승리는 물론 역사 내에서 분명한 패배도 의도한다. 하나님은 역사가 바로 그 역사가 되도록 의도한다. 그러므로 그의 모든 교시는 항상 그 뜻을 이룬다.

이와 같이 성경은 거듭해서 하나님의 목적들이 관철될 것을 확인한다. 그것들은 역사의 종말에단이 아니라 그리고 그것들의 광범위한 윤곽 안에서만이 아니라 역사를 관통하여 모든 특수한 상황에서도 관철된다. 만일 제5장에서 논의한 것이 옳다면 진정 그 목적들은 발생하는 모든 것 가운데서도 관철된다. 하나님께 지나치게 어려운 것은 없다(렘 32:27). 그에게 놀랄만한 것처럼 보이는 것은 아무 것도 없다(슥 8:6). 그에게 있어서 불가능은 없다(창 18:14; 마 19:26; 눅 1:37). 그러므로 그의 목적들은 항상 관철된다. 앗수르를 향하여 하나님은 다음과 같이 말한다.

> 만군의 여호와께서 맹세하여 가라사대 나의 생각한 것이 반드시 되며
> 나의 경영한 것이 반드시 이루리라
> 내가 앗수르 사람을 나의 땅에서 파하며 나의 산에서 발아래 밟으리니
> 그 때에 그의 멍에가 이스라엘에게서 떠나고
> 그의 짐이 그들의 어깨에서 벗어질 것이라
> 이것이 온 세계를 향하여 정한 경영이며
> 이것이 열방을 향하여 편 손이라 하셨나니
> 만군의 여호와께서 경영하셨은즉 누가 능히 그것을 폐하며
> 그 손을 펴셨은즉 누가 능히 그것을 돌이키랴
> (사 14:24-27; 비교, 욥 42:2; 렘 23:20).

선지자들의 말씀으로 하나님이 자신의 영원한 목적들을 피력하였을 때, 그 예언들은 분명히 성취된다(신 18:21-22; 사 31:2).[7] 하나님은 종

---

7) 성경의 모든 예언이 하나님의 영원한 목적을 표현하고 있는 것은 아니다. 어떤 예

종 자신의 말을 자신의 원하는 바를 반드시 이루고야마는 실제적인 대행자로 대신한다.

> (비가 땅을 적시듯이) 내 입에서 나가는 말도
> 헛되이 내게로 돌아오지 아니하고
> 나의 뜻을 이루며 나의 명하여 보낸 일에 형통하리라
> (사 55:11; 비교, 슥 1:6).

그처럼 현자는 우리에게 다음과 같이 상기시킨다.

> 지혜로도, 명철로도, 모략으로도
> 여호와를 당치 못하느니라(잠 21:30; 비교, 잠 16:9; 19:21).

성경은 종종 하나님의 목적을 "그를 기쁘시게 하는 것" 혹은 "그의 기쁘심"이라는 어휘들로 말한다. 하나님의 기쁘신 뜻은 분명히 실현될 것이다.

> 내가 종말을 처음부터 고하며 아직 이루지 아니한 일을 옛적부터 보이고 이르기를 나의 모략이 설 것이니 내가 나의 모든 기뻐하는 것을 이루리라 하였노라(사 46:10).

> 땅의 모든 거민을 없는 것같이 여기시며 하늘의 군사에게든지 땅의 거민에게든지 그는 자기 뜻대로 행하시나니 누가 그의 손을 금하든지 혹시 이르기를 네가 무엇을 하느냐 할 자가 없도다(단 4:35).

언들은 하나님이 다양하게 가능한 상황에서 행할 바를 지칭한다. 그러므로 하나님은 때때로 심판을 선언하지만 사람들이 회개하면 그것을 철회하기도 한다(렘 18:5-10을 보라). 이 주제에 대하여는 하나님의 불변성과 연관시켜서 다시 논의할 것이다. Richard Pratt, "Prophecy and Historical Contingency"를 보라 (www.thirdmill.org).

그때에 예수께서 대답하여 가라사대 천지의 주재이신 아버지여 이것을 지혜
롭고 슬기 있는 자들에게는 숨기시고 어린아이들에게는 나타내심을 감사하나
이다 옳소이다 이렇게 된 것이 아버지의 뜻이니이다(마 11:25-26).

곧 창세 전에 그리스도 안에서 우리를 택하사 우리로 사랑 안에서 그 앞에
거룩하고 흠이 없게 하시려고 그 기쁘신 뜻대로 우리를 예정하사 예수 그리
스도로 말미암아 자기의 아들들이 되게 하셨으니(엡 1:4-5; 비교, 9절).

　우리의 삶에 있어서 하나님의 목적들의 효과를 설명하기 위하여 성경은 토기장이와 진흙의 상징을 사용한다(사 29:16; 45:9; 64:8; 렘 18:1-10; 롬 9:19-24). 토기장이가 진흙을 가지고 어떤 질그릇은 어떤 목적을 위하여 다른 질그릇은 또 다른 목적을 위하여 자신이 원하는 대로 쉽게 만들 듯이 하나님도 사람들을 그처럼 다루신다. 그러므로 하나님의 목적이 관철된다. 그리고 진흙은 그에 대하여 토기장이에게 아무런 불평을 할 권한이 없다. 샌더스는 이 구절을 볼 때 진흙이 토기장이에 대하여 불평할 어떤 권한도 가지고 있지 않다는 사실에 대하여 동의한다. 그러나 그는 토기장이가 어떤 진흙을 거부하는데 그 이유인즉 토기장이의 주권적 목적 때문이 아니고 "그 진흙이 하나님의 계획을 거부하였기" 때문이라고 믿는다. 그러므로 그는 "토기장이-진흙의 은유는 하나님이 주권적으로 설정한 주고받기식 관계라는 관점에서 이해되어야 한다. 그것은 하나님이 모든 것을 전적으로 주관한다는 사실을 가르치는 것으로 이해해서는 안 된다"고 말한다.[8] 그렇지만 토기장이의 진흙에 대한 전적인 주관은 그 은유 자체에 암시되어 있고 토기장이가 임의로 어떤 진흙은 귀한 그릇으로, 어떤 진흙은 천한 그릇으로 만들 수 있는 권한이 있음을 말하는 로마서 9장 19-21절에서는 아주 분명하게 나타나 있다. 로마서 9장에는 은유의 차원이든 역사의 차원이든(유대인과

---

8) Sanders, *The God Who Risks*, 87.

그리스도인의 관계) 간에 하나님 자신이 차별의 궁극적인 근원임이 분명하게 나타나 있다.

하나님의 목적의 일반적 효과는 불가항력적 은총에 대한 개혁주의 교리의 근간을 이루고 있다. 이전에 우리가 언급한 것처럼 죄인들은 하나님의 목적들을 저항한다. 진정 그것은 성경의 아주 중요한 주제 중 하나다(사 65:12; 마 23:37-39; 눅 7:30; 행 7:51; 엡 4:30; 살전 5:19; 히 4:2; 12:25). 그러나 그 교리의 요점은 주님을 향한 그들의 저항은 성공하지 못한다는 것이다. 하나님이 어떤 사람이 그리스도를 믿는 신앙을 갖게 되도록 의도할 때, 하나님 자신의 이유들 때문에 그러한 목적을 달성하기 전에 오랫동안 그 사람과 씨름하기로 선택할 지도 모르지만, 하나님은 실패할 수 없다는 것이다.[9]

그러므로 하나님이 그리스도 안에서 성령을 통하여 어떤 사람을 선택하고 부르시고 중생케 할 때 그 같은 행위는 자신의 구원의 목적을 달성하는 것이라고 성경은 규칙적으로 가르치고 있다. 하나님이 자기 백성들에게 새로운 마음을 줄 때, "그들이 내 율례를 좇으며 내 규례를 지켜 행하게 될 것"이 분명하다(겔 11:20; 비교, 36:26-27). 하나님이 새 생명을 줄 때(욥 5:21) 우리는 그것을 그에게로 돌려보낼 수 없다. 예수님은 "아버지께서 내게 주시는 자는 다 내게로 올 것이요"(요 6:37)라고 말했다. 만일 하나님이 어떤 사람을 미리 아신다면, 하나님은 분명히 그를 부르시고, 의롭게 하시고, 그가 그리스도의 형상을 닮도록 하고, 또한 하늘에서 영화롭게 되도록 미리 정하실 것이다(롬 8:29-30). "그런즉 하나님께서 하고자 하시는 자를 긍휼히 여기시고 하고자 하시는 자

---

9) 선택받은 것 같은 사람들이 하나님으로부터 돌이키고 결과적으로 자신들이 하나님의 백성 가운데 있지 않음이 입증된 상황들 역시 존재한다. 하나님이 어떤 임무를 부여하고 자신과의 제한적인 교제를 위하여 어떤 사람들을 선택하지만 그래도 구원의 온전한 혜택을 주려는 의도가 없는 경우들도 또한 존재한다. 가룟 유다의 경우가 그 한 예다(요 6:70). 이스라엘 나라의 경우도 마찬가지인데 그것은 그들의 불신앙 때문에 하나님의 선택받은 나라라는 특별한 위상을 잃어 버렸다.

를 강퍅케 하시느니라"(롬 9:18; 겔 33:19을 인용). 시편 기자는 다음과 같이 말한다.

> 주께서 택하시고 가까이 오게 하사
> 주의 뜰에 거하게 하신 사람은 복이 있나이다
> 우리가 주의 집 곧 주의 성전의 아름다움으로 만족하리이다(65:4).

바울은 추가하여 "하나님이 우리를 세우심은 노하심에 이르게 하심이 아니요 오직 우리 주 예수 그리스도로 말미암아 구원을 얻게 하신 것이라"(살전 5:9)고 말한다. 그러므로 말씀대로 하나님의 은혜는 결코 자신에게 빈손으로 돌아오지 않는다.

우리가 하나님의 통치의 효과에 대한 성경의 가르침을 요약할 수 있다. 다음의 말씀은 그 자체로서 말한다.

> 여호와의 도모는 영원히 서고
> 그 심사는 대대에 이르리로다(시 33:11).

> 오직 우리 하나님은 하늘에 계셔서
> 원하시는 모든 것을 행하셨나이다(시 115:3).

> 여호와께서 무릇 기뻐하시는 일을
> 천지와 바다와 모든 깊은 데서 다 행하셨도다(시 135:6).

> 내가 고하였으며 구원하였으며 보였고 너희 중에 다른 신이 없었나니
> 그러므로 너희는 나의 증인이요
> 나는 하나님이니라 여호와의 말이니라
> 과연 태초로부터 나는 그니 내 손에서 능히 건질 자가 없도다
> 내가 행하리니 누가 막으리요(사 43:12-13; 비교, 신 32:39).

> 거룩하고 진실하사 다윗의 열쇠를 가지신 이 곧 열면 닫을 사람이 없고 닫으면 열 사람이 없다(계 3:7).

|| 열린 신학 논쟁 ||

제 8 장
진정한 자유는 있는가?

　이제 우리는 열린 신학에 관한 논쟁에서 아마도 중심 되는 논제를 다루어야 할 것이다. 필자의 판단으로는 자유의지론적 관점에서 본 인간의 자유에 대한 개념은 종종 자유의지 유신론(free-will theism)이라 불리는 열린 신학을 낳게 한 원동력이다. 열린 신학자에게 있어서 자유의지론적 자유의지는 다른 모든 신학적 주장들이 반드시 통과하여야 하는 격자와 같은 것이다―다른 모든 교리들이 참진리인지 아닌지를 시험하는 기준을 말한다. 열린 신학자에게 있어서는 자유의지론적 자유와 부합되는 교리들만이 고려의 대상이 된다. 그렇지 않은 다른 것들은 시작부터 거부당한다. 열린 신학자들은 아예 자유의지론적 자유와 관련해서는 논증조차도 하지 않고 단지 그렇다고 가정하고 시작한다.[1] 바로 그것이 그들의 전제다.

---

[1] 물론 어떤 것을 빼놓았을 수 있지만 열린 신학자들의 주요 저술들에서 자유의지적 자유에 대한 아주 진지한 논증을 발견해야만 한다. 이들 저자들은 그러한 자유를 거부하는 칼빈주의와 같은 견해들에 대하여 불만을 많이 표하며, 자유의지론이 우리에게 가져다 줄 신선함, 새로움, 순발성 그리고 창의성에 대하여 열렬하게 옹호한다. 또한 그들은 어떤 성경 구절들을 언급하지만 항상 본문으로부터 갑자기 자유의지론적 결론으로 훌쩍 뛰어 간다. 우리가 앞으로 보겠지만, 그들은 또한 자유

열린 신학자들이 "진정한", "의미있는"(significant), "실제의"(real), 또는 "참된"(authentic) 자유라는 말을 할 때 그들은 자유의지론적 자유를 염두에 두고 있다. 열린 신학자인 윌리엄 헤스커(William Hasker)는 자유의지론적 자유를 다음과 같이 정의한다.

> 어떤 행위자는 어떤 주어진 시간에 주어진 행위에 관한한 자유하다. 그런데 그 주어진 시간에 그 행위자가 행동할 수 있는 능력의 범위 내에 그 행위가 있고 또한 그 행위자가 그 행위를 제한할 수 있는 능력의 범위 내에 있을 때 그렇다.[2]

열린 신학에 대한 비판자인 맥그리거 라이트(R. K. McGregor Wright)는 그러한 견해를 다음과 같이 정의한다.

> 인간의 의지가 둘 중의 하나를 선택할 때 같은 정도의 수준에서 선택할 수 있는 능력을 가지고 있다는 믿음이다. 이것을 일반적으로 "대조적인 선택의 능력"(the power of contrary choice) 혹은 "무방함의 자유"(liberty of indifference)라고 부른다. 이 믿음은 의지에 영향을 줄 영향력이 없다고 주장하지만 정상적으로 그 의지는 그 영향력이 있다 해도 영향력의 요소들을 극복할 수 있으며 그 요소들이 있다 해도 선택할 수 있다고 주장한다. 궁극적으로 그 의지는 어떤 필요적 인과관계로부터도 자유하다. 다른 말로 말하면 외적인 결정과 상관없는 자율성을 가지고 있다.[3]

의지론이 도덕적 책임을 위하여 필요한 것이라고 제안하지만, 그러한 제안에 대한 논증도 불완전하며, 그 주장에 반하는 일반적인 반대들에 대하여도 무시해 버린다. 세속적인 철학적 문헌 속에는 자유의지론에 대하여 존중할 만한(그렇지만 필자에는 설복적이지 못하다) 논증들이 있지만 열린 신학의 문헌에는 그렇지 않다.

2) William Hasker, "A Philosophical Perspective," 136-37.
3) R. K. McGregor Wright, *No Place for Sovereignty*(Downers Grove, Ill.: InterVarsity Press, 1996), 43-44.

자유의지론자들은 우리의 선택들이 하나님에 의하여 미리 결정되지 않는다는 점을 강조한다. 그들의 견해에 따르면 하나님은 일반적으로 우주의 제일 원인이 될 수 있을지 모르나 인간의 결정 영역에서는 우리가 우리의 행동들의 제일차적 원인들이다. 우리가 자유로운 선택을 할 때 우리는 신적인 독립성을 가지고 있다는 것이다.

더 나가서, 라이트의 정의가 암시하는 바는 자유의지론에서 보면 우리의 결정들이 어떤 의미에서는 우리 자신들로부터도 독립적이라는 것이다. 이것은 역설적인 것처럼 들린다. 그들의 견해에 따르면 우리의 성품이 우리의 결정들에 영향을 미칠 수도 있으며 동시에 우리의 당장의 소원도 그럴 수 있다는 것이다. 그러나 우리의 성품과 소원이 아무리 강하다 해도 우리는 그것들에 반하여 선택할 수 있는 자유를 항상 가지고 있다는 것이다.

이러한 입장은 인간의 본성에는 우리가 의지라고 부르는 하나의 본질이 있는데 그것은 인간 존재의 모든 다른 요소와는 독립적이며 그러므로 모든 동기와는 상반되는 결정을 내릴 수 있다는 점을 가정한다.

자유의지론자들은 우리가 이렇듯 본래의 자유를 가지고 있을 때에만 우리는 우리의 행위들에 대하여 책임이 있다고 주장한다. 그들의 원칙은 너무나 단순하다. 만일 우리의 결정들이 다른 것 혹은 다른 존재에 (우리 자신의 소원들도 포함하여) 기인한다면 그 결정들이 우리의 결정들이라고 말하는 것은 적절하지 않으며, 그러기에 우리는 그것들에 대한 책임을 질 수가 없다. 책임을 지기 위해서는 우리가 다르게 결정할 수 있어야만 한다. 그리고 만일 우리의 결정들이 우리의 자유의지 외의 다른 요소들에게서 기인된다면 다르게 결정할 수 없으며, 그러기에 우리에게는 책임이 없다는 것이다.

어떤 열린 신학자들은 우리의 모든 결정들은 이런 관점에서 자유하다고 믿는 듯 하다. 예를 들면, 라이스(Rice)는 하나님은 자연 속에 나타나는 많은 것들을 주관한다는 점을 인정하지만 "인간의 결정이 전제되는 곳에서는… 하나님은 자신의 목표를 일방적으로 성취할 수 없다. 하나님은 우리의 협동을 요구한다"고 주장한다.[4] "할 수 없다"라는 말은 하나님은 결코 인간의 선택을 결정하거나 예정할 수 없다고 암시하는 듯 하다.

그렇지만, 보이드(Boyd)는 다르게 생각하는 듯 하다. 그는 하나님은 종종 인간의 마음을 강퍅케 하며 그러므로 죄를 선택하는 인간의 선택을 결정한다는 점을 수용한다. 예를 들면, 보이드는 예수님이 유다의 배반(요 6:64, 70-71; 13:18-19; 17:12)을 예언했다는 사실이 의미하는 바를 약화시키려고 애쓰지만 이 문제의 핵심에 동의한다.

> 성경의 다른 곳에서 가르치는 바는 하나님이 어떤 특정한 개인이나 혹은 집단과 더 이상 경쟁하는 것이 소용없다고 판단을 내리는 무서운 때가 올 수도 있다는 것이다. 이 시점에서 하나님은 자신의 영을 그 사람들로부터 퇴진시키며 그들의 마음을 강퍅케 하며, 그러므로 그들의 운명에 인을 친다(예, 창 6:3; 롬 1:24-27).[5]

보이드의 말에 따르면 예수님을 배반한 유다의 결정은 자유의지론적 의미에서 볼 때 자유하지 않다. 유다는 이런 것 저런 것 중 어느 것을 평등하게 선택할 수 없었다.[6] 그는 하나님이 "이들 개인들이 **예정된 어떤 특수한 행위들과 관련해서** 행사할 수 있는 자유의 범위"를 제한시키는 예로서 요시아, 고레스 그리고 세례 요한의 부모를 언급한다.[7] 보이드는 인간의 여러 가지 선택들이 이러한 의미에서 자유롭지 못하다는 점을 시사한다. 피녹(Pinnock)도 하나님이 일반적으로 "강압적"이라기보

---

4) Richard Rice, "Biblical Support," 56.
5) Boyd, *God of the Possible*, 38.
6) 그러나 유다는 그가 행한 일에 대하여 분명한 도덕적 책임을 가지고 있다. 성경은 그가 악하며, 하나님의 심판을 받아 마땅하다고 한다. 이 사실은 자유의지론적 자유가 도덕적 책임의 토대라는 열린 신학의 견해에 의문을 제기한다.
7) Ibid., 34.

다는 "설득적"으로 우리에게 영향을 끼치지만 거기에는 예외가 있다는 점을 용인하는 듯 하다. 그는 "하나님의 설득력을 축소시키는 것은 하나님을 지나치게 수동적으로 만든다 – 이것은 전능성에 대한 과도한 반응일 것이다"라고 말한다.[8]

1. 자유의지론에 대한 비판

자유의지론은 기독교 신학사에 있어서 오랜 역사를 가지고 있다. 어거스틴 때까지의 대부분의 교부들은 다소간 이런 입장을 취하였다. 그는 펠라기우스와의 논쟁에서 그 입장에 대하여 문제를 제기하였다.[9] 그 이래로 자유에 대한 어거스틴적 개념과 펠라기우스적 개념 사이에 계속적인 논쟁이 있어 왔고, 그 결과로 때때로 이 둘의 불안한 혼합이 다양하게 이루어졌다. 루터와[10] 칼빈은[11] 어거스틴적 개념을 따랐으나 몰리니주의자들, 소시니안주의자들 그리고 알미니안주의자들은 자유의지론을 강력하게 방어하려고 애썼다. 오늘날 자유의지론적 견해가 대부분의 복음적 기독교와 기독교 철학자들 사이에서 유행하고 있다.[12] 신학적으

---

8) Clark H. Pinnock, "Systematic Theology," in OG, 116. 그의 "Between Classical and Process Theism," in *Process Theology*, ed. Ronald H. Nash(Grand Rapids: Baker, 1987), 309-27과 비교하라.
9) 그러므로, 고전성과 전통에 큰 무게를 두는 칼빈주의자들이 가장 오래된 성경 밖의 전통들이 그들의 입장에 동조하고 있지 않다는 점을 수용해야 할 것이다.
10) Martin Luther, *The Bondage of Will*(London: J. Clarke, 1957).
11) 칼빈의 여러 글들, 특히 *Concerning the Eternal Predestination of God* (London: James Clarke, 1961)을 보라. 자유의지론을 거부한 고전적인 칼빈주의는 Jonathan Edwards, *Freedom of the Will*(New Haven: Yale University Press, 1973)이다.
12) 기독교 철학자들 중 많은 사람들이 자유의지론적 자유는 본질적으로 악의 문제에 대한 적절한 해답이라고 믿고 있다. 이 문제와 관련하여 특별히 영향력이 있는 것은 앨빈 플랜팅가의 논증이다. 그의 *God, Freedom, and Evil*(Grand Rapids: Eerdmans, 1974)를 보라.

로 이것은 전통적인 알미니안주의자들,[13] 열린 신학자들, 과정신학자들,[14] 그리고 다른 많은 사람들에 의해서 방어되고 있다. 오늘날 그 사상에 반대하는 사람들은 아주 적다. 그러나 칼빈주의자들이라는 자의식을 가지고 있는 사람들과 개혁주의 전통 안에 있는 몇몇의 사상가들도 예외적으로 그러한 자유의지론으로 끌려가고 있거나[15] 아니면 불분명하게 그 주제에 대하여 말한다.[16]

---

[13] 가장 설득력 있고 완벽한 알미니안적 논증은 Jack Cottrell, *What the Bible Says About God the Ruler*(Joplin, Mo.: College Press, 1984)일 것이다. 하나님의 교리에 대한 그의 세 권의 책 중 다른 두 책도 보라.

[14] 예를 들면, John B. Cobb, Jr., and David Ray Griffin, *Process Theology: An Introductory Exposition*(Philadelphia: Westminster Press, 1976).

[15] 예를 들어, 플랜팅가의 영향력 있는 논증이 *God, Freedom, and Evil*에 있다.

[16] 예를 들어, Benjamin W. Farley, *The Providence of God in Reformed Perspective*(Grand Rapids: Baker, 1983)과 *Westminster Theological Journal* 51(1989): 397-400에 나오는 필자의 견해를 보라. Richard Muller는 그의 "Grace, Election, and Contingent Choice: Arminius' Gambit and the Reformed Response," in *The Grace of God: The Bondage of Will*, ed. Thomas R. Schreiner and Bruce A. Ware(Grand Rapids: Baker, 1995), 2:270에서 다음과 같이 말한다. "인간의 도덕적 행위들이 예정되어 있다는 주장은, 아담의 타락이 아담 자신의 자유로운 죄의 선택을 제외시킨 하나님의 뜻에 의한 것이라는 주장이 결코 개혁주의적 견해가 아닌 것처럼, 개혁주의적 견해가 결코 아니다." 필자는 개혁주의 신학이 아담의 선택이 자유로운(그러나 오직 부합주의적 의미에서) 것이었다는 점을 인정한다는데 동의한다. 이점에 대하여는 후에 설명이 될 것이다. 뮬러에 상반되게 개혁 신학자들은 하나님이 타락을 예정했고 그러므로 적어도 한 사람의 도덕적 결단을 예정했다고 가르쳤다(그렇지 않으면, 하나님의 교시 중의 타락의 장소에 관한 타락 전 예정론⟨supralapsarianism⟩과 타락 후 예정론⟨infralapsarianism⟩ 사이의 논쟁이 어디로부터 시작되었는가?). 그리고 우리가 제5장에서 본바와 같이, 성경은 하나님에 의해 예정된 인간의 도덕적 결정에 대해 더 많이 언급하고 있다. 뮬러에 대한 공평한 평가는 그가 269에서 부합주의 형식을 천거하고 있다는 것이다.

그러나 자유의지론은 아주 심각한 비판의 대상이다.

1) 제5장에서 인간의 결정들 그리고 인간의 죄까지도 하나님이 주관한다고 언급한 성경의 자료들은 자유의지론의 주장과 부합하지 않는다. 성경은 우리의 선택들이 전적으로 우리의 책임이지만, 하나님의 영원한 계획의 일부분임을 분명히 하고 있다.

2) 성경은 자유의지론적 자유의 존재를 분명하게 가르치고 있지 않다. 인간의 의지가 하나님의 계획과 사람의 본성 중 다른 요소와 독립적이라는 의미에 동의하는 어떤 성경 구절도 없다. 자유의지론자들은 일반적으로 직접적인 주석을 통하여 자신들의 입장을 내세우려고 하지 않는다. 오히려 그들은 인간의 책임을 지적하는 인간의 책임 자체와 하나님의 명령, 권면 그리고 요청과 같은 다른 성경적 개념으로부터 그 입장을 연역해 내려고 시도한다.[17] 그러나 그러한 시도에서 그들은 자신들의 주장에 대하여 입증해야만 하는 무거운 짐이 자신들에게 있음을 수용한다. 그러나 그들의 주장은 그것을 감당하지 못한다. 자유의지론은 보다 더 기술적인 철학적 개념이다. 그것은 인과관계, 의지와 행동과의 관계, 성품과 소원에 대한 의지의 관계, 그리고 하나님의 주권의 제한성에 대하여 다양하게 가정한다. 인간의 책임에 대한 성경적 견해로부터 이러한 모든 기술적인 개념들을 연역하려는 노력은 엄청난 작업이다. 자유의지론자들의 그러한 시도는 성공할 수가 없다. 만일 그들이 입증해야 하는 그러한 짐을 감당하지 못한다면 우리는 자유의지론을 포기하든지 아니면 "오직 믿음"이라는 슬로건을 버리든지 해야 한다.

3) 결코 성경은 자유의지론적 자유에 대한 혹은 그것과 관련된 다른 유의 자유에 대한 인간의 책임의 근거를 마련하지 않는다. 하나님이 우

그러나 부합주의자들의 자유는 그가 제안한 것처럼 도덕적 행위들에 대한 하나님의 예정을 제외시키지는 않는다.

17) 필자의 견해로는 사람들을 향한 하나님의 명령과 간청은 하나님의 규범적 뜻을 표현하고 있는 것이다. 이 점은 제7장에서 이미 논의하였다.

리를 만들었고, 우리를 소유하고 있고 또한 우리의 행위에 대하여 평가할 권한을 가지고 있기 때문에 우리에게는 책임이 있다. 그러므로 성경에 따르면 하나님의 권위는 인간의 책임에 대한 필요하고도 충분한 근거가 된다.

우리의 능력 혹은 무능력은 도덕적 죄의식에 상응한다. 출애굽기 21장 12-14절과 민수기 35장 10-34절에서 성경은 살인과 과실치사와의 차이를 둔다. 과실치사에 대한 심판은 경감된다. 아마도 그것은 피하기 힘들기 때문일 것이다(출 21:13은 그 점에 대하여 신본주의적으로 평가하고 있다. "하나님이 사람을 그 손에 붙이면"). 주님의 뜻을 모르는 사람들은 매를 적게 맞을 것이다. 아마도 무지는 일종의 무능이기 때문일 것이다(눅 12:47-48). 그러나 그러한 경우라도 심판은 있다. 그리고 모든 종류의 무능이 도덕적 혹은 법적 책임을 제한시키지는 않는다. 성경은 인간의 결정에 대한 하나님의 예정이 인간의 행위에 대해 덜 책임을 지운다고 제안하지 않고 오히려 그 반대의 것을 제안한다. 우리가 이미 본대로 가룟 유다의 경우가 아주 분명한 예다. 성경은 자유의지론적 자유가 모든 도덕적 책임과 상관성이 있다고 제안하지 않는다.

4) 또한 성경은 하나님이 자유의지론적 자유에 대해 어떤 긍정적 가치를 둔다고 지적하지 않는다(그것이 존재한다는 것조차 인정하지 않음). 이것은 아주 심각한 지적이다. 왜냐하면 악의 문제에 대한 자유의지의 방어는 하나님이 피조물에게 주신 그 자유의지 자체가 세상에게 악을 불러들일 수 있다는 모험을 감수하면서도 하나님이 인간의 자유로운 선택에 대하여 높은 가치를 부여한다고 주장하기 때문이다. 그렇다면 성경은 피조물의 원인 없는 자유로운 행위들이 하나님께 매우 중요하며, 그것들이 하나님께 영광을 돌리며 인간의 인격성과 존엄성에 기본적이라는 정도의 언급들로 가득 차 있어야 할 것이다. 그러나 성경은 결코 하나님이 어찌 되었던 간에 원인 없는 선택을 존중하거나 아니면 그 같은 것의 존재에 대하여 제안하고 있지 않다.

5) 참으로, 그와는 반대로, 성경은 인간 존재의 극치 상태인 하늘에서

도 우리는 죄를 짓도록 자유하지는 않다고 가르친다. 그러므로 인간 존재의 최상의 상태는 자유의지적 자유가 없는 상태일 것이다.

6) 결코, 성경은 어떤 사람의 행위에 대하여 그의 자유의지적 자유와 관련해서 판단하지 않는다. 성경은 어떤 사람이 자신의 행위가 자유의지적 관점에서 자유롭지 않기 때문에 무죄하다고 선언하지는 않는다. 뿐만 아니라 성경은 어떤 사람을 자유의지적 자유에 대하여 지적하면서 죄 있다고 선언한 적이 없다. 우리가 본대로 예수님을 배반한 유다는 그 같은 관점에서 자유로운 행위가 아니었다—이 점은 보이드도 그렇게 평가했다. 유다는 분명 책임이 있다. 그러한 행위는 악한 행위며 당연히 하나님의 심판을 받아 마땅하다. 성경은 결코 두르러지게 나타난 자유의지적 자유의 관점을 언급하지 않는다.

7) 사회 법정에서도 자유의지적 자유는 도덕적 책임의 조건으로 용인되지 않는다. 은행 강도인 후버트를 생각해 보자. 만일 범죄가 자유의지적 자유를 전제 한다면 후버트의 유죄를 입증하기 위하여 검사는 은행을 강도질하기로 결정한 그의 결정이 아무런 원인이 없었음을 제시하여야 한다. 그러나 검사가 그것을 보이기 위하여 제시할 수 있었던 증거가 무엇인가? 부정적인 것을 입증하는 것은 항상 어렵다. 그리고 후버트의 내적 결정이 어떤 하나님의 명, 자연적 원인, 성격 혹은 동기와 전혀 무관하다는 것을 보여주는 것은 불가능하다. 그 같은 일은 다른 범죄에 대한 논고에 있어서도 마찬가지다. 자유의지론자들이 누구의 범죄도 입증하는 것은 전혀 불가능한 일이다.

8) 진정, 사회 법정이 자유의지론과는 반대의 것을 받아들이는 것이 보통이다. 즉 범죄자들의 행위는 동기에 기인한다는 것이다. 그렇기 때문에, 법정에서는 피의자가 범죄와 관련된 적절한 동기를 가지고 있었는가에 대하여 많은 시간을 들여 추적하는 것이다. 만일 후버트의 행위가 (위의 요점과는 상반되게) 원인이 없었던 것으로 또한 동기와 무관한 것으로 판명될 수 있었다면, 그는 정신 이상자로 판단 받았을 것이 틀림없으며, 그 결과로 그는 정죄당하기 보다는 책임이 없다고 심판 받았을 것이다.

그러한 행위는 목적을 가진 선택이 아닌 우발적인 것이 되었을 것이다. 진정 후버트의 행위가 자신의 성격, 소원, 동기와 전혀 무관한 것이었다면 어떤 의미에서 그 행위가 참으로 후버트의 행위라고 말할 수 있겠는가?[18] 만일 그것이 후버트의 행위가 아니었다면 어떻게 그가 그 행위에 대하여 책임을 질 수 있는가? 그렇다면 자유의지론은 도덕적 책임의 기초가 되기보다는 오히려 그것을 파괴한다는 사실을 알 수 있다.[19]

9) 성경은 오직 원인이 없는 결정만이 도덕적으로 책임을 진다라는 명제에 대하여 상반된 입장을 취하고 있다. 제5장에서 이미 본 바와 같이 성경에서 하나님은 종종 인간의 자유로운 행동을 더 나가서 죄의 행동을 불러일으킨다고 언급한다. 그렇다고 해서 그들의 책임을 전혀 경감시키지 않는다. 진정 성경은 동일한 상황에서의 동일한 행위와 관련된

---

[18] 자유의지론적 입장에서의 한 응답은 그 뜻이 후버트의 것이며 그러므로 그 행동이 그의 것이라는 점이다. 그러나 여기서 "뜻"은 어떤 의미일까? 후버트의 뜻은 성격을 가지고 있는가? 그것은 소원 혹은 선호성을 가지고 있는가? 그렇다면, 우리는 한 사람의 성격에 의해 주장되는 행동으로 다시 돌아가는 것이며 그 점에 대하여는 자유의지론이 거부하고 있는 것이다. 과연 그것은 성격이 없는 것인가? 그렇다면 후버트 안에 있는 어떤 것과 완전히 분리되어 있으면서 임의로 행동하게 하는 단순한 힘과 무슨 차이가 있는가? 그런 가설에 근거하여 볼 때 그것이 후버트의 뜻이라고 어떻게 말할 수 있는가?

[19] 칼빈주의자들과 반자유의지론자들은 종종 다양한 색깔을 띠고 이 점을 부각시키고 있다. 쏜웰(James H. Thornwell)은 "마치 인위적이고, 조절될 수 없는 뜻을 유일한 법칙으로 가지고 있는 존재인양 중향계에게 법칙 없는 운동에 대해 책임을 지우는 것과 같다"(Collected Writings of James Henley Thornwell 〈Edinburg: Banner of Truth, 1974〉, 2:180). 후버트(R. E. Hobart)는 "Free Will as Involving Determinism and Inconceivable Without It," Mind 43(1934): 7에서 결정론의 세속적 형태를 다음과 같이 논증하고 있다. "미결정론은 (어떤 사람의 행동)이 어떤 결정을 하지도 않았는데 반하여 다리가 갑자기 움직여서 행위자로 하여금 자신이 움직이려고 하지 않은 곳으로 이끌어 가는 것과 같은 것이다."

하나님의 예정과 인간의 책임에 대하여 자주 말한다(예, 창 50:20; 왕상 8:58-61; 잠 16:4-5; 사 10:5-15; 렘 29:10-15; 눅 22:22; 요 1:12-13; 6:37; 행 2:23; 4:27-28; 13:48-14:1; 롬 9-10; 빌 2:12-13; 골 3:1-3).

10) 성경은 자유의지론이 요구하는 독립성을 우리가 가지고 있다는 사실을 부인한다. 하나님이 인간의 자유로운 행위를 주관하기 때문에 우리는 하나님으로부터 독립적이 아니다. 또한 우리가 우리 자신의 성품과 소원과 무관한 행동을 선택할 수 없다. 마태복음 7장 15-20절과 누가복음 6장 43-45절에 따르면 좋은 나무는 좋은 열매를, 나쁜 나무는 나쁜 열매를 맺는다는 것이다. 만일 사람의 마음이 옳으면 그의 행동도 옳을 것이다. 그렇지 않으면 그 행동은 잘못된 것이다.

11) 그러므로 자유의지론은 마음 안에 있는 인간의 인격성의 통일성에 관하여 성경적인 가르침에 위배되고 있다. 성경은 인간의 마음, 그러므로 우리의 결정이 타락으로 인해 악하지만 그리스도의 사역과 중생케 하는 성령의 능력이 마음을 정결케 함으로 우리의 행동이 선할 수 있다고 가르친다. 우리는 타락했지만 온전한 인격체로 새로워 질 수 있다. 이러한 인격의 통합적 구성은 자유의지론에 입각해서는 불가능하다. 왜냐하면, 그 견해에 따르면 의지는 항상 마음과 우리의 다른 모든 인격적 품성들과는 무관하여야 하기 때문이다.

12) 만일 자유의지적 자유가 도덕적 책임에 필요하다면 하나님은 자신의 행위에 대하여 도덕적으로 책임이 없을 것이다. 왜냐하면 하나님은 자신의 거룩한 성품에 반하여 행동할 자유를 가지고 있지 않기 때문이다. 유사하게 하늘에 있는 영광 받은 성도들은 도덕적으로 책임이 없을 것이다. 왜냐하면 그들은 죄에 빠질 수 없기 때문이다. 만일 그들이 자유의지적 자유를 가지고 있다면 그들은 죄에 빠질 수 있었다. 오리겐이 상상했듯이 그러한 경우에 예수님에 의하여 성취된 구속은 죄를 다룸에 있어서 불충분할 것이다. 왜냐하면 그 구속력은 인간의 자유의지의 본래적 자율성에 미치지 못할 것이기 때문이다.

13) 자유의지론은 본질적으로 그 무능성이 책임성을 제한한다는 원리

를 고차원적으로 일반화시킨 추상적 개념이다. 자유의지론자들은 우리의 결정들이 어떤 종류의 무능성에 의하여 영향을 받는다면 그것들은 참으로 자유로운 것이 아니며 우리도 그 결정들에 대하여 참으로 책임이 없다고 말한다. 우리는 이미 이러한 원리 안에 어느 정도의 진리성이 있지만 그것은 항상 유효한 것이 아니며, 우리도 항상 어떤 유의 무능성에 의하여 영향을 받으므로 그 원리는 지극히 조심스럽게 이용되어야 한다고 말했다. 자유의지론은 그러한 조심스러움을 드러내지 않았다.

14) 자유의지론은 모든 일에 대한 하나님의 예정은 물론 미래의 사건들에 대한 지식에 대하여도 불일치성을 보이고 있다. 만일 하나님이 1930년에 내가 1998년 7월 21일에 녹색 셔츠를 입을 것을 알았다면 나는 바로 그 날 그 셔츠를 입지 않을 정도로 자유롭지 못하다.[20] 이제 자유의지론자들은 미래의 사건을 유발시키지 않고 그 사건이 일어날 것을 알 수 있다는 점을 부각시킨다. 그러나 1930년에 하나님이 1998년의 사건을 알았다면 무슨 근거로 그것을 알았다는 말인가? 칼빈주의자들은 하나님이 미래에 대한 자신의 계획을 알았기 때문에 그것을 알았다고 대답한다. 그러나 알미니안주의 견해로 보면 하나님은 60년 후의 나의 행위에 대해 어떻게 미리 알 수 있었을까? 나의 결정들이 유한의 원인과 결과라는 결정론적 연결 고리에 의하여 지배되는가? 미래 사건들이 확실한 것으로 만드는 하나님 이외의 어떤 힘이나 사람이 있을까?-하나님은 그것을 수동적으로 관찰할까?(이러한 가능성은 유일신론의 입장에서 볼 때 매우 희박하다). 이들 대답들 중 혹은 고려할 수 있는 어떤 것 중 어느 것도 자유의지론과 일치하지 않는다. 이러한 이유 때문에 열린 신학자들은 칼빈을 적대한 소시니안파들과 같이 전통적인 알미니안

---

20) 물론 이것은 말의 태도다. 필자는 하나님의 지식이 어떤 의미에서는 무시간적임을 후에 논증할 것이다. 그러나 만일 하나님이 무시간적으로 내가 1998년 7월 21일 초록색 셔츠를 입을 것임을 알고 있다면 1930년을 포함한 모든 해에 그는 내가 그 날 초록색 셔츠를 입을 것임을 알고 있다는 말이 된다.

주의의 핵심적인 요소, 즉 하나님의 총체적 예지를 거부해 왔다. 우리가 나중에 하나님의 지식에 대한 논의에서 보겠지만 그 같은 주장은 아주 극적인 단계를 취하는 것이다. 그러한 대답들은 자유의지론과 일체화시키면서 그들의 신학을 극적으로 형성하기보다는 오히려 그것을 거부하는 것이 더 현명하였을 것이다.

15) 피녹이나 라이스 같은 자유의지론자들은 자유의지에 대한 자신들의 견해는 협상의 대상이 아닌 그래서 다른 모든 신학적 주제들이 그것과 일치하게 표현되어야 하는 중심적 진리로 만드는 경향이 있다. 그러므로 자유의지적 자유는 일종의 대전제적 혹은 지배적 견해의 위상을 취한다. 그러나 우리가 본 바와 같이 자유의지론은 비성경적이다. 성경과 상반되게 무조건적으로 자유의지적 자유를 주장하는 것은 아주 그릇된 것이다. 또한 그것을 중심적인 진리로 또는 지배적 견해로 만드는 것은 정말 위험하다. 우연한 과오는 많은 어려움 없이 수정될 수 있다. 그러나 그러한 과오가 주 원리가 되면 그래서 모든 다른 교리적 주제들이 걸러지는 통로가 되면 신학적 체계는 진정 파선의 위험이 있는 것이다.

16) 이들은 자유의지를 신봉하는 기초로서 직관에 호소한다. 그렇게 함으로 그들은 자유의지적 자유에 대한 철학적 방어를 한다.[21] 그것은 우리가 어떤 선택을 해야 할 때가 올 때마다, 우리는 우리의 가장 강한 소원에 반하더라도 이렇게든 혹은 저렇게든 선택할 수 있다고 느끼는 것이다.[22] 그들은 때로는 우리가 우리의 가장 강한 소원과 싸우는 것을

---

21) 예를 들면, C. A. Campbell, "The Psychology of Effort of Will," *Proceedings of the Aristotelian Society* 40(1939-40): 49-74.
22) 우리의 "강한 소원"에 반하여 우리가 무엇을 선택할 수 있는 지에 대한 논증을 하고 있는 문헌들이 많이 있다. 어떤 소원이 강해질 수 있는 여러 방식에 대하여 약간의 혼돈이 있는 것처럼 보인다. 만일 문제의 강함이 정서적인 능력이라면 그 소원이 아무리 강하다 해도 우리가 그것에 반하여 항상 선택할 수 있는 가능성이 있다. 그러나 그 강함이 동기의 효과에 관련한 것이라면, 물론 그 강한 소원은 사실상 동기를 불러일으킬 것이다. 그렇다면 한 개인의 가장 강한 소원에 반하여 선택하는 것에 대하여 말하는 것은 의미 없는 일이다.

의식한다고 말한다. 그러나 직관을 향한 호소에 대하여 일반적으로 무엇이라고 말해도 그것은 보편적 무원인(universal negative)에 대한 주장의 근거가 될 수 없다. 그것은 말하자면 직관은 자신의 결정들이 무원인적인 것이라고 다른 사람에게 드러낼 수 없다는 것이다. 우리는 원인이 무원인의 느낌이라고 불릴만한 그 무엇을 가지고 있지 않다.

그리고 직관은 우리의 모든 행위가 외적인 원인을 가지고 있음을 우리에게 보여줄 수도 없다. 만일 우리의 모든 행위들이 우리 자신의 외적 요인에 의하여 결정된다면 어떤 직관이나 느낌을 통해 우리는 그 원인이 무엇인지 알 수가 없다. 왜냐하면 우리는 원인에 대한 느낌과 무원인에 대한 느낌을 비교할 수 있는 어떤 방법도 가지고 있지 않기 때문이다. 우리는 어떤 때는 우리에게 두드러진, 또 다른 때는 그렇지 않은 영향들이 무엇인지 확정할 수 있다 – 항상은 아니지만 때때로 우리가 성공적으로 저항할 수 있는 힘들. 그러나 우리는 우리의 생각과 행위를 지속적으로 그리고 무저항적으로 결정하는 힘이 무엇인지 규정할 수가 없다. 그러므로 직관은 우리 자신의 외적 원인들에 의하여 우리의 행위가 결정되는지 아니면 그렇지 않은지에 대하여 우리에게 브여주지 못한다.[23]

17) 만일 자유의지론이 참이라면 하나님은 자신의 주권을 어느 정도는 제한하기에 모든 것을 발생시키지는 않는다. 그러나 성경은 하나님이 어떤 정도라도 자신의 주권을 제한시켰다고 암시하지 않는다. 창세기 1장부터 요한계시록 22장까지 하나님은 주권자시다. 하나님은 언제나 완전한 주권을 가지고 있다. 하나님은 자신을 기쁘게 하는 무엇이든 행한다(시 115:3). 하나님은 자신의 뜻에 따라서 무엇이든지 행한다(엡 1:11). 더 나가서 하나님의 본성 그 자체도 주권적이다. 주권은 하나님의 이름이다. 즉 주관과 권위라는 관점에서 야웨라는 이름이 가지고 있는

---

23) Steve Hays의 관찰에 대하여 감사드린다. 그는 직관에 대한 자유의지의 호소는 우리의 생각과 행위에 동기부여함에 있어서 무의식의 역할을 무시하고 있는 것이라고 지적한다.

바로 그 의미다.[24] 만일 하나님이 자신의 주권을 제한시킨다면 하나님은 만유의 주가 아닌 하나님보다 조금 못한 존재가 된다. 만일 하나님이 하나님보다 못한 그 무엇이 된다면 하나님 자신은 파멸된다. 하나님은 더 이상 존재하지 않는다. 우리는 자유의지론의 결과가 그토록 심각하다는 사실을 알 수 있다.

2. 다른 종류의 자유

만일 우리가 자유의지론적 관점에서 자유롭지 못하다면 우리가 자유로운 어떤 다른 관점이 있는가? 성경이 "자유하다" 혹은 "자유"와 같은 어휘들을 사용할 때 그것은 영적 혹은 도덕적 자유에 대하여 언급하는 것이 보통이다-하나님 앞에서 선을 행하는 자유. 성경은 아담의 타락이 우리의 도덕적 자유를 제거했으므로 은혜를 떠나서 우리는 하나님을 기쁘시게 할 수 없다고 말한다. 그리스도는 그 굴레로부터 우리를 자유하게 한다.

> 예수께서 대답하였다, "진실로 진실로 너희에게 이르노니 죄를 범하는 자마다 죄의 종이라 종은 영원히 집에 거하지 못하되 아들은 영원히 거하나니 그러므로 아들이 너희를 자유케 하면 너희가 참으로 자유하리라"(요 8:34-36; 비교, 롬 6:15-23; 고후 3:17).

위의 말은 성경에서 언급된 가장 중요한 자유를 지칭하는 말이다-그리스도의 구속 사역으로 말미암아 우리에게 주어진 죄로부터의 자유. 그렇지만 그것은 도덕적 책임의 조건은 아니다. 죄에 묶여 종노릇하는 사람들도 그리스도 안에서 자유를 가진 사람들과 같이 도덕적으로 책임이 있다.

또한 성경은 부합성의 자유라고 불리는 바에 대하여 언급하고 있다.

---

24) "Yahweh" in *The Doctrine of God*, 제1-7장의 필자의 논의를 보라.

예수님은 다음과 같이 말한다.

> 선한 사람은 마음의 쌓은 선에서 선을 내고 악한 자는 그 쌓은 악에서 악을 내나니 이는 마음의 가득한 것을 입으로 말함이니라(눅 6:45; 비교, 마 7:15-20; 12:33-35).

그렇다면 우리가 말하고 행하는 것은 우리의 성품에 따라 된다는 것이다. 우리는 우리 마음 깊은 속의 갈망을 따른다. 필자가 아는 바로는 성경은 이 같은 도덕적 일치성을 일종의 자유라고 언급하지 않지만, 마음과 행위의 일치성의 개념은 성경에서 중요하다. 그리고 신학자들과 철학자들은 종종 그것을 자유로 연계시켜 왔다. 매일의 삶 속에서 우리는 일상적으로 우리가 원하는 바를 행하는 것을 자유라고 생각한다. 우리가 원하는 바를 행하지 않을 때 우리는 우리 밖의 어떤 존재나 무엇에 의해 우리의 의지에 반해 강제적으로 행하거나 또는 비이성적으로 행동한다는 것이다.

이러한 유의 자유를 때때로 부합성론이라고 부른다. 왜냐하면 그것은 결정론과 부합하기 때문이다. 결정론은 모든 사건(인간의 행동을 포함)은 자기 자체가 아닌 충분한 다른 원인을 가지고 있다는 견해다. 부합성의 자유는 우리가 행하는 모든 행위가 우리 자신 밖의 그 무엇(자연적 원인들 혹은 하나님 같은)에 기인한다 해도, 우리는 그래도 자유한데 그 이유인즉 우리는 우리의 성품과 갈망에 따라서 행할 수 있음을 뜻한다.

피녹은 부합성의 자유에 대하여 다음과 같이 말한다.

> 이것은 맞지 않는 속임수다. 죄인들로서 우리가 하나님의 뜻에 반역했다는 사실은 그것이 그렇지 않음을 증거한다. 죄로의 타락은 하나님의 뜻에 거역하는 것이었으며 그것 자체가 하나님은 이 세상의 모든 사건들에 대해 전적으로 주관하지 않음을 입증하는 것이다.[25]

---

25) Pinnock, "Systematic Theology," 114-15.

실제로 속임수를 쓰는 사람은 피녹이다. 왜냐하면 그는 얼마간의 중요한 성경적 구별을 사라지게 했기 때문이다. 제7장에서 열거한 하나님의 선재적 그리고 결과적 혹은 교시적 그리고 규범적 뜻들 사이의 구별들과 같은 것이다. 우리의 반역은 자신의 명령에 상반하지 않는 하나님의 규례를 거역하는 것이다. 우리가 그의 규례를 위배한다는 사실은 하나님이 세상을 전적으로 주관하지 못한다는 사실을 결코 뜻하지 않는다. 열린 신학자들은 그러한 구별을 분명히 인지하고 있고 또한 종종 그것을 인정하고 있으면서도 일상적으로 그러한 구별을 무시한다.[26] 그같은 논증이 유효하다는 그들의 주장은 대체적으로 이러한 혼돈에 근거하고 있다.

부합성의 자유는 자유의지론적 자유와는 다르게 도덕적 책임성에 대한 진짜 조건을 제공한다. 이미 모세의 율법에는 살인과 우발적 살해에 대한 서로 다른 죄의 대가가 있다고 지적하였다. 그 차이는 의도의 차이인 것이다. 우발적 살해는 그 살해자가 생명을 빼앗으려는 욕구를 가지고 있지 않았다. 보통 하는 말로 말하면, 비록 그가 생명을 빼앗았지만 그 행동은 살인의 동기를 가지고 있지 않았다는 것이다. 또한 그는 부합성의 관점에서 살해하려는 어떤 자유로운 선택을 하지 않았다는 것이다.

이와 관련하여 논의된 또 다른 유의 자유가 있다. 그것은 웨스트민스터 신앙고백서 9장 1항에 표현된 것이다.

> 하나님께서 인간의 의지에 선천적 자유를 부여해 주셨기 때문에, 그 의지는 선이나 악을 행하도록 강요당하거나, 또는 어떤 절대적인 필연에 의하여 결정되지 않는다(번역자의 번역이 아니고 기존의 번역서에서 따온 번역임).

---

26) 전 장에서 샌더스의 견해에 대하여 다룬 것을 기억하라. 그리고 *The Grace of God and the Will of Man*, ed., Clark H. Pinnock(Grand Rapids: Zondervan, 1989), 56에서 자유의지론의 방어자인 Howard Marshall이 다음

이 고백의 증거 본문으로서 마태복음 7장 12절, 야고보서 1장 14절, 그리고 신명기 30장 19절을 인용하고 있다. 이 본문에서 사람들은 자신들이 뜻하는 바를 행할 것을 택하는 존재임을 가르친다. 이 말은 자유의지적 자유론이나 혹은 부합론과 상응하는 말이다. 그 신앙고백서는 5장 1항과 5장 4항에서 자유의지적 자유론을 거부하고 있다. 그러나 그 신앙고백서의 "어떤 절대적인 필연성"에 대한 언급은 부합성주의 이상의 그 무엇을 시사한다. 그것은 자연 안에서의 원인과 결과라는 연결 고리로부터 인간의 선택은 독립한다는 말이다. 즉 자연적 원인으로부터의 자유다.

우리가 본 바와 같이 성경은 (그리고 신앙고백서 5장 1항과 5장 4항) 하나님이 인간의 모든 행위를 지배함을 확인한다. 9장 1항에서 신앙고백서는 적어도 인간의 어떤 행동들은 어떤 유한적인 원인에 기인하지 않음을 시사한다. 물론 그 이전의 고백 내용에서는 그러한 행동들이 하나님에게 그 원인을 두고 있기는 하지만 말이다. 성경에서 신앙고백서 9장 1항의 고백 내용을 입증할 만한 것이 있음을 우리는 모른다. 또한 그것을 제외시킬 만한 어떤 것도 있음을 알지 못한다. 아마도 그 고백 내용의 가치는 우리의 결정들이 하나님에 의해서 지배될 뿐만 아니라 유한한 원인들의 연결고리와 연계되어 있다는 생각에 대하여 우리를 조심시키려는데 있을 것이다. 그것은 어떤 사건들은 피조 세계에 있는 그 무엇에 의하여 결정되지 않고 하나님의 뜻에 의하여 결정된다는 가능성을 열어 놓고 있다.

그 신앙고백서의 선천적 자유라는 개념은 도덕적 책임성과 큰 관계가 없다고 생각하지는 않는다. 그러나 그것은 그릇된 행동들에 대한 어떤 유의 책임 회피를 반대하는데 사용될 수 있다. 예를 들면, 만일 어떤 사

과 같이 말한다. "우리는 하나님이 발생시키기를 원하는 것과 실제로 발생시키는 것과 분명하게 구분해야 한다. 그것들은 모두 하나님의 뜻으로 불려질 수 있기 때문이다."

람이 자신이 가난한 이웃에서 성장하였기 때문에 도적질 할 수밖에 없었다고 말한다면, 다른 사람은 그 가난한 이웃에서의 성장이 도적질을 필연화시키는 것이라고 생각할 이유가 없다고 반박할 것이다. 도적질은 "강요당하거나, 또는 어떤 절대적인 필연에 의하여 결정되지 않았다."

3. 악의 문제

아마도 자유의지적 자유론의 가장 큰 설득력은 그것이 악의 문제에 대하여 하나의 대답을 제공하였다는 점에 있을 것이다. 악의 문제는 아마 모든 신학적 논제에 있어서 가장 어려운 문제일 것이다. 대다수의 비그리스도인에게 그것은 신본주의적 세계관을 받아들일 수 없게 하는 최대의 취약점이다.[27] 요점적으로 말하면, 그 문제는 다음과 같다. 하나님이 존재한다면, 그리고 만일 하나님이 선하기에 악이 존재하는 것을 원하지 않는다면, 또한 하나님이 전능하기에 그러한 존재의 가능성을 제거할 수 있다면, 어떻게 이 세상에 악이 존재할 수 있을까? 그럼에도 불구하고 악은 존재한다. 그러기에 어떤 사람들은 하나님이 선하지 않든지 아니면 그가 전능하지 않든지 그도 아니면 그가 아예 존재하지도 않을 것이라고 결론을 내린다.

자유의지적 자유론의 해답은 하나님은 세상에 악을 끌어들이지 않았다는 것이다. 오히려 하나님은 자유의지적 자유론의 관점에서 자유로운 피조물들을 만들었고, 그들의 자유 선택을 통하여 악이 이 세상에 들어왔다는 것이다. 하나님이 그들에게 자유를 부여했을 때 하나님은 세상

---

27) 필자는 *Apologetics to the Glory of God*(Phillipsburg, N.J.: P&R Publishing, 1994), 149-90; *Cornelius Van Til*, 83-86; *The Doctrine of God*, 제9장에서 악의 문제에 대하여 더 집중적으로 다루었다. 여기서는, 예를 들면, 악에 대한 고난의 이론 혹은 "영혼을 살찌게 하는" 호신론 이론 등을 논의하지 않을 것이다. 왜냐하면, 그러한 것들은 큰 도움이 되지 않을 뿐만 아니라 이미 다른 곳에서 다루었기 때문이다.

이 악으로 물들 수 있는 위험을 무릅썼다는 것이다. 그러나 그러한 모험적인 선택의 결과에 대하여 하나님은 비난 받을 수 없다는 것이다. 피녹은 다음과 같이 주장한다.

> 악은 발생하지 않았어야 하는데 발생한다. 그것은 하나님을 슬프게 하며 분노케 한다. 자유의지적 유신론은 이러한 사실에 대한 최상의 해답을 제공한다. 하나님이 비밀리에는 허용하지만 죄를 미워한다고 말하는 것, 하나님은 우리가 타락하지 않을 수 없는데 우리가 타락하지 말도록 경고한다고 말하는 것, 대부분의 사람들에게 구원의 기회를 주지 않으면서 하나님이 세상을 사랑한다고 말하는 것, 죄인들이 모든 것을 알 수 없는데도 하나님은 모든 것을 알라고 부드럽게 초청한다고 말하는 것, 이 모든 것들은 무의미에 대한 완곡어법에 지나지 않는데도 불구하고 비밀한 것으로 불려지기에 합당치 않다.[28]

그에 대답으로 자유의지론적 자유의 존재와 그것의 도덕적 책임에 대한 유효성에 반하여 본 장에서 이미 행한 탄론들을 반복하고자 한다. 만일 자유의지론적 자유가 존재하지 않는다면 물론 그것은 악의 문제에 대한 하나의 대답으로 고려될 필요가 없다.

그러나 만일 자유의지론적 자유가 존재한다 해도 그것은 그 문제에 대한 적절한 대답이 되지 못한다. 전통적인 알미니안주의는 비록 하나님이 악을 유발했다고 믿지는 않지만, 하나님은 그것을 제거할 수 있으며 또한 악이 세상에 들어올 것이라는 점을 세상이 미리 알도록 만들었을 것이라고 믿는다. 그러나 만일 하나님이 악이 분명 들어올 것이라는 점을 알았으면서도 세상을 창조하였다면 어떻게 그의 행위가 악을 유발시킨 것 혹은 그것을 예정한 것과 무슨 차이가 있는가? 그렇다면 하나님은 어디로 움직일지 알면서도 운동 과정을 설정한 존재가 된다는 것이다. 세상의 모든 것들과 사람들은 그의 피조물이다. 사건의 순서는 하

---

28) Pinnock, "Systematic Theology," 115.

나님 안에서 시작된다. 만일 하나님이 무엇이 발생할지 알면서도 모든 것을 움직이도록 했다면 어떤 결과를 의도한 것과 무슨 차이가 있는가? 만일 그 결과가 악하면 하나님은 어떻게 자신이 의도한 악에 대한 책임을 피할 수 있는가?

열린 신학자들은 결과에 대한 하나님의 예지를 부인하는 것을 제외하고는 알미니안주의자들과 같은 입장을 취한다. 그들에게 있어서 창조는 모험적인 시도였다. 하나님은 세상을 창조하였고 그 피조물들이 그들의 자유로 무엇을 할지 모른 채 그들에게 자유의지론적 자유를 주었다는 것이다. 그러나 이러한 주장은 하나님을 미친 과학자와 같은 존재로 만드는 것이 아닌가? 그는 "아주 위험하며 통제 불능의 화학 반응을 일으킬 것이라는 결과를 모른 채 잠재적으로 위험한 화학 물질을 한꺼번에 혼합시키는"[29] 과학자와 같다는 말이 된다. 그러한 견해는 무모하게 위험에 빠뜨리는 무책임한 하나님으로 만드는 것이 아닌가?[30] 그러므로 우리는 열린 신학이 악의 문제를 해결하기보다는 오히려 그것을 악화시키고 있음을 볼 수 있다.

혹은 열린 신학의 견해에 따르면, 하나님이 선과 의와 진리와 거룩함에 대하여 관심을 두는 것보다 자유의지적 자유에 대하여 더 많은 관심을 보이는 존재인가? 하나님은 피조물에게 자유의지적 자유를 주기 위하여 세상에서 선을 희생하는 모험까지 취하겠는가? 성경은 분명 다르게 제안한다. 성경은 자유의지적 자유에 대하여 언급한 적이 없고 반대로 선한 것과 옳은 것에 대한 하나님의 사랑에 대하여 많은 것을 말한다. 그리고 그들의 그 같은 견해는 역으로 불신자들의 손으로 넘어간다. 왜냐하면, 악의 존재에 대한 근거로서 주장한 바로 그 주장이 유신론의

---

29) 이 같은 기억에 남는 어휘 선택에 대하여 Steve Hays에게 감사한다.
30) 전 장에서 언급한 개방성 이론에 따르는 하나님이 택하는 큰 위험 부담에 관한 Nicole의 논평과 비교해 보라. 하나님의 지혜와 신빙성에 대한 의문을 제기함으로 그는 분명히 아주 엄청난 계산 착오를 한 것이다.

하나님은 악을 제거하기 위하여 선에 대한 관심을 충분히 베풀지 않는다라는 것이기 때문이다. 이 점에 있어서 불신자와 열린 신학자가 동의하는 바며 그러기에 문제는 아직 남아 있다.

하나님은 역사 속에 강권적으로 간섭하는 능력을 유지하며, 자유인들의 협동으로 이루어질 수 없는 무엇을 하려고 강하게 원하며, 또한 하나님은 그러한 능력을 행사한다고 말할 때 열린 신학자들은 이 문제를 정말로 더욱 악화시키고 있는 것이다. 역사의 과정이 하나님의 의도로부터 너무 멀리 표류하게 될 때 하나님은 일방적으로 "그 일이 제자리에 있도록" 행동한다.[31] 그러나 만일 하나님이 때때로 자신이 가장 원하는 바를 일방적으로 성취한다면 왜 하나님은 유대인의 대학살 같은 사건을 간섭하여 막지 않았는가? 그러한 질문에 대하여 열린 신학에 부합하는 유일한 대답은 하나님은 충분히 돌보지 않았기 때문이라는 것이다.

그렇다면 악의 문제에 대한 해결책은 무엇인가? 완전히 만족할 만한 대답을 가지고 있지 않지만 이 문제에 대한 고려 사항으로 다음의 몇 가지를 제안한다.

1) 기독교는 하나님의 계시이기 때문에 우리의 이해를 초월하는 어떤 것들을 포함하고 있다는 사실을 기대할 수밖에 없다. 어떤 것들은 해결할 수 없는 신비들이다. 악의 문제도 그러한 신비들 중의 하나다. 그러므로 악의 문제가 존재한다는 것은 실질적으로 성경적 유신론의 진리를 더 선호하게 하는 점이기도 하다.[32]

---

31) David Basinger, "Practical Implications," in OG, 159. "하나님의 모호성"에 대한 Paul K. Helseth의 놀라운 논의를 보라 in *Journal of the Evangelical Theological Society*(출판 예정).

32) 우리가 이미 본 바와 같이 피녹은 비밀에 대한 사용은 "무의미에 대한 완곡 어법"이라고 생각한다. 우리가 하나님의 비밀들로 인해 방해를 받을 때가 언제인지 또한 우리가 단순히 비논리적으로 생각할 때가 언제인지를 아는 것은 때때로 매우 어렵다. 그러나 교회가 악의 문제를 욥의 때 이래로 하나의 신비로 여겨 왔다. 이하의 논증은 적어도 전통적인 견해를 비합리적이라는 비난으로부터 면하게 해 줄 것이다.

2) 어떤 신학자들은 악의 문제에 대한 해결책을 위해서는 어떤 대가도 지불하려는 것처럼 보인다. 그래서 열린 신학자들은 자유의지적 자유론을 주장한다. 그러나 그 교리는 비성경적이며 통합적이 아니다. 그것은 실제로 우리가 이미 본 것처럼 도덕적 책임성을 파괴한다. 그리고 그들은 미래에 대한 하나님의 총체적 지식을 포기할 준비가 돼 있다. 우리가 앞으로 보겠지만 이 교리는 성경적으로 협상의 대상이 아니다. 그 문제에 대해 그렇듯 과격한 방법에 의존하기보다는 차라리 미해결된 채 놔두는 것이 더 낫지 않겠는가? 우리가 잠잠하고 하나님의 말씀을 있는 그대로 취할 여지는 없는가? 열린 신학자들은 이러한 신학적 문제를 해결하기 위해 우리가 지불해야 할 대가가 얼마나 큰 지 고려하지 않는 듯하다.

3) 하나님의 초월성은 이 악의 문제에 대한 신학적 응답에 있어서 아주 중요한 역할을 감당한다. 하나님은 언약의 주님이기 때문에 부정의에 대한 책임에 대해 자신을 방어할 필요가 없다. 하나님이 심판자이지 우리는 아니다. 성경에서 종종 하나님의 선함에 대해 의문을 제기할 만한 그 무엇이 발생할 때, 하나님은 의도적으로 어떤 해명을 하기를 자제한다. 정말로 하나님은 종종 자신에게 의문을 제기하는 사람들을 꾸짖는다. 욥은 자신이 받는 고난의 이유에 대하여 묻고자 하나님과의 면대를 요청했다(23:1-7; 31:35-37). 그러나 그가 하나님을 만났을 때 하나님은 역으로 그에게 질문한다. "너는 대장부처럼 허리를 묶고 내가 네게 묻는 것을 대답할찌니라"(38:3). 그 질문들은 대부분 하나님의 창조에 대한 욥의 무지를 드러낸다. 만일 욥이 동물들의 삶의 방법을 모른다면 어떻게 그가 하나님의 동기에 대해 의문을 제기할 수 있겠는가? 그는 땅의 일 조차도 모른다. 그런데 어떻게 하늘의 일들에 대해 논할 수 있겠는가? 하나님은 자신의 피조물들이 무지하게 평가할 평가의 대상이 아니다. 욥은 왜 자신이 고난을 받아야 하는지 알지 못한다.[33]

---

33) 독자들은 욥 자신보다도 욥 자신이 자신의 고난의 원인들에 대하여 행한 것보다

유사하게 로마서 9장 19-21절에서 바울은 형이상학적 차원과 위상에 있어서 창조주와 피조물 사이의 차이에 대하여 특별하게 호소하고 있다.

> 혹 네가 내게 말하기를 그러면 하나님이 어찌하여 허물하시느뇨 누가 그 뜻을 대적하느뇨 하리니 이 사람아 네가 뉘기에 감히 하나님을 힐문하느뇨 지음을 받은 물건이 지은 자에게 어찌 나를 이같이 만들었느냐 말하겠느뇨 토기장이가 진흙 한 덩이로 하나는 귀히 쓸 그릇을, 하나는 천히 쓸 그릇을 만드는 권이 없느냐.

악의 문제에 대한 이러한 대답은 전적으로 하나님의 주권을 바라보게 한다. 이것은 자유의지 방어와는 아주 거리가 먼 것이라고 쉽게 상상할 수 있다. 정말로 만일 바울이 자유의지론적 자유를 믿었다면 과연 그가 그 반대에 대하여 이러한 방법으로 대답할 수 있었다고는 생각할 수 없다.[34]

4) 하나님이 욥에게 말하지 않는 바에 대하여 주지할 필요가 있다. 만일 하나님이 열린 신학자였다면 그는 웨어(Bruce Ware)가 제시한 것처럼 말하였을 것이다.

> 욥아 왜 너는 이 고난에 대하여 나를 비난하느냐? 그 고난과는 나는 아무 상관없다! 나는 이것을 네게 이끌어 들이지 않았다. 사실상 나도 네 고난으로 인해 네가 고통스럽게 느끼는 것처럼 나도 느낀다. 그리고 나는 그것이 네게

도 더 많이 알고 있다. 왜냐하면 독자들은 욥에 대한 사단의 고발을 설명하고 있는 욥기 1-2장을 쉽게 접하기 때문이다. 그러나 그 구절도 욥의 고난에 대한 이유들에 대하여 철저하게 설명하고 있지 않다. 독자들도 대답되지 않은 질문들을 가지고 있다. 왜 하나님은 사단의 도전을 이런 방법으로 수용하는가? 그리고 왜 하나님은 사단이 하늘의 법정까지 들어가도록 허용하였는가?

[34] 하나님이 자신의 통합성에 대한 도전과 그러한 도전을 비평자들을 향하여 역류시키는 다른 구절들과 비교하라. 겔 18:25; 마 20:1-16; 롬 3:3-8, 31; 6:1-2, 15; 7:7.

서 피해 갔기를 바란다. 불행히도, 사단은 너무나 힘이 세고 나는 그의 자유로운 선택들을 통제할 수 없다. 바로 그가 이 고난을 네게 자져다 준 자다. 그러므로 내가 행하지 않은 것에 대하여 나를 비난하지 말고 차라리 도덕적 자유를 소유하고 있는 죄악된 피조물들의 세계에서 어떤 사람에게도 가해질 수 있는 불특정적 악의 존재를 인정하라.[35]

열린 신학의 견해에 따르면 위의 대답이 욥에게 있어서 가장 좋은 대답이었을 것이다. 하나님은 그같이 그에게 말할 수 있었고 말했어야 했다. 그러나 실상은 하나님이 그 같은 말을 전혀 하지 않았다. 열린 신학에 상반되게 하나님은 자연과 역사의 전 과정에 대한 자신의 주권에 대해 강조함으로써 욥으로 하여금 "주께서는 무소불능하시오며 무슨 경영이든지 못 이루실 것이 없는 줄 아오니"(42:2)라고 고백하게 하였다.

정말로 욥기는 욥의 고난이 하나님께로부터 왔다는 사실에 대해 의문의 여지를 남겨 두지 않는다(1:21; 42:11).[36] 우리가 본 대로 로마서에서의 바울의 주장도 유대인의 불신앙 자체도 하나님의 주권적인 목적에 돌리고 있다는 것이다. 성경의 일관된 증거는 인간 생애 속에 있는 악은 하나님께로부터 온다는 것이다. 제5장에서 우리는 하나님이 모든 악 중의 가장 심각한 악이요 다른 모든 악들의 뿌리인 죄를 예정하였다는 사실을 보았다. 그러므로 성경은 종종 죄의 결과들에 대한 하나님의 예정에 대해서도 말한다(출 4:11; 신 32:39; 삼상 2:6-7; 전 7:13-14; 사 45:7; 애 3:37-38; 암 3:6). 이 구절들은 실제적 상황에 대해 말할 뿐만

---

[35] Bruce A. Ware, *God's Lesser Glory*(Wheaton, Ill: Crossway Books, 2000), 201-2.
[36] 놀랍게도 보이드는 그의 책 *God at War: The Bible and Spiritual Conflict* (*Downers* Grove, Ill.: InterVarsity Press, 1997)에서 욥과 악의 문제에 대해 많은 분량을 들여 논의하면서 욥기를 무려 60회 인용하고 있음에도 불구하고 욥 1:21 혹은 42:11과 같은 구절들을 거의 언급하지 않는다. 이러한 것을 관찰한 져스틴 테일러(Justin Taylor)에게 감사를 드린다.

아니라 세상의 모든 악을 하나님께 돌리고 있다.[37]

5) 물론, 욥과 로마서의 구절들은 악의 문제에 대한 유일한 성경적 응답들이 아니다. 때때로 하나님은 위의 예에서처럼 우리를 잠잠케 함으로 응답하는 대신 악이 어떤 면에서는 자신의 계획의 선함에 공헌하는 바가 있다는 점을 우리에게 보여줌으로 응답한다. 이런 방법은 "더 큰 선 개념을 통한 변호"(the greater good defense)라고 불려왔다. 성경은 우리에게 하나님이 악으로부터 선을 드출해 내는 여러 가지 방법에 대하여 제시하고 있다. 징계를 통한 성숙, 핍박으로부터의 승리, 고난을 통한 영광 같은 것들이다. 역사 안에서 가장 추악한 범죄는 예수님의 십자가 사건인데 그것은 시간을 초월하여 우리 죄의 용서와 하나님과의 영원한 교제라는 최상의 복을 가져 왔다. 하나님이 타락과 우리의 구속을 예정하지 않았다면 그러한 정도의 하나님의 사랑과 긍휼을 알지 못했을 것이라고 주장해도 무방하다.

6) 십자가까지도 하나님이 타락을 왜 예정하였는지에 대하여 충분히 설명하지 못할 것이다. 그러나 적어도 그것은 신앙에 대한 강력한 자극제를 제공할 것이다. 만일 하나님이 최상의 선(구속)을 최악의 악으로부터 (십자가) 도출할 수 있었다면 (이것은 인간의 상상을 뛰어넘는 방법이다) 우리는 악의 문제에 대한 미완의 부분에 대해 하나님이 해결하도록 의탁할 수 있지 않겠는가? 우리는 독생자의 죽음으로부터 선을 도출할 정도로 능력 있는 그리고 충분하게 선한 하나님은 또한 타락 자체로부터도 선을 가져올 수 있을 만큼 충분한 능력을 가지고 있으며, 충분하게 선한 분임을 믿을 수 있지 않겠는가?

---

[37] 열린 신학자들은 본문들을 그렇게 사용하면 그것은 "특수한 것들을 보편화"하는 것으로 여기고 있다. 그들은 이들 본문들이 하나님이 약간의 악들은 예정했지만 전부는 아님을 가르치는 것으로 여기고 있다. 이에 대한 필자의 응답은 제6장에서 유사한 상황 속에서 응답한 것과 동일한 것이다. 이들 구절들 중 많은 것들이 이러한 원칙의 보편성을 강조하고 있다. 만일 그들이 이러한 원칙을 제한시킨다면 논리의 힘을 현저하게 상실하게 된다.

7) 정말로, 성경의 약속은 하나님이 그렇게 할 것이라는 것이다. 하늘에서 우리는 더 이상 악으로 인해 슬퍼하지 않을 것이다. 눈물이 더 이상 없을 것이다(계 21:4). 모든 사람이 함께 하나님의 공의와 진리를 고백하며 그로 인해 큰소리로 찬양할 것이다(계 15:3-4). 하나님이 악의 문제에 대해 더 완전한 대답을 보였기 때문에 우리는 기뻐하지 않겠는가? 분명 그럴 것이다. 아니면 하나님은 의와 선으로 우리를 압도하면서 나머지 비밀들을 제자리에 갖다 놓지 않겠는가? 아마 후자의 경우가 더 있을 법하다.

악의 문제에 관하여 우리가 자유의지적 자유론을 믿지 않으면 안 되게 하는 것은 아무 것도 없다. 우리가 이미 본 바와 같이 그것을 믿지 말아야 할 이유들이 많이 있다. 자유의지적 자유론은 비성경적이며 총체적이 아니며, 하나님의 주권과 인간의 책임 모두에게 파괴적이다.

|| 열린 신학 논쟁 ||

제 9 장
시간 속의 하나님인가?

열린 신학의 주장 중 중요한 다른 하나는 하나님의 시간성이다. 열린 신학은 하나님은 시간을 초월하는 시간 밖의 하나님이라고 하는 전통적 견해를 거부한다. 그들은 그 같은 초 시간 개념을 성경이 아닌 헬라 철학의 산물로써 배척한다. 정말로, 파르메니데스, 플라토, 플로트티누스 같은 헬라 철학자들은 "영원한" 실재는 무시간성 즉 시간 밖의 것으로 이해하였다. 그리고 그들의 가르침은 그 주제에 대한 기독교 사상에 많은 영향을 끼쳤다. 그러나 그들은 영원성을 무한의 인격적 하나님이 거하는 곳으로 고려하지는 않았다.

무시간적으로 시간 이전에[1] 존재하는 존재로서의 하나님에 대한 신학적 설명은 4세기에 정통적 신학자들이 "아들이 존재하지 않았던 시

---

1) 직접적으로 말하자면, 시간 이전에 무엇이 발생하였다고 말하는 것은 부적절하다는 것이다. 왜냐하면 **전**이라는 어휘 자체는 우선적으로 시간에 대한 표현이기 때문이다. 시간이 없이는 이전과 이후가 존재하지 않는다. 그렇지만 **시간 전**이라는 어휘는 시간이 창조의 일부분이라고 믿는 사람들이 창조와 상관없는 하나님의 영원한 본성을 지칭하는 것은 편리하다. 전은 공간에 대하여도 사용된다. 예를 들면, "왕 앞에 (전에) 서 있다." 아마도 우리는 하나님에 대하여 "시간 전에 존재하는" 등의 표현으로 생각할 수 있다.

간"이² 있었다고 주장하는 아리우스에 반대하는 아리우스 논쟁 때에 아주 일반적이 되었다. 아다나시우스와 니케아 삼위일체론자들은 아버지와 아들은 시간 전에 존재하였다고 주장하였다. 시간은 그 두 분의 창조였다. 그러므로 그 두 분은 본질적으로 무시간적이다.³⁾ 어거스틴은 그의 고백록에서 하나님에 대하여 다음과 같이 말했다.

> 당신의 현재는 내일로 가는 길이 없다. 정말로, 그것은 어제의 자리를 취하지 않는다. 당신의 현재는 영원하다.⁴⁾

하나님의 무시간적 영원성에 대한 고전적 서술이 보에티우스 (Boethius)의 『철학의 위로』 5.6.(Consolation of Philosophy)에서 발견된다. 거기에서 그는 하나님의 영원성을 "무한적인 생명을 순간적으로 그리고 완전히 소유하는 것"으로 정의했다. 이 정의는 수세기 동안 교회에서 받아들여진 것이었다. 우리는 이에 상응하는 정의를 안셀름과⁵⁾ 토마스 아퀴나스⁶⁾(던스 스코투스와 오캄의 윌리엄에게서는 아니다) 그

---

2) 더 정확히 말하자면, 아리안파들은 아들이 존재하지 않았을 때를 말할 때 시간 (chronos) 대신에 "그때"(when, pote)라고 주장하였다. 필자의 판단으로 볼 때 그 차이는 내용적이라기보다는 수사적이다.
3) Hilary of Poitiers는 특별히 강한 예가 된다. On the Trinity, 8. 40에서 그는 "다시, 아들이 시간 내에 또한 성육신을 통하여 아들이 되었다고 주장하는 자로 하여금 그를 통하여 모든 것이 그리고 우리가 그를 통하여 또한 그의 무시간적인 무한성이 시간이 존재하기 전에 모든 것들을 창조하였다는 사실을 배우도록 하여야 한다"고 말한다.
4) Augustine, Confessions, 11. 3.
5) Anselm, Proslogium, 제19장과 Monologium, 제22장 in St. Anselm: Basic Writings, ed. S. N. Deane(La Salle, Ill.: Open Court, 1962), 25, 78-81.
6) Aquinas, Summa contra gentiles, 1. 그는 3항에서 "그러므로 그 안에는 이전 혹은 이후가 없다. 그는 무존재 후에 존재도 아니며 존재 후에 무존재도 가지고 있지 않다. 그리고 그의 존재 안에는 어떤 연속적인 것도 발견되지 않는다"고 말한다.

리고 종교개혁 후의 대부분의 신학에서[7] 발견할 수 있다.

소시니안파는 이 견해를 반대한다. 그들은 하나님의 영원성은 단순히 하나님에게는 시작도 끝도 없다는 의미이지 시간 자체 밖의 혹은 초월한 존재의 의미가 아니라는 것이다. 그들의 견해에 따르면 하나님은 우리가 경험하는 것처럼 시간의 연속을 경험한다. 그들의 견해는 하나님의 총체적인 예지에 대한 자신들의 거부로 말미암는 당연한 귀결이다.

19세기에 몇몇의 보수적인 개혁파 신학자들은 보에티안-어거스틴의 견해에 의문을 제기했다. 쏜웰(James H. Thornwell)은 그 주제에 대하여 두 가지 생각을 하고 있는 듯하다. 그는 보에티안 전통을 있는 그대로 확인하였지만 동시에 "이것들은 생각 속에서 우리의 의식의 조건들을 초월하는 것을 인식하려고 하는 헛된 노력이다"라는 주석을 달았다.[8] 그는 전통적인 공식은 단지 부정(부정의 논법)에 지나지 않는 것으로 본다. 그것은 신비로 남아 있는 하나님의 영원성에 대해 긍정적인 것은 아무 것도 말하지 않는다는 것이다. 핫지(Charles Hodge)는 모든 사건들(과거, 현재, 미래)은 하나님의 이성 속에 존재한다고 보았지만, 하나님이 시간의 연속을 경험하는 지에 대해서는 불가지론자였다.[9] 20세기 중엽의 장로교 신학자인 부스웰(James Oliver Buswell)은 만일 하나님이 무시간적이라면 세상이 생기기 전에 선택받은 자가 예정되었다고 말하

---

[7] 루터와 칼빈 자신들은 영원성에 대한 것 혹은 하나님의 속성들에 대하여 일반적으로 정의하는 일에 그렇게 많은 관심을 표현하지 않았다. 그러나 그들의 후예들이 일반적으로 Boethian-Augustinian 접근을 이어받아 그 논의를 다시 시작하였다. Heinrich Heppe, *Reformed Dogmatics*(Grand Rapids: Baker, 1978), 65를 보라. *Institutes of Elenctic Theology*(Phillipsburg, N.J.: P&R Publishing, 1992), 1:202-4에서의 Francis Turretin의 논의가 대표적이다.

[8] *The Collected Writings of James Henley Thornwell*(reprint, Edinburgh: Banner of Truth, 1974), 1:192.

[9] Charles Hodge, *Systematic Theology*(reprint, Grand Rapids: Eerdmans, n.d.), 1:388.

는 것은 의미가 없다고 주장하였다. 그리고 하나님에게 있어서 과거가 만일 과거가 아니면 우리는 아직 우리 죄 가운데 있다는 것이다.[10]

쿨만(Oscar Cullmann)은 "원시 기독교는 무시간의 하나님에 관해 아무것도 알지 못했다"고 주장하였다.[11] 그러나 바아르(James Barr)는 쿨만의 언어적 논증을 문제시하였다.[12]

울터스토르프(Nicholas Wolterstorff) 같은 철학자들은 시간성의 입장을 발전시켰다.[13] 그는 다음과 같이 주장하였다. 첫째, 시간 안에 발생한 생산적 행위들은(창조, 섭리 그리고 구속과 같은) 시간의 원인(이 경우에는 시간의 하나님)을 전제한다. 둘째, 성경에서의 하나님의 구속적 행위는 시간적으로 연속적이다. 이것은 성경 기자들이 "하나님은 자기 자신의 시간의 끈을 가지고 있다"는 것을 지시한다.[14] 셋째, 하나님이 시간적이 아니라면 그는 "사건 A가 지금 발생하고 있다"는 식의 명제에 대하여 알 수 없다. 왜냐하면 오직 시간의 존재만이 시간적으로 색인 된 전제들을 알기 때문이다. 이러한 주장들을 받아들인 사람들이 많다. 그러므로 현재에는 유신론적 철학자들 사이에 하나님은 시간 안에 있다는 점에 대한 의견의 일치가 일어나고 있다고 말할 수 있다. 과정신학자들과 열린 신학자들은 이러한 일치에 동참하고 있다.[15] 그렇지만

---

10) J. Oliver Buswell, *A Systematic Theology of the Christian Religion* (Grand Rapids: Zondervan, 1962), 42-47.
11) Oscar Cullmann, *Christ and Time*(Philadelphia: Westminster Press, 1950), 65.
12) James Barr, *Biblical Words for Time*(Naperville, Ill.: Alec R. Allenson, 1969), 67-85.
13) Nicholas Wolterstorff, "God Everlasting," in *God and the Good*, ed. Clifton Orlebeke and Lewis Smedes(Grand Rapids: Eerdmans, 1975), 181-203.
14) Ibid., 193.
15) 20세기 초엽에 보스톤의 인격론 운동가인 Edgar Sheffield Brightman과 다른 사람들은 하나님의 시간성을 확인하였다. Brightman, *Finding of God*

이러한 일치에 동의하지 않는 아주 열정적이고, 철저하며, 설득적인 철학적 작업이 헬름(Paul Helm)에 의해서 이루어졌다.16)

이 같은 일치의 가장 강력한 동기는 이들 사상가들의 자유의지적 자유론에 대한 여백을 만들어 주고자 하는 소원일 것이다. 만일 하나님이 무시간적으로 영원하다면 우리의 미래에 관한 것에 대하여 무지하다고 주장하기는 어렵다. 왜냐하면 하나님은 자신의 영원의 시점에서 모든 시간들을 동일하게 알고 있기 때문이다. 만일 하나님이 우리의 미래에 관한 것을 총체적으로 안다면 인간의 자유로운 행위들을 그것들이 발생하기 전에 알 것이다.17) 그리고 만일 하나님이 이러한 행위들을 미리 안다면 그것들의 자유의지적 자유론의 관점에서 자유하다고 주장하기는 어렵다.

그렇지만 시간성론자들 모두가 다 자유의지적 자유론자들이 아니다. 또한 모든 자유론자들이 다 시간성론자들이 아니다.

1. 하나님의 무시간성에 반대하는 주장들

이제 몇몇의 신학적 그리고 철학적 주장들을 보려고 한다. 우리는 성경의 자료들을 나중에 볼 것이다. 철학적 논쟁은 여기에서 제시되는 것보다 훨씬 복잡하다. 그러기에 여기서는 압축시키고 단순화하여 그 주장들의 요점만을 제시하려고 한다. 그리고 각 경우에 대한 평가의 요약을 함께 제시하려고 한다.

1) 위에서의 울터스토르프의 첫 번째 주장은 설득력이 없다. 무시간의

(New York: Abingdon Press, 1931), 131에서 "하나님의 영원성은 하나님의 끊임없는 존속(duration)을 의미한다"고 말했다.
16) Paul Helm, *Eternal God: a Study of God Without Time*(Oxford: Clarendon Press, 1988).
17) 물론 "이전"은 우리의 시간적인 관점으로 말하는 것이다.

존재가 자신이 시간의 연속성의 일부분이 되지 않고는 시간적 연속선상에서 일련의 사건들을 일으킬 수가 없다는 주장은 확실치가 않다. 이 주장은 모든 사건이 시작 없이 시간적 원인들의 연결 고리를 전제한다고 제안한다. 그러나 이 생각은 "실제적인 무한성"의 표준적인 비판에 직면한다. 만일 원인들의 연결 고리가 첫 번째 고리를 가지고 있지 못하면 그것은 궁극적인 원인이 되지 못한다.

2) 울터스토르프의 두 번째 주장을 잠간 뒤로 미루고 그의 세 번째 주장을 생각해 보자. 만일 하나님이 단순히 초시간적 존재라고 하면 "이것이 지금 일어나고 있다"라는 유의 전제들을 알 수가 없다고 말해도 좋다. 그렇지만, 나의 입장은 하나님은 단순히 초시간적인 존재만이 아니라 시간 내에 내재하는 존재다. 그것은 하나님이 전체적인 창조 안에서 동시에 초월적이며 내재적인 것과 같다. 그러므로 그에 대한 응답으로서 (1) 하나님은 시간적인 명제에 의해서 표현된 모든 사건들을 자신의 초월의 시각에서 알 수 있다. (2) 또한 하나님은 성육신을 통하여 인간의 시각에서 이들 사건들을 알 수 있다. 그리고 (3) 하나님의 세상 안의 내재성 때문에 모든 종류의 유한적인 시각으로부터 사실들을 알 수 있다.

3) 그 이상으로 피녹과 다른 사람들은 만일 하나님이 초시간적이라면 시간은 실제적일 수가 없다고 주장하였다.[18] 그러나 분명한 것은 그렇게 되지는 않는다는 것이다. 하나님은 창조주시며, 세상은 그의 피조물이다. 피조물은 창조주와 근본적으로 다르다. 그러므로 그것은 비실제적이라고 할 수 없다. 만일 하나님이 무시간적이고 시간은 그의 창조의 일부분이라면 시간은 비록 영원한 하나님의 실재는 아닐지라도 바로 그 피조된 실재의 일부분이 되는 것이다. 이러한 생각은 또한 부스웰의 주

---

18) Clark Pinnock, "God Limits His Knowledge," in *Predestination and Free Will*, ed. David Basinger and Randall Basinger(Downers Grove, Ill.: InterVarsity Press, 1986), 156. 또한 Paul Helm의 Norman Kretzmann의 "Timelessness and Foreknowledge," *Mind* 84 1975): 515-27 입장에 대한 논의를 보라.

장에 대한 대답이 되기도 한다. 우리가 처한 역사라는 측면에서 보면 속죄의 사건은 하나님이 만드신 역사의 연속선상의 실제적 과거며, 그리스도의 재림은 실제적 미래다.[19] 하나님의 무시간의 관점에서 볼 때 우리의 죄는 예수님 때문에 영원히 용서받았다.

4) 만일 하나님이 초시간적이라면 모든 사건들은 서로 간에 순간적이라는 또 다른 주장이 있다. 스윈번(Richard Swinburne)은 다음과 같이 주장한다.

> 하나님의 무시간성은 인간의 시간의 모든 순간들 가운데서 동시적으로 존재하는 하나님의 존재함에 있다. 그러므로 하나님은 내가 어제 행한 행위, 오늘 행하고 있는 행위, 내일 행할 행위에 동시적으로 나타난다고 말해진다. 그러나 만일 t1과 t2가 동시적이며 또한 t2가 t3와 동시적이라고 한다면, t1은 t3와 동시적이 된다. 그러므로 만일 하나님이 이것들을 아는 순간이 어제와, 오늘과 내일 모두에 동시적이라면 이 날들은 서로 간에 동시적이 될 것이다. 그러므로 어제는 오늘이나 내일과 같은 날이 될 것이다 – 이것은 분명 의미가 없다.[20]

그러나 헬름은 **동시적**이라는 말도 사실상 시간적인 표현임을 지적하고 있다. 만일 하나님이 무시간적이면, 그의 의식은 어떤 무엇과도 동시적이 아니다.[21] 스윈번도 "이것들을 아는 순간"에 대하여 말한다. 그러나 **순간**도 시간적 표현이다. 만일 하나님이 무시간적이라면 하나님이 어떤 것에 대한 지식을 획득하는 "순간"은 없다. 하나님은 그 지식을 우

---

19) 버스웰이 무시간의 견해에 따르면 하나님은 세상의 기초 전에 사람들을 선택할 수 없다고 말할 때, 무시간주의자들은 이전과 같은 몇 개의 단어는 거의 언어의 필요라고 적절하게 응답하고 있는 것이다. 전에 언급한 각주에서 사용한 어휘에 대한 정당성을 보라.
20) Richard Swinburne, *The Coherence of Theism*(Oxford: Clarendon Press, 1977), 220-21.
21) Paul Helm, *Eternal God*, 26-27. 또한 그는 이와 관련된 좀더 복잡한 문제들을 지적하고 있는데 현재의 논의에서는 통과할 수밖에 없다.

리의 관점에서는 언제나 소유하고 있으며, 하나님 자신의 관점에서 보면 무시간적으로 소유하고 있다. 하나님은 자신의 영원성의 관점에서 역사를 내려다보며 그것들이 존재하는 그대로 t1, t2, t3을 본다 – 역사적 연속성에서의 세 가지 다른 지점들.

하나님의 단순한 시간성에 대한 이 모든 주장들은 하나님의 단순한 공간성에 대한 주장들처럼 강력한 것이다.[22] 우리는 울터스토르프의 첫 번째 주장처럼 무공간적인 비물질적 존재는 자신이 공간적으로 연관을 갖지 않고 서로 간에 공간적으로 연관되어 있는 물질들을 창조할 수 없다고 주장할 수 있다. 혹은 우리는 하나님은 자신이 공간적인 장소를 차지하지 않고 "여기" 있는 그 무엇을 알 수 없다고 주장할 수 있다. 혹은 우리는 만일 하나님이 비공간적이면, 공간은 실제적일 수 없다고 주장할 수 있다. 만일 하나님이 s1, s2, s3와 같은 장소들을 알고 있다면 우리는 그러한 장소들이 서로 간에 일치조이어야 한다고 주장할 수 있다. 많은 신학자들과 철학자들이 하나님의 단순한 시간성을 주장하기를 원하지만 상대적으로 그들 중 소수의 사람들만이 (주로 다신론자들과 범신론자들) 하나님의 단순한 공간성을 주장하기를 원한다. 아마도 시간성 주장과 공간성 주장의 유사성에 대한 고려는 그 양자 속에 있는 약점을 발견하는데 도움을 줄 것이다.

하나님의 시간성에 대한 주장들은 주로 철학적이라는 사실은 의미 있다. 열린 신학자들은 하나님의 초시간성에 대한 주장들이 헬라 철학으로부터 왔다고 불평하지만 그들 자신의 주장들도 역시 철학적이다. 오직 오스카 쿨만과 그를 따르는 몇 사람만이 하나님의 시간성에 대하여 주석적으로 문제 제기를 하려고 노력하였다. 바아르의 반론의 견지에서 볼 때 쿨만의 주장은 당연한 것으로 받아들여질 수 없다. 시간성 주장자들이 초시간성은 헬라 철학으로부터 왔다고 주장하는 것과 똑같이 초시간성 주장자들도 역시 시간성도 현대 철학으로부터 왔다고 주장할 수

---

[22] Paul Helm, "God and Spacelessness," *Philosophy* 55(1980): 211-21.

있다. 양자 모두는 다른 입장에 있는 주장을 반박하지 못한다. 어떤 입장이 가치 없는 기원을 가지고 있기 때문에 그릇된 것이라고 말하는 것은 본질적으로 오류다. 그러나 시간성의 입장이 헬라 철학이 아니라 현대 철학으로부터 유래되었다는 사실도 역시 그로 인한 신학적 이점을 얻지 못한다.

2. 하나님의 초시간성에 대한 철학적 논증

시간성론에 대한 철학적 논증들이 있는 것처럼 초시간성론에 대한 철학적 논증도 있다. 예를 들면, 아퀴나스는 만일 하나님이 시간성을 가지고 있다면 그는 불변하는 존재라 할 수 없다고 주장하였다.[23] 어거스틴은 만일 하나님이 시간성적 존재라면 그의 지식은 증가할 것이며 결과적으로 전지하지 못한 존재라고 주장하였다.[24] 이미 언급한 보에티우스의 영원성에 대한 정의는 다음과 같은 주장을 가능케 한다. 만일 하나님이 시간성적 존재라면 그는 자신의 삶 전체를 일순간에 소유하지 못한다. 그의 삶의 경험의 어떤 것은 과거에 묻혀버릴 것이고 어떤 것은 미래에 존재하는 것이므로 현재에 획득할 수 없게 될 것이다. 그러므로 하나님의 경험은 부족할 것이며 그것은 하나님의 자존성에 상반된다. 그리고 시간성의 하나님은 자신의 삶을 시간의 부분으로 나누게 되며, 그것은 하나님의 단일성의 교리에 상반된다.

최근에, 클라크(W. Norris Clarke)는 시간에 대한 아인슈타인의 발견은 시간성적 유신론을 반박한다고 주장하였다. 왜냐하면, 아인슈타인의 견해에 따르면 시간 내의 한 지점은 단순한 과거, 현재, 혹은 미래가 결코 아니기 때문이라는 것이다. 지나간 것, 현재의 것 그리고 미래적인 것들은 참가자에게는 상대적이다. 만일 하나님이 시간성적 존재라면 그

---

23) Aquinas, *Summa Theologia*, 1.10.1; *Summa contra gentiles*, 1.15.3.
24) Augustine, *The City of God*, 11.21.

는 하나의 시간의 틀에 제한되며, 만일 그가 모든 시간의 틀 속에 존재하면 그는 사실상 초시간적이 된다.[25]

어떤 사람들은 시작이나 끝이 없는 시간 안에 존재하는 하나님은 "실제적인 무한성"을 품게 되는 것이라고 주장하였다. 그것은 과거, 현재, 미래라는 시간의 연속선상에서의 실제적인 사건들에 대한 무한성을 말한다. 만일 하나님이 시간성적 존재라면 시간은 창조된 것이 아니다. 만일 시간이 창조되지 않았다면 시간은 과거의 심연 속에 무한이 뻗어 있을 것이다. 그러한 경우에는 하나님이 세상을 창조하기 전에 무한한 날들이 흘러갔을 것이다. 그러나 창조 전에 무한한 날들이 흘러갔다면 창조는 결코 가능치가 않았을 것이다.

이러한 논증들 특히 마지막 두 가지 논증들(상대성과 무한성)은 아주 큰 설득력을 가지고 있다. 그러나 그들에 대해 무게를 그리 많이 두지 않으려고 한다. 그것들은 특별히 관조적이기에 성경을 믿는 자들에게 요구할 것이 없다.[26]

3. 하나님과 시간에 대한 성경의 증언

모든 신학적 질문들에 관한한 성경만이 궁극적 해답을 줄 수가 있다. 쿨만은 에이온(aion: 시대)을 사용한 신약으로부터 이 문제에 대한 하나의 결론을 도출해내려고 시도하였다. 이 단어는 "영원한"으로 번역된

---

25) W. Norris Clarke, "Christian Theism and Whiteheadian Process Philosophy: Are They Compatible?" in *Process Theology*, ed. Ronald H. Nash(Grand Rapids: Baker, 1987), 241-42. 그는 또한 초심리학, 양자역학, 물리학자 David Bohn 과 두뇌 연구가 Karl Pribham으로부터 다소 추상적인 논증을 언급하고 있다. 같은 책에 나오는 Royce Gordon Gruenler의 소논문 "Reflections on a Journey in Process," 548-50 그리고 그의 책 *The Inexhaustible God*(Grand Rapids: Baker, 1983), 75-100에서의 좀더 많은 분량을 보라.
26) 필자는 *Doctrine of God*에서 그들의 공로에 대해 얼마간 논의하였다.

형용사의(aionios) 어근으로서 **에이스 톤 에이오나**(영원히)와 같은 어구에서 발견된다. 쿨만은 에이온이 시간의 한정된 어떤 기간을 지정할 수 있기에 무시간적인 영역을 지시하는 것으로 받아들여서는 안 된다고 생각했다.[27] 그렇지만 바아르는 그 형용사나 어구들의 의미는 명사의 그것과는 현저하게 다를 수 있고 또한 이러한 어휘들이 무시간적인 의미로 사용되었다고 제안할 만한 증거가 있다고 반론하였다.[28] 우리가 이미 본 바와 같이 헬라 철학의 세계에서는 영원성은 종종 그러한 의미를 가지고 있다.

다양한 형태로 사용된 에이온에 대한 쿨만의 논증을 반박한 바아르에 전체적으로 동의한다. 이 같은 언어로부터 하나님의 시간성에 대한 견해를 도출해 낼 수 없다. 동시에 하나님의 백성의 영생에 대한 언급으로 에이오니오스(aionios)를 자주 사용했다고 해서 그것을 무시간적 방법으로 택해서도 안 된다. 성경에서는 아무것도 인간이 시간을 초월할 것이라고 제안하지 않는다.[29] "영원한" 생명은 하나님과의 교제에 있어서 끝이 없는 생명이다. 그러므로 그 어휘가 하나님에게 적용될 때도 같은 의미를 가지고 있다고 자연스럽게 생각할 지도 모른다. 약간의 성경 구절은 시작과 끝이 없는 하나님에 대하여 말한다(신 32:40; 시 33:11; 93:2; 102:24, 27; 145:13; 146:10). 그리고 그 외의 다른 증거가 없기 때문에 하나님은 영원하다라고만 말하는 것이 최상인 것처럼 보인다. 즉 시간을 초월하는 존재(transcending time)보다는 시간을 관통하여(persisting through time) 존속하는 존재라고 말이다.

---

27) Cullmann, *Christ and Time*, 37-50, 61-68.
28) Barr, *Biblical Words for Time*, 82-104.
29) 어떤 사람들은 계 10:6("지체하지 아니하리니: there should be time no longer; kjv)을 창조를 위한 무시간적 존재를 지칭하는 것으로 취급한다. 그러나 상황은 심판의 유보에 관해 말하는 것이기에 필자는 NIV의 "there will be no more delay"가 정확한 것이라고 생각한다. 필자가 알고 있는 한 그것은 우리의 영원한 생명이 무시간적임을 제안하기 위해 사용된 유일한 구절이다.

물론 우리는 성경의 기자들이 시간에 대하여 현대적으로 과학적인 생각을, 더욱이 시간과 영원 사이의 플라톤적 구별을 가지고 있지 않았다는 것을 기억해야 한다. 시간에 대한 그들의 이해는 즉각적이고 실제적이다. 그들은 하나님이 우리가 죽기 전에 수십 년의 생명을 주었지만 그의 날들은 결코 실패하지 않는 것으로 이해하였다. 그들이 시간의 성격이나 본질 혹은 하나님과 사람에 의해서 시간과 관련된 관계(그렇게 정의된) 등에 대하여 많은 것을 생각하였다고 가정할 이유가 없다.[30] 분명, 그들은 어떤 사람이 안에 있거나 혹은 밖에 있거나 해야 할 상자와 같은 종류로 시간을 우선적으로 생각하지 않았다.

그러므로 아마도 우리는 우리의 질문에 대한 원래의 어휘들에 대하여 조금은 뒤로 물러나야 할 것이다. 하나님이 단순히 시간적인지 아니면 정말로 초시간적인지에 대한 질문의 분명한 답변은 성경으로부터 도출해내기가 가능치 않을지 모른다. 그러나 하나님의 시간에 대한 관계는 우리 자신의 그것과는 전혀 다르다고 결론을 내릴만한 성경적 이유는 있다고 생각한다. 성경적인 하나님은 시간성과 관련한 우리의 경험에 연관된 한계들을 초월하기 때문이다.

---

[30] Ludwig Wittgenstein은 자신의 *Philosophical Investigations*(New York: Macmillan, 1968)을 그 주제에 대한 어거스틴의 질문과 함께 시작한다. 어거스틴이 시간을 정의함에 있어서 어려움이 있음을 용인했다. "만일 아무도 나에게 묻지 않는다면 나는 안다. 그러나 어떤 사람이 내게 묻는다면 나는 모른다." Wittgenstein은 이것을 어떻게 철학적 문제들이 발생하는 지에 대한 한 예로서 취하였다. 우리는 시간과 같은 어휘들을 다른 사람이 우리에게 그들에 대한 정의나 혹은 본질에 관하여 질문하기 전까지 아무 거리낌 없이 아주 자연스럽게 사용한다. 질문을 받을 때면 우리는 어리둥절해지거나 황당해한다. 그리고 우리는 그 문제에 대해 철학자들의 자문이 필요함을 발견하게 된다. Wittgenstein 자신의 제안은 만일 우리가 매일매일의 정황에서 **시간**이라는 단어를 사용할 수 있다면 우리는 그것을 충분히 이해한다는 것이다. 그것에 대한 정의와 그것의 사용을 단 하나의 본질로 유추하는 것은 불가능할지 모른다. 그의 책 1쪽을 보라.

1) 시작과 끝의 한계

위에서 언급한 구절들 속에서 성경은 하나님이 시작과 끝이 없다고 가르친다. 시간성론자들과 무시간성론자들 모두 그러한 명제에 대하여 동의한다. 그러나 세상은 시작이 있고 하나님은 그 시작 전에 존재한다는 것은 의미 있다. 창세기는 "시작"으로(reshit, arche) 시작한다. 그리고 최초의 창조를 시작으로 언급하고 있는 다른 성경 구절들이 많이 있다(예, 사 40:21; 41:4, 26; 46:10; 마 19:4; 히 1:10). 그러나 창조자는 창조에 선재한다. 요한복음 1장 1절은 창조한 말씀이 창조 시만이 아니라 시작 전에 이미 존재하였다고 말한다. 이 동사의 지속적 힘을 드러내는 어떤 번역은 "모든 것이 시작하였을 때 말씀은 이미 존재하였다"고 번역한다.

바아르는 쿨만에 반대하여 이 시작은 시간 자체의 시작으로 취할 수 있다고 주장한다.

> 초기 그리스도인이 창세기의 창조 이야기가 시간의 시작이 세상 창조의 시작과 동시적이라고 암시하는 것으로 이해하였다는 가능성이 뚜렷하다. 특히 연대적 도식이 그 날과는 상관없이 진행되었기 때문이다.[31]

이러한 "연대적 도식"은 6일 간의 창조는 물론 낮과 밤의 설정(창 1:5)과 하늘의 실체들의 창조를 포함하고 있다. "하나님이 가라사대 하늘의 궁창에 광명이 있어 주야를 나뉘게 하라 또 그 광명으로 하여 징조와 사시와 일자와 연한이 이루라"(14절).

이 논증은 성경으로부터 시간 자체가 시작을 가지고 있음을 절대적으로 증명하지는 못한다. 물론 시간이 하늘의 실체들의 움직임에 의하여 구분된 날들과 밤들이 없었을 때에도 존재하였다는 것은 가능할 것이다. 그러나 분명, 성경 기자들은 물질 창조와 인간 창조의 역사 훨씬 이

---

31) Barr, *Biblical Works for Time*, 75.

전에 스스로의 존재를 가지고 있는 분으로 보았다. 그리고 움직이는 아무런 실체가 없고, 다만 불변의 하나님만 존재하고 있을 때 즉 창조 이전에 시간의 역할에 대하여 상상하려고 애쓰는 것은 문제가 있다.[32] 하늘의 실체들에 의하여 측정된 구리고 우리의 실질적인 삶에 영향을 주는 시간이라고 알고 있는 그것은 분명 창조와 함께 시작되었다. 만일 하나님이 창조 전에 시간을 경험하였다면 그 경험은 분명 오늘의 우리들의 경험과는 전혀 달랐을 것이다.

2) 변화의 한계

하나님의 불변성에 대하여는 추후에 논의할 것이다. 그러나 하여간에 하나님은 분명히 불변이다(말 3:6). 사람이 그것을 어떻게 해석하든지 간에 하나님의 불변성은 우리의 경험과 다른 시간의 경험이 그에게 가능하도록 한다.

3) 무지의 한계

시간이 지날수록 과거에 대한 우리의 기억은 점점 희미해진다. 그리고 우리의 미래에 대한 기대는 언제나 오류가 있다. 그러나 다음에 논증하겠지만 열린 신학과는 달리 하나님은 우리에게 있어서의 과거, 현재, 미래가 무엇인지 완전하게 알고 있다-사실상 동일하게 분명한 지식이다. 그렇다고 해서 모든 시간이 하나님에게 무분별한 것이라는 말은 아니다. 하나님은 월요일에 어떤 사건이 화요일에 또 다른 사건이 발생할 것에 대하여 알며 한 사건이 다음의 사건으로 전이되는 과정도 알고 있다. 그러므로 하나님의 의식 속에는 순간의 연속이 없다고 말하는 것은 우리를 그릇 인도하는 것이다.[33]

---

32) 후에 있을 하나님의 불변성에 대한 필자의 논의를 보라.
33) 하나님의 자기 자신의 초월적 의식의 한 순간이 다른 순간으로 흘러가는 것을 감지하지 않는다. 그러나 하나님은 피조된 세계 안에서 시간이 흐르는 과정을

그러나 높은 곳에서 전 행렬을 한 눈에 볼 수 있듯이 하나님은 그 앞에 전개되는 모든 사건들을 본다.

행렬에 대한 비유는 무시간적인 의식에 대해 자주 이용되고 있는 설명이다.[34] 무시간적 존재는 모든 사건들을 동일하게 분명히 볼 수 있다. 하나님은 그렇게 할 수 있기에 시간의 경험은 또 다른 의미에서 우리의 경험과 전혀 다른 것이다. 정말로, 하나님의 시간과의 관계는 아주 특별한 것이다.

4) 시간적 좌절이라는 한계

우리에게 시간은 종종 너무 늦게 아니면 너무 빨리 지나가는 것처럼 보인다. 우리가 무엇인가 일어나기를 기다리고 있을 때 시간은 너무 늦게 흐르는 것 같다. 그러나 우리가 마감 시간을 당면할 때는 시간이 너무 빠르게 흐르는 것 같다. 그렇지만, 하나님에게는 시간은 결코 너무 늦게 흐르지 않는다.

"주의 목전에는 천 년이 지나간 어제 같으며
밤의 한 경점 같을 뿐임이니이다"(시 90:4).

그러나 하나님에게 시간은 너무 빨리 흐르지도 않는다. "사랑하는 자들아 주께는 하루가 천 년 같고 천년이 하루 같다"(벧후 3:8).

하나님의 의식 속에서 시간의 흐르는 속도가 여러 개가 있다고 말하려는 것이 아니다. 이들 구절들이 지나치게 난해한 그 무엇을 염두에 두

완전히 알고 있다.
34) 영화 필름을 유비로 사용할 수 있다. 어떤 사람이 영상에 나타나는 필름을 보고 있을 때 그 사람은 각 화권이 다른 화면으로 움직이는 화면을 한번에 하나씩 보는 것이다. 그러나 그가 그의 시각 내에 들어오는 그 필름 자체를 볼 수 있다면 그는 단번에 모든 화면을 볼 수 있는 것이다. 그러므로 필름의 모든 시간을 보는 것과 같다.

었다고는 믿지 않는다. 오히려, 하나님은 시간의 연속을 완전히 주관하기에 자신이 원하는 바를 정확하게 성취할 수 있다는 점을 그것들은 말한다는 것이다.

갈라디아서 4장 4절에서의 "때가 차매"라는 말이 바로 같은 점을 반영하고 있다. 5장에서 주장하였듯이 하나님은 자신의 특수한 목적을 달성하기 위해 아주 주의 깊게 세상의 전체 역사를 구성하였다.

다시 말하지만 우리는 하나님의 시간에 대한 경험이 우리의 것과 전혀 다르다는 결론을 내려야만 한다. 하나님은 자신의 목적들을 달성하기 위한 도구로써 시간을 생각한다. 우리는 우리의 선택의 한계로서 시간을 본다. 하나님은 시간의 주님이다. "때와 기한은 자기의 권한에 두셨다"(행 1:7; 비교, 17:26; 막 13:32).

위에서 제시한 시간과 관련된 한계들을 하나님은 초월한다는 위의 네 가지 논지로부터 얻을 수 있는 결론은 무엇일까? 과연 하나님은 단순히 "시간 안"에 있다 아니면, "시간 밖"에 있다고 우리가 말할 수 있을까? 시작과 끝이 없는, 변화가 없는, 그러면서도 모든 시간에 대한 완전한 지식이 있는, 그리고 시간적 상관관계에 더한 완전한 주권이 있는 어떤 의식을 가지고 있는 것은 무엇과 같을까라는 상상을 해보도록 하라. 과연 어떤 느낌이 들겠는가?

우리가 우리 자신이 "시간 안에" 있다고 말할 때 우리가 의미하는 바의 일부분은 우리에게 있어서 시간은 한계가 있다는 것이다. 그것은 우리가 빠져 나올 수 없는 상자와 같은 것이며, 그것은 우리의 지식과 선택의 한계를 정해준다. 훨씬 더 유용한 은유는 무시간성의 은유다. 즉 하나님은 아주 높은 곳에서 시간을 내려본다는 것이다. 그것은 하나님의 시간에 대한 경험은 성경이 제시한대로 시간성이라기보다 무시간성의 모델인 것처럼 보여 진다.

하나님의 무시간성에 대해 빈틈없는 논증을 할 수는 없다. 그렇지만, 우리가 자유의지적 자유론을 한 번 부정하고 나면 모든 유효한 고려 사항들은 시간성보다 무시간성을 선호하는 듯 보인다.

그렇지만 시간성의 질문보다 더 중요한 것은 시간에 대하여 하나님이 주님이 되신다는 것이다. 성경에서 가장 널리 쓰이는 하나님의 이름은 주님으로 히브리어로 된 신비로운 이름 야웨와 신약에서 그리스도에게 붙여진 헬라어 퀴리어스를 번역한 이름이다. 하나님의 주님 됨은 모든 것들에 대한 권위와 주관을 뜻한다.[35] 시간성이든지 아니면 무시간성이든지 하나님의 시간과의 특별한 관계는 일차적으로 시간성이라는 관점에서보다 주됨의 관점에서 정의되어야 한다.

몇몇의 시간성론자들은 "시간의 주"라는 어휘를 하나님을 무시간성으로 부르는 것에 대한 대체로써 사용하여 왔다.[36] 그러나 자유의지적 자유를 신봉하는 시간성론자들은 그 자유의지적 자유론이 어떻게 성경이 제시한 것과 같이 하나님의 주됨과 일치할 수 있는가에 대하여 질문할 필요가 있다. 우리가 하나님의 주됨을 성경의 의미로 이해하게 되면 우리는 그를 시간의 주로, 그러므로 시간을 초월한 존재로 인지할 것이다. 그 같은 의미에서 하나님의 존재는 분명 초시간적이다. 그리고 이 같은 초시간적 존재는 어거스틴과 보에티우스가 그린 그림과 아주 유사하다. 하나님은 지극히 높은 곳에서 시간의 전 과정을 내려다본다.

4. 시간 내의 하나님의 편재

우리는 하나님의 시간적 실재와의 관계에 대한 성경의 가르침을 다 편력하지 못하고 단지 시간과의 관계에서 하나님의 초월성의 본성에 대하여 초점을 맞추었다.

이제 다시 일찍이 잠시 미뤄두었던 울터스토르프의 제2의 논증으로 돌아가려고 한다. 그것은 성경에서의 하나님의 구속적 행위는 시간적으

---

35) 필자의 *Doctrine*, 1-7장을 보라.
36) Cullmann, *Christ and Time*, 69; Wolterstorff, "God Everlasting," 203; Otto Weber, *Foundations of Dogmatics*(Grand Rapids: Eerdmans, 1983), 2:456-58.

로 연속적이며 성경 기자들은 하나님을 자신의 시간의 끈을 가지고 있는 존재로 여기고 있다는 것이었다. 이것은 분명 옳은 말이다. 하나님은 때가 찰 때에 자신의 목적을 완성하였다고 언급한 바 있다. 그 사실은 하나님의 주권에 대한 증거이며 또한 하나님이 지정한 역사의 과정에서의 시간적 관계성의 중요함에 대한 증언이기도 한다.

성경의 기사는 사건의 역사적 연속성과 연계되어 있다. 즉 창조, 타락 그리고 구속의 사건들이다. 쿨만과 보스(Geerhardus Vos) 및 다른 사람들이 지적하였듯이 신약은 우리에게 두 세대 즉 옛 세대와 새 세대에 대하여 말하고 있다. 옛 세대는 타락과 마지막 심판까지 이어지는 타락한 인류의 세대다. 새 세대는 그리스도의 오심으로 시작하여 영원한 미래까지 이어지는 구원의 세대다. 지금 우리는 위의 두 세대가 겹치는 시간 속에 살고 있다. 그러므로 역사는 창조로부터 시작하여 그리스도의 사역에서 절정을 이루고 마지막 심판까지 계속되며 영원한 상태에서 결론을 맺는 사건의 직선적인 유형을 가지고 있다.

예수님의 사역은 영 단번에 이루어졌다. 그것이 과거의 것이라는 점은 신약 기자들에게 중요했다. 또한 결단을 위한 시간의 현재성 또한 중요하다. "보라 지금은 은혜 받을 만한 때요 구원의 날이로다"(고후 6:2). 그리고 구속의 완성이 있는 미래 또한 중요하다. 지금의 고난 후에 영광이 따라온다(벧전 1:3-7).

이 모든 사건들은 하나님의 역사다. 그러기에 하나님은 시간의 연속이라는 형식으로 일한다. 그 연속성은 하나님의 교시에 의하여 예정되어 있지만 하나님은 그것이 시간의 경과를 통과하도록 한다. 그러기에 울터스토르프는 이 같은 시간성의 유형이 마치 하나님은 "자신의 시간의 줄"을 가지고 있기에 하나님은 시간적이라는 사실을 암시하는 것으로 여긴다.

어떤 의미에서 울터스토르프는 옳다. 하나님의 주되심이 뜻하는 바는 세상에 대한 권위와 주관만이 아니라 세상에서의 자신이 할 일과 역사와 자연의 과정에 직접 간여할 수 있는 힘을 가지고 있다는 것이다. 이스라엘의 언약의 주로서 하나님은 이스라엘에게 자신을 드렸고 그들의 하나님이 되었고, 그들을 자기 백성으로 삼고 그들과 함께 하였다는 것이다(창 17:7; 레 26:12; 렘 7:23; 11:4; 30:22; 겔 36:28; 고후 6:16; 계 21:3-4). 하나님의 언약적 임재는 하나님이 여기 계시는 것과 지금 여기 계심을 모두 뜻한다. 하나님이 400년 전의 족장들에게만 나타난 것이 아니라 당시의 자신들의 애굽의 경험 속에서도 나타난다는 사실을 이스라엘은 배울 필요가 있었다. 하나님은 시간 속에서 일할 뿐만 아니라 시간 속에서 항상 내재한다. 전 우주에 대한 그의 주됨은 유비적이다(analogous). 이 세상은 그의 세상이며, 그의 목적을 위하여 지은 바 되었다. 하나님은 시간과 공간 안에서 이 세상에 거하며 이 세상과 함께 한다.[37)]

하나님의 시간과의 관계를 논함에 있어서 시간 내의 하나님의 편재에 대하여 너무나 적게 관심을 보여 왔다. 하나님의 시간 속의 내재에 대해 충분히 고려함으로 어떤 저자들이 시간성의 견해로 (물론 자유의지적 자유 말고) 얻기를 원하는 많은 것들을 얻을 수 있을 것이다. 예를 들면, 시간의 하나님처럼 내재하는 하나님은 시간적으로 색인 된 표현("태양이 이제 떠오르고 있다"와 같은)들을 알 수 있다. 하나님은 사람들처럼 이 순간에서 저 순간으로의 시간의 흐름을 느낄 수 있다. 하나님은 사건들에 대하여도 아주 중요한 의미를 가지고 대응할 수 있다(분명 그 사건들은 예정된 것들이다). 하나님은 어느 한 순간 슬퍼할 수 있고 다음 순간에 기뻐할 수 있다. 하나님은 시간 속에서 기도를 듣고 응답할 수 있다. 하나님은 시간 내에 내재하기 때문에 그와 인간 사이에는 주고받기의 관계가 있을 수 있다.

모든 그리스도인은 예수 그리스도의 성육신 안에서 영원한 하나님이 시간 속에 들어 왔고 순간들의 지나감과 사람의 삶의 변화에 대하여 온전하게 경험을 하고 있다. 그러나 그리스도 안에서 하나님은 전혀 다른

---

37) 보다 폭넓은 논의는 필자의 *Doctrine*, 6장에 나옴.

이방 세계 속에 들어온 것이 아니라 계속해서 거해왔던 세계 속에 들어온 것이다.

그러나 하나님의 시간 내의 내재는 시간에 대한 그의 주됨과 교시의 완벽함에 상반되지 않는다. 이들 시간의 범주들은 주로서의 하나님의 일반적인 초월성과 내재성의 양상들이다. 피조세계와 하나님 사이의 주고받기는 하나님의 주권에 대하여 위축되지 않고 증진된 견해를 필요로 한다. 하나님은 시간 내의 주이며, 동시에 시간 위의 주이다.

그러므로 하나님은 결국은 시간적이지만 단순히 시간적만은 아니다. 하나님은 진정으로 시간 내에 존재하지만 또한 시간 밖에서 존재하는 것과 같은 방식으로 시간을 초월한다. 하나님은 시간적 상자의 안밖에 동시에 거한다. 그 상자는 하나님을 가둘 수도 없고 몰아낼 수도 없다. 바로 그것이 성경적 자료를 가장 정당하게 만드는 모델이다.

제10장
하나님은 변화하는가?

그리스도인은 전통적으로 하나님은 불변하다는(immutable 혹은 unchangeable) 사실을 견지해 왔다. 불변성의 교리는 하나님의 초시간성의 교리와 잘 조화를 이룬다. 변화는 시간 안에서 그리고 시간을 통하여 일어난다. 그래서 하나님의 초시간적 존재 안에서 하나님은 변화하지 않는다. 그렇지만 우리는 열린 신학이 하나님의 초시간성을 부인한다는 사실을 이미 보았다. 그러므로 그들은 하나님의 불변성에 대해서도 의문을 제기하는 경향을 띠고 있음을 우리가 이해할 수 있다.

다른 열린 신학자들과 같이 피녹도 하나님의 불변성을 일반적인 관점에서는 인정하지만 그것의 특별한 적용에 있어서는 다시 생각하도록 촉구한다.

> 하나님은 본질에 있어서 그리고 신뢰성에 있어서 불변하지만 다른 측면에서는 하나님도 변화한다. 예를 들면, 하나님은 역사의 사건들에 대한 자신의 대응에 있어서 변화한다. 성경은 하나님이 이 땅의 인간의 사악함이 극에 달한 것을 보고 자신이 사람을 만든 것을 후회스러워 하였다(6:5). 요나서는 하나님이 니느웨 사람들이 회개한 것을 보고 그들에게 내리려 한 재앙을 내리지 않았다(욘 3:10).[1]

---
1) Pinnock, "Systematic Theology," 117.

성경은 하나님이 불변하는 분으로 언급하고 있다.

> 주께서 옛적에 땅의 기초를 두셨사오며
> 하늘도 주의 손으로 지으신 바니이다
> 천지는 없어지려니와 주는 영존하시겠고
> 그것들은 다 옷같이 낡으리니
> 의복같이 바꾸시면 바뀌려니와
> 주는 여상하시고 주의 년대는 무궁하리이다
> (시 102:25-27).

> 나 여호와는 변역지 아니하나니 그러므로 야곱의 자손들아 너희가 소멸되지 아니하느니라(말 3:6).

> 각양 좋은 은사와 온전한 선물이 다 위로부터 빛들의 아버지께로서 내려오나니 그는 변함도 없으시고 회전하는 그림자도 없으시니라(약 1:17).

특별하게 강조되고 있는 한 가지는 하나님은 자신의 말을 어기지 않으며 생각을 바꾸지 않는다는 것이다.

> 하나님은 인생이 아니시니 식언치 않으시고 인자가 아니시니 후회가 없으시도다 어찌 그 말씀하신 바를 행치 않으시며 하신 말씀을 실행치 않으시랴(민 23:19).

> 이스라엘의 지존자는 거짓이나 변개함이 없으시니 그는 사람이 아니시므로 결코 변개치 않으심이니이다(삼상 15:29).

다른 구절들에서 하나님이 그의 생각을 바꾸지 않는다고 특별한 경우에서 말한다(시 110:4; 히 7:21에서 인용; 렘 4:28; 15:6; 20:16; 겔 24:14; 슥 8:14-15). 이미 본 바와 같이 하나님의 도모는 굳건하다. 그의 목적은 반드시 달성 된다(예, 신 32:39; 시 33:11; 사 43:13). 바위라는 상징은 야외의 안정성과 목적의 확실성을 나타낸다.

1. 생각을 바꾸시는 하나님

그럼에도 불구하고 하나님의 불변성에 대한 논의에서 발생하는 여러 가지 문제가 있다. 첫째로, 피녹이 지적한 것처럼 하나님이 자신의 생각을 바꾸는 것처럼 보이는 여러 성경 구절들이 있다. 창세기 6장 5절은 그 중 하나의 예에 지나지 않는다. 출애굽기 32장 9-10절에서 하나님은 이스라엘의 그릇된 숭배에 대한 심판을 선언한다.

> 여호와께서 또 모세에게 이르시되 내가 이 백성을 보니 목이 곧은 백성이로다 그런즉 나대로 하게 하라 내가 그들에게 진노하여 그들을 진멸하고 너로 큰 나라가 되게 하리라.

그러나 모세는 하나님께 "마음을 바꿀 것을" 간청하면서 하나님의 호의를 구한다. 이 단어는 나캄(nacham)을 번역한 것이다. 동일한 단어를 민수기 23장 19절과 사무엘상 15장 29절에서는 "후회한다"(KJV는 돌이킨다)로 번역하고 있다.[2] 그리고 하나님은 바꾼다. "여호와께서 뜻을 돌이키사 말씀하신 화를 그 백성에게 내리지 아니하시니라"(출 32:14).

사무엘상 15장 29절 이후의 여섯 구절은 하나님이 생각을 바꾸는 것에 대해 부정하고 있다.

---

2) 하나님에 관해서 사용될 때 물론 나캄(nacham)은 죄를 회개하는 의미로 사용될 수 없다. 그러기에 흠정역은 이 점에 있어서 현대의 독자들을 잘못 인도하고 있는 것이다. 그것은 "철회한다", "생각을 바꾼다" 혹은 "아프다"(보통은 심한 슬픔을 느끼는)의 의미를 가진다.

사무엘이 죽는 날까지 사울을 다시 가서 보지 아니하였으니 이는 그가 사울을 위하여 슬퍼함이었고 여호와께서는 사울로 이스라엘 왕 삼으신 것을 후회하셨더라(35절).

"슬퍼함이었고"는 나캄의 번역이다. 그러므로 하나님은 "생각을 바꾸지" 않는다는 사실을 말하는 29절 이후 여섯 구절 후의 35절에서는 하나님은 사울을 왕으로 삼은 것을 슬퍼하였다. 그러므로 이 구절들은 서로 상반되는 것처럼 보인다.

선지자 요엘은 이스라엘이 회개할 것을 촉구한다.

> 너희는 옷을 찢지 말고 마음을 찢고
> 너희 하나님 여호와께로 돌아올찌어다
> 그는 은혜로우시며 자비로우시며 노하기를 더디하시며
> 인애가 크시사 뜻을 돌이켜 재앙을 내리지 아니하시나니
> 주께서 혹시 마음과 뜻을 돌이키시고 그 뒤에 복을 끼치사
> 너희 하나님 여호와께 소제와 전제를 드리게 하지 아니하실는지
> 누가 알겠느냐(욜 2:13-14).

이 구절은 출애굽기 34장 6-7절에 나오는 하나님의 이름인 야웨에 대한 설명을 인용하면서 주는 생각을 바꾸는(nacham) 분이라는 말을 추가하고 있기 때문에 특별한 관심을 끈다(이것은 분명 출 34장에서의 죄 용서에 대한 강조로부터 추론한 것임). 그러므로 생각을 바꾸는 것은 하나님 자신의 주로서의 본성의 일부분이다. 하나님은 생각을 바꾸는 주님이다.

아모스 선지자는 자신과 주님과의 대화를 기록하고 있다.

> 주 여호와께서 내게 보이신 것이 이러하니라 왕이 풀을 벤 후 풀이 다시 움돋기 시작할 때에 주께서 황충을 지으시매… 여호와께서 이에 대하여 뜻을 돌이

켜 가라사대 이것이 이루지 아니하리라 하시니라 주 여호와께서 또 내게 보이신 것이 이러하니라 주 여호와께서 명하여 불로 징벌하게 하시니 불이 큰 바다를 삼키고 육지까지 먹으려 하는지라 이에 내가 가로되 주 여호와여 청컨대 그치소서 야곱이 미약하오니 어떻게 서리이까 하매 주 여호와께서 이에 대하여 뜻을 돌이켜 가라사대 이것도 이루지 아니하리라 하시니라(암 7:1-6).

여기서 우리는 소돔에 있는 롯을 위한 아브라함의 중보(창 18:16-33)와 이스라엘을 보존시켜 달라는 모세의 호소(출 32:9-14)를 상기해 보자. 위의 두 구절에서 중보자는 자신이 원하는 것을 얻었다. 주님은 생각을 바꾸었고 원래 계획했던 심판을 철회시켰다.

요나가 니느웨에 도착하였을 때 그는 "사십일이 지나면 니느웨가 무너지리라"(욘 3:4)고 외쳤다. 그것은 선지자를 통하여 주신 하나님의 말씀이다. 그러나 니느웨는 무너지지 않았다. 하나님은 자신의 목적을 위하여 생각을 바꾸셨다. 그렇지만 요나는 놀라지 않았다.

> 요나가 심히 싫어하고 노하여 여호와께 기도하여 가로되 여호와여 내가 고국에 있을 때에 이러하겠다고 말씀하지 아니하였나이까… 주께서는 은혜로우시며 자비로우시며 노하기를 더디하시며 인애가 크시사 뜻을 돌이켜 재앙을 내리지 아니하시는 하나님이신 줄을 내가 알았음이니이다(4:1-2).[3]

요엘과 같이 요나도 출애굽기 34장 6-7절을 인용하면서 하나님은 생각을 바꾸시는 분이라는 결론을 내리고 있다. 야웨라는 이름과의 연결은 또다시 생각을 바꾸는 것이 하나님의 본성 자체에 속한 것임을 제안한다. 그는 "생각을 바꾸는 하나님"이다. 그것은 하나님의 속성 중 하나다.[4]

그러나 생각을 바꾼다는 사실을 부인하고 있는 듯한 사무엘상 15장

---

3) 또한 대상 21:15과 비교하라.
4) 시편 기자는 하나님의 궁휼어린 철회로 인하여 하나님을 찬양한다. 시 106:41-45를 볼 것.

29절이 있는데 어떻게 그것이 가능할까?

요엘 2장 13-14절과 요나 4장 1-2절의 관점에서 보면 바꾸는 것이 하나님의 불변하는 본성의 일부분이라고 말하는 것은 단지 말놀이에 지나지 않는 것은 아니다. 예레미야 18장 5-10절에서 하나님은 그렇게 바꾸는 것이 일을 이루는 일반적 방법의 일환임을 시사하고 있다.

> 때에 여호와의 말씀이 내게 임하니라 가라사대 나 여호와가 이르노라 이스라엘 족속아 이 토기장이의 하는 것같이 내가 능히 너희에게 행하지 못하겠느냐 이스라엘 족속아 진흙이 토기장이의 손에 있음같이 너희가 내 손에 있느니라 내가 언제든지 어느 민족이나 국가를 뽑거나 파하거나 멸하리라 한다고 하자 만일 나의 말한 그 민족이 그 악에서 돌이키면 내가 그에게 내리기로 생각하였던 재앙에 대하여 뜻을 돌이키겠고 내가 언제든지 어느 민족이나 국가를 건설하거나 심으리라 한다고 하자 만일 그들이 나 보기에 악한 것을 행하여 내 목소리를 청종치 아니하면 내가 그에게 유익케 하리라 한 선에 대하여 뜻을 돌이키리라.

예레미야 26장 3, 13, 19절(사 38:1-5을 언급하고 있는), 42장 10절과 비교하여 보라. 여기에서 주님은 심판과 축복의 예언들이 **조건적**임을 시사하고 있다. 사람들이 선지자의 말에 응답하는 조건에 따라서 하나님은 그것들을 없애거나 반전시키는 권한을 가지고 있다. 칼빈은 요나의 예언에 대하여 다음과 같이 해석하고 있다.

> 그러한 위협으로 그가 위협하는 백성들이 회개를 불러일으키는 것이 주님을 기쁘시게 한 것임을 그러기에 자신들의 죄에 합당한 심판을 피할 수 있다는 사실을 모르는 사람이 누가 있겠는가? 만일 그것이 사실이라면 환경적 성격은 우리로 하여금 간단한 선포 속에 있는 암시적 즈건을 인지하게끔 인도한다.[5]

---

5) Calvin, *Institute of the Christian Religion*, 1. 17. 14.

어떤 선지자들은 아주 직접적인 예언을 하고 있는 것처럼 보일지 모르나 실상은 예레미야 18장 5-19절의 원칙에 따르면 그것들은 암시적인 조건들이 첨가된 경고들이다.

때때로 예레미야나 요엘과 요나의 말씀들에 나온 것처럼 그러한 암시적인 조건들은 순종 아니면 불순종 그리고 회개 아니면 자기만족과 관계가 있다. 때로는 창세기 18장 16-33절, 출애굽기 32장 9-14절, 그리고 아모스 7장 1-6절과 같은 데서는 기도가 그 조건으로 나온다. 선지자가 자기 백성들을 위하여 중보 기도할 때 하나님은 자신이 이미 선언한 심판을 철회한다. 선지자가 하나님의 보좌 앞에 나가 백성들을 위하여 간구할 때 하나님은 철회함으로 응답한다.

그렇다면 이 모든 것은 하나님의 주권과 어떻게 부합하는가?

이 점에 대하여 다음의 몇 가지 점을 제시한다.

1) 예레미야 18장 5-10절은 하나님이 자신을 토기장이로 이스라엘을 진흙덩이로 비교한 1-4절 이후에 나오는 구절이다. 열린 신학과 상반되게 우리는 이 비교가 하나님의 주권에 대한 아주 놀라운 하나의 상이라는 사실을 이미 보았다. 하나님의 철회는 자신의 주권적인 결정이다. 자신이 선포한 심판과 복을 철회시킬 수 있는 그 권한은 주권에 속한 한 면이다.

2) 만일 우리가 이들 구절들을 예레미야 18장의 원칙에 따라서 해석하면 우리는 그것들을 하나님의 교시적 뜻이 아닌 규범적 뜻의 표현으로 해석하고 있는 것이다.[6] 그것은 무엇이 일어날 것인가에 대한 예언으로써가 아니라 경계로써다. 그러므로 하나님의 교시적 뜻이 실패될 것에 대하여는 의문의 여지가 없다. 물론 하나님의 규범적 뜻은 교시적 뜻과 달리 불순종당할 수도 있다. 그렇지만 그 대가는 크다.

3) 하나님의 교시적 뜻과, 영원한 계획은 사람의 행동과 기도를 염두에 둔다. 하나님은 목적은 물론 수단도 명령한다. 하나님은 자신의 많은

---

[6] 제7장에서 이 차이를 다룬 필자의 논의를 기억하라.

목적들이 인간의 기도와 행위를 통해 달성되도록 명한다. 요나서에서의 하나님의 교시적 뜻은 그 당시에 니느웨를 심판하는 것이 아니었다. 그러나 하나님은 요나의 예언과 니느웨 사람들의 회개를 통하여 하나님의 목적을 달성하도록 영원히 결정하였다.[7] 아모스 7장 1-6절의 상황에서 이스라엘을 용서하는 것이 하나님의 영원한 의도였다. 그러나 하나님은 그 일을 아모스의 중보의 능력을 통해 행하셨다.

그러나 이 모든 것이 예언적 말씀의 권위와 어떻게 부합하는가? 요나 3장 4절에서 하나님은 자신의 선지자를 통하여 발생하지 않을 것 즉 니느웨의 멸망을 선포한다. 그렇지만 신명기 18장 21-22절은 참선지자의 기준으로서 다음과 같이 말한다.

> 네가 혹시 심중에 이르기를 그 말이 여호와의 이르신 말씀인지 우리가 어떻게 알리요 하리라 만일 선지자가 있어서 여호와의 이름으로 말한 일에 증험도 없고 성취함도 없으면 이는 여호와의 말씀하신 것이 아니요 그 선지자가 방자히 한 말이니 너는 그를 두려워 말지니라.

이 기준에 따르면 요나는 거짓 선지자로 낙인이 찍혀야 하는가? 아니다. 왜냐하면 하나님은 그러한 예언은 암시적 조건이 있음을 계시하였기 때문이다. 니느웨에게 요나가 말한 것은 "만일 너희들이 너희 죄를 회개하고 주께로 돌이키지 않으면 사십 일이 지나면 니느웨가 무너진다"는 것이었다. 그러나 분명히 예언의 범주에 속한 언어임에도 불구하고, 요나 자신은 하나님이 니느웨를 용서할 것이라는 사실을 알고 있었다(욘 4:2). 니느웨 사람들도 역시 그것을 이해하였다. 그래서 그들의 왕은 "하나님이 혹시 뜻을 돌이키시고 그 진노를 그치사 우리로 멸망치 않게 하시리라"(욘 3:9)고 말했다. 요나는 암시적 조건을 가지고 하나님의 심판을 선언한 참선지자였다. 그의 말은 곧 하나님의 말이었으며, 그의

---

[7] 이것이 바로 전 장에서 필자가 언급한 한 예이다. 하나님의 시간적 내재 안에서 하나님과 인간 사이의 주고받기.

암시적 조건들은 하나님의 암시적 조건들이었다.

그렇다면 신명기 18장 21-22절의 기준은 죽은 문자가 되는가? 결코 아니다. 모든 예언들이 조건적인 것만은 아니다. 때때로 선지자들은 앞으로 올 사건들을 직설적으로 예언한다. 예를 들면, 사무엘상 10장 1-7절에는 조건성이 나타나 있지 않다. 사무엘은 그저 사울에게 임박한 미래에 일어날 몇 가지 사건들을 말했다. 그리고 그것들은 사무엘이 말한 대로 발생했다(다른 예들은 제5장에서 예정의 문제를 다룬 것과 제12장에서 앞으로 다룰 하나님의 예지를 볼 것). 그러므로 우리는 직설적 예언의 원리 아니면 조건적 선포의 원리 중 작동하는 원리의 상황으로부터 결정할 수밖에 없다.

더욱이 어떤 예언들은 확신에 의해서 그 예언의 자질이 결정된다. 예레미야 7장 15절에서 하나님은 포로가 확실하다고 말한다. 그 확실성은 너무 분명한 것이기에 그 선지자는 백성을 위한 기도도 하지 않았다. "너는 이 백성을 위하여 기도하지 말라… 내가 너를 듣지 아니하리라"(16절). 여기서 보면 하나님은 자신의 교시적 뜻을 알려 주었다. 그가 예언한 것들이 확실하게 실현될 것이다. 아모스 1장 3, 6, 9, 13절, 2장 1, 4, 6절에서 하나님은 미래의 심판들을 선언한다. 그리고 그것들이 반드시 실현될 것이라고, 그리고 그의 진노를 거두어들이지 않을 것이라고 말한다(다른 예들은, 사 45:23; 렘 4:28; 23:20; 30:24; 겔 24:14; 슥 8:14). 때때로 하나님은 예언된 사건들의 확실성을 표시하기 위하여 엄숙한 맹세를 한다(시 110:4; 사 14:24; 54:9; 62:8; 렘 44:26; 49:13; 51:14; 암 4:2; 6-8; 8:7). 때때로 "내가 나의 삶을 두고"라는 어구는 예언이 비조건적인 진리임을 확신시킨다(겔 5:11; 14:16, 18, 20; 20:3, 31, 33; 33:27; 35:6, 11). 이 예들은 하나님이 불변의 교시적 뜻을 선언하고 있음을 보여주고 있다.[8]

---

8) 그렇지만, 많은 구절들이 그 같이 분명한 확증을 해 주고 있다는 사실은 예언이 항상 이러한 무조건인 성격을 가지고 있는 것이 아님을 제안하고 있다. 그러므

예레미야 18장 5-19절에 따르면 복과 심판의 예언들에도 암시적 조건들이 있음을 쉽게 발견할 수 있다. 분명한 것은 그 같은 예언들의 얼마는 비조건적이라는 것이다. 그러나 대부분은 조건적이며 대부분의 조건적 예언들은 복과 심판에 관한 예언들이다. 복과 심판은 하나님의 언약의 두개의 축이다. 종종 선지자는 하나님의 언약 법정에서 검사와 같은 역할을 한다. 언약에서 하나님은 두 가지 선택 사항을 제시한다. 순종을 통한 복과 불순종을 통한 저주다(예, 신 28장). 이 두 가지 선택 사항을 제시하는 것은 선지자의 몫이다. 복과 심판의 예언들은 종종 조건적이다. 왜냐하면 그것들은 하나님의 언약의 선포이기 때문이다. 그래서 "철회하는 것"이 하나님의 언약적 이름의 일부분이라는 것을 발견하는 것은 놀랄 일이 아니다.

많은 예언들이 조건적이라고 말한다해서 그것이 그 예언에 따라서 무엇이든지 발생할 수 있다는 말은 아니다. 조건적인 예언도 할 수 있는 것과 할 수 없는 것의 한계를 가지고 있다. 언약 자체는 하나님의 맹세로 보장되었다. 그러기에 저주와 복은 확실히 실현된다. 즉 그것은 유효한 조건들이다. 그 결과는 중립적이 아니다. 그것은 저주든 복이든 둘 중의 하나다. 이러한 예언들의 대부분은 분명히 부정확하다. 즉 그 예언들은 정확하게 어떤 종류의 복과 저주가 나타날지 그리고 정확하게 언제 일어날지 설명하지 않는다. 다만 진리만을 말할 뿐이다.[9]

로 이들 구절들은 성경의 많은 예언들이 조건적이라는 우리의 주장을 강화시켜 준다.
9) 본 항에서 필자는 Richard Pratt의 중요한 소논문 "Historical Contingencies and Biblical Predictions,"(*www.thirdmill.org*)으로부터 많은 도움을 받았다. Pratt은 다음과 같이 구분하고 있다. (1) 조건적 속성을 지닌 예언들, (2) 확신의 속성을 지닌 예언들, (3) 어떤 속성이 없는 예언들. 그리고 그는 각각의 것들을 큰 도움이 되도록 분석하고 있다.

2. 어떻게 하나님은 변치 않는가?

성경은 하나님이 생각의 변화를 포함한 어떤 유의 변화를 하는 존재로 말하고 있기 때문에, 불분명하더라도 어느 정도는 **불변함**에 대한 정의가 필요하다는 것을 보았다. 물론 철학적 질문들도 발생함을 보았다. 예를 들어 보자. 수잔이 1999년 5월 1일 그리스도인이 되었다고 하자. 그 이전에는 하나님은 수잔에 의하여 믿어졌다고 우리는 말할 수 없었다. 그러나 그날 후에는 우리가 그렇게 말할 수 있다. 변화가 일어났는데 이 변화를 하나님 안의 한 변화라고 누군가가 해석할 수 있는 변화다.

철학자들은 때때로 이러한 변화를 "실제적인 변화"와 구분하기 위하여 "가상의 변화"(Cambridge changes)라고 부른다.[10] 인간적 측면에서 다음을 고려해 보자. 1998년 1월 1일 메리는 자기 아들 저스틴보다 큰 신체를 가지고 있었다. 그러나 1999년 1월 1일 신체가 줄었다. 그런데 그녀의 키는 같았지만 저스틴이 더 크게 자랐다. 이렇게 볼 때 메리는 변치 않았고 저스틴이 변했다고 말하는 것이 정상적이다. 그렇지만, 만일 우리가 철학적 사고의 틀로 생각한다면, 그녀가 잃었고 얻었다라고 말함으로 우리는 메리의 변화로 그 사건을 구성할 수 있다. 우리는 이것은 실제적인 변화에 반대적으로 가상의 변화로 부를 수 있다.

어떤 경우에 이 둘 사이를 구분하기란 쉽지 않다.[11] 그러나 대부분의 우리는 직관적으로 구분이 가능하다고 인정할 것이다. 이와 같이 신학자들은 종종 하나님이 "자신 안에서" 변화하지는 않지만 "피조물과의 관계 속에서는 변화한다"고 말해왔다. 플로리다 주의 올랜도 씨가 열기의 파도를 경험한다고 할 때 그것은 태양이 더 뜨거워졌기 때문이 아니라 올랜도가 태양과의 다른 관계를 가지고 있기 때문이다. 그러므로 바

---

10) 분명 이것은 오직 명석한 철학자들만이 변화로 여기는 사건들이 있다는 것을 의미한다.
11) 예를 들면, Paul Helm, *Eternal God*(Oxford: Clarendon Press, 1988), 45.

빙크(Herman Bavinck)는 "어떤 변화가 거기 있다 해도, 그것은 전적으로 피조물 안에 있는 것이다"라고 말한다.[12] 하나님이 진노를 은혜로 바꿀 때 그것은 피조물이 사단의 영역에서 그리스도의 영역으로 움직여 왔기 때문이다.

하나님 내의 어떤 변화는 이 같은 방법으로 이해될 수 있지만, 모든 변화를 이 같은 모델에 따라서 이해하는 것은 잘못된 것이다. 한 가지 일에 있어서 개혁주의 신학은 어떤 사람이 진노의 영역에서 은혜의 영역으로 옮길 때 그것은 하나님이 그를 그곳에 움직여 놓았기 때문이라고 주장한다. 이 상황에서 하나님의 변화는(진노에서 은혜로) 피조물의 변화의 산물이 아니라 그 피조물의 변화가 하나님의 주도하에 이루어진 것이라고 이해된다. 판넨베르그(Pannenberg)는 중세의 신학자들이 그 같은 이유를 댄다고 말한다.

> 하나님의 불변성 때문에 죄인들을 향한 하나님의 태도의 어떤 변화도 우리 측의 변화와 함께 시작해야만 한다. 이것은 스콜라주의 교리인 은혜에 의한 창조 교리의 발전을 가능케 한 주추진력이었다. 창조된 실재 안에 있는 혼이 이 은혜로 장식될 때만이 불변의 하나님이 그것에 대하여 다른 태도를 취할 수 있게 된다.[13]

하나님의 불변성에 대한 성경적 교리는 그 같은 결론을 도출하도록 의도되어 있지 않다. 그러나 우리는 어떻게 그것을 피할 수 있을까?

필자는 여기서 실제적인 변화와 가상의 변화를 구분하려는 어렵고 별 도움 안 되는 작업을 하려고 하지 않는다. 만일 그러한 구분이 불가능한

---

12) Herman Bavinck, *The Doctrine of God*(Grand Rapids: Baker, 1951), 148.
13) Wolfhart Pannenberg, *Systematic Theology*(Grand Rapids: Eerdmans. 1988), 1:437. 그는 J. Auer, *Die Entwicklung der Gnadenlehre in der Hochscholastik*, vol. 1: *Das Wesen der Gnade*(1942)를 언급하고 있다.

것으로 종결되면, 어떤 의미에서 하나님은 자신의 생각을 바꾼다고 우리가 이미 동의한 것과 똑같이, 이 같은 상관적인 관계들 중 어떤 관계에서 하나님은 진정 변화한다고 동의해도, 우리가 해를 입지 않는다. 그러나 성경은 어떤 중요한 면에서는 불변한다고 명확히 가르치고 있다. 그래서 우리는 성경이 하나님의 불변성에 대해서 말할 때 성경이 제외시키는 특별한 변화들에 대해 약간의 시간을 들여 생각해 볼 필요가 있다. 그것들은 다음의 네 범주라고 말할 수 있다.

1) 하나님은 자신의 본질적인 속성에 있어서 변하지 않는다. 웨스트민스터 약술 교리 문답서에서의 4번째 질문에 대하여 "하나님은 영이시며, 무한하며, 영원하다. 그리고 그 존재, 지혜, 능력, 거룩, 공의, 선 그리고 진리에 있어서 불변이다"라고 대답한다. 히브리서 13장 8절과(특별히 그리스도에 대하여 말함) 야고보서 1장 17절은 하나님의 불변성에 대하여 일반적인 어휘들로 말한다. 히브리서 1장 10-12절(시 102:25-27)을 주시해 보자.

> 또 주여 태초에 주께서 땅의 기초를 두셨으며
> 하늘도 주의 손으로 지으신 바라
> 그것들은 멸망할 것이나 오직 주는 영존할 것이요
> 그것들은 다 옷과 같이 낡아지리니 의복처럼 갈아입을 것이요
> 그것들이 옷과 같이 변할 것이나
> 주는 여전하여 연대가 다함이 없으리라 하였으나.

여기서 히브리서 기자는 창조자와 피조물 사이의 근본적인 대조를 들추어내고 있다. 피조물은 변하지만 하나님은 아니다라는 것이다. 위 구절은 단순히 하나님은 끝이 없다고 말한 것만은 아니다. 물론 그것도 사실이다. 오히려, 그 구절은 자연과 달리 (절기 마다 다시 갈아입는) 하나님은 항상 동일하게 존재하는 것을 말하려는 것이다. 그리고 놀랍게도 그 기자는 이러한 가르침을 하나님 아버지에게가 아니라 그리스도에게

구체적으로 적용하고 있다. 다음, 그는 5장 8절에서 그리스도에 대하여 "그가 아들이시라도 받으신 고난으로 순종함을 배워서"라고 말하고 있다. 여기서 카이페르(kaiper: 영어의 although로 번역됨. 그러나 한글에는 나타나지 않음—역자주)라는 단어를 주지하자. 그 기자는 하나님의 아들이 실제적으로 고난을 받아 지식이 성장해야만 한다는 점을 조금 이례적인 것으로 생각하고 있다(물론 교회는 예수의 신성과 인성을 구분함으로 이 변칙적인 것을 해결하려고 하였다). 하여간 저자의 중심적 개념은 하나님은 (아버지든 아들이든) 변하지 않는다는 것이다.

하나님의 지혜와 지식은 불변이다. 다음에 이 문제를 논의하겠지만, 그것들은 총체적이기 때문이다. 하나님이 영원 안의 모든 것들을 알고 있기 때문에 그의 지식은 증가하거나 감소하지 않는다. 그의 능력도 변하지 않는다. 하나님이 전능하기 때문이다. 그리고 전능성에는 정도의 차이가 없다. 하나님의 선과 진리에 대하여도 똑같이 말할 수 있다. 우리가 본 대로 그것은 하나님이 자신의 속성에 있어서 절대적으로 완전하기 때문이다—정말로 하나님은 상응하는 인간의 속성들에 대한 표준이다.

2) 하나님은 자신의 교시적 뜻에 있어서 불변이다. 시편 33편 11절은 말한다.

　여호와의 도모는 영영히 서고 그 심사는 대대에 이르리로다.

제5-9장에서 우리가 본 바와 같이 하나님은 자신이 쓴 이야기와 역사와 자연의 전 과정을 지배하는 영원한 칙령을 가지고 모든 것을 지배한다. 그 이야기는 이미 기록되어 있기에 변할 수도 변하지도 않는다.

3) 하나님은 자신의 언약의 신실성에 있어서 불변이다. 하나님이 "나 여호와는 변역지 아니하나니 그러므로 야곱의 자손들아 너희가 소멸되지 아니하느니라"(말 3:6)고 말할 때, 그는 그들에게 이스라엘의 불순종에도 불구하고 자신의 언약적 약속들을 분명히 성취할 것이라고 말한 것이다. 하나님은 언약의 주님이며 자기 백성들을 버리지 않을 것이다.

미가 7장 19-20절에서 선지자는 하나님께 다음과 같이 말한다.

> 다시 우리를 긍휼히 여기셔서 우리의 죄악을 발로 밟으시고
> 우리의 모든 죄를 깊은 바다에 던지시리이다
> 주께서 옛적에 우리 열조에게 맹세하신 대로
> 야곱에게 성실을 베푸시며 아브라함에게 인애를 더하시리이다.

그 언약은 시대를 초월하여 계속된다. 그 언약을 단지 과거 세대의 것으로 격하시키려는 그들의 유혹에도 불구하고 하나님은 세대를 초월하여 그의 언약의 백성들과 함께 한다. 그래서 하나님은 시편 89편 34-37절에서 다음과 같이 말한다.

> 내 언약을 파하지 아니하며 내 입술에서 낸 것도 변치 아니하리로다
> 내가 나의 거룩함으로 한 번 맹세하였은즉 다윗에게 거짓을 아니할 것이라
> 그 후손이 장구하고 그 위는 해같이 내 앞에 항상 있으며
> 또 궁창의 확실한 증인 달같이 영원히 견고케 되리라 하셨도다.

그리고 하나님은 이사야 54장 10절에서 다음과 같이 말한다.

> 산들은 떠나며 작은 산들은 옮길찌라도
> 나의 인자는 네게서 떠나지 아니하며
> 화평케 하는 나의 언약은 옮기지 아니하리라
> 너를 긍휼히 여기는 여호와의 말이니라.

위의 말씀들을 볼 때, 하나님의 언약의 불변성은 성경적 구원 교리에 있어서 결정적으로 중요하다. 바로 이러한 언약의 불변성이 우리를 위로하며, 우리에게 하나님이 아브라함과, 이삭과 야곱에게 함께 하였던 것처럼 그리스도 안에서 우리와 함께 한다는 점을 재확신시켜 주는 것이다. 그러므로 예수는 어제나 오늘이나, 영원토록 동일하다(히 13:8).

히브리서 기자는 이스라엘과 맺은 하나님의 언약은 "폐기된" 것이라고 말한다. 그는 새 언약에 대하여 "새 언약이라 말씀하셨으매 첫 것은 낡아지게 하신 것이니 낡아지고 쇠하는 것은 없어져가는 것이니라"(히 8:13)고 말한다. 그렇다면 하나님의 언약은 결국 변하는 것인가? 아니다. 첫 번째 언약은 폐기 된 것이다. 하나님이 그 약조문을 위배했기 때문이 아니라 유대인들이 상상하는 것보다 훨씬 더 영광스러운 방법으로 그 약조문들을 성취할 것이기 때문이다. 하나님의 약속들은 예수를 통하여 계속된다. 이 땅의 모든 나라들이 예수를 통하여 복을 받을 것이다.

> 하나님은 약속을 기업으로 받는 자들에게 그 뜻이 변치 아니함을 충분히 나타내시려고 그 일에 맹세로 보증하셨나니 이는 하나님이 거짓말을 하실 수 없는 이 두 가지 변치 못할 사실을 인하여 앞에 있는 소망을 얻으려고 피하여 가는 우리로 큰 안위를 받게 하려 하심이라 우리가 이 소망이 있는 것은 영혼의 닻 같아서 튼튼하고 견고하여 휘장 안에 들어가나니 그리로 앞서 가신 예수께서 멜기세덱의 반차를 좇아 영원히 대제사장이 되어 우리를 위하여 들어가셨느니라(히 6:17-20).

4) 하나님은 그의 계시의 진리 됨에 있어서 불변이다. 하나님이 진리로 선포한 것은 처음부터 그리고 항상 진리다(사 40:21; 41:4; 43:12; 46:10). 그러므로 그의 옛적의 말들이 시간이 지나며 인간의 문화가 변한다 해도 오류 없는 우리의 인도자로 변하지 않고 남아 있다(롬 15:4; 딤후 3:16-17).

3. 불변성과 현재적 편재[14]

하나님의 불변성에 대한 위와 같은 내용들은 하나님은 다른 면에서는

---

[14] Vern Poythress가 필자에게 이 항에 나오는 많은 생각들을 제안해준데 대해 감사한다. 그러나 그것을 형식화하는데 대한 책임은 필자에게 있다.

변할 것이라는 가능성을 열어 놓는 것이 된다. 우리는 이미 하나님은 때때로 자신의 선포된 의도들에 대해 생각을 철회한다는 사실을 보았다. 그렇다면 이러한 변화들이 어떻게 하나님에 대한 전체적인 성경적 교리에 맞을까?

전 장에서 하나님은 시간 내에 그리고 시간 위에 존재한다는 점을 보았다. 시간과 관련해서 그는 초월적이며 동시에 내재적이다. 그 같은 구분은 여러 가지 중요한 면에서 하나님의 불변성에 관하여 유효하다. 분명히 하나님은 자신의 무시간적 혹은 초시간적 존재에 있어서 불변이다. 그러나 그가 우리의 시간의 세계 안에 현존할 때 하나님은 그 안으로부터 그 세계를 바라보며 그의 피조물의 관점을 공유한다. 하나님이 월요일 나와 함께 한다고 할 때 그는 일요일의 사건들을 과거의 것으로 본다. 그리고 화요일의 사건들을 미래적인 것으로 본다(분명 그것은 예정되어 있다). 하나님은 월요일부터 화요일까지 계속해서 나와 함께 한다. 그러므로 그는 우리처럼 시간의 경과를 하나의 과정으로 본다.

때때로 신학자들은 하나님의 철회를 신인 동형 동성적으로 설명하였다. 그 같은 설명에는 어느 정도 진실성이 있다. 왜냐하면 하나님의 철회는 역사 내에서 하나님과 자기 백성 간의 상호 작용의 일부분이기 때문이다. 그 상호 작용 속에는 하나님의 행위와 인간 행위가 지극히 유비적으로 나타난다. 예를 들면, 아모스 7장 1-6절에 있는 하나님과 아모스의 대화에서 하나님이 역사 안에서의 한 행위자로서 사람과 대화하고 있다. 역사의 주인 자신이 쓴 역사의 장에서 자신을 주인공으로 설정하고 있다. 그리고 그들이 행하는 바를 행하면서 하나님은 다른 인물들과 상호 작용하고 있다.

그것은 상황에 대한 한 관점이다. 다른 관점은 무시간적 관점이다. 하나님이 아모스의 중보 때문에 이스라엘을 용서할 것이라고 영원한 명을 발한다. 이러한 칙령은 결코 변하지 않는다.

역사는 지속적인 변화를 하고 있다. 그와 같이 역사의 주역들도 변하며, 하나님 자신도 변한다. 월요일 어떤 일이 일어날 것을 원한다. 그리고 화요일 역시 어떤 일이 일어날 것을 원한다. 어느 날은 슬퍼하고 다른 날은 기뻐한다. 이 같은 것은 단순히 신인 동형 동성적 표현만은 아니다. 이러한 사건들 속에서 하나님은 단지 시간의 한 행위자와 같은 존재만은 아니다. 하나님은 진정 시간 안에 존재한다. 즉 다른 사람들이 변하는 것처럼 변한다. 우리는 그의 무시간적, 불변의 존재는 시간 안에서 변화하는 존재 이상으로 실질적인 것이다. 바로 이러한 개념이 신인 동형 동성적 어휘가 제시하는 개념이다. 양자 모두 실질적이다.

어느 존재 양태도 다른 것과 상치되지 않는다. 하나님의 초월성은 내재성과 타협하지 않는다. 또한 그의 통제와 권위는 자신의 언약적 임재와 타협하지 않는다. 하나님은 "동방에서 한 사람을" 일으켜서 다른 나라들과 왕들을 굴복시킨다(사 41:2). 바로 이러한 존재가 한 역사적 행위자로서의 하나님이다. 그러나 선지서는 4절에서 다음과 같은 결론을 내린다.

> 이 일을 누가 행하였느냐 누가 이루었느냐 누가 태초부터 만대를 명정하였느냐 나 여호와라 태초에도 나요 나중 있을 자에게도 내가 곧 그니라(사 41:4).

하나님은 동방으로부터의 채찍이 팔레스틴을 휩쓸 것이라는 계획을 처음부터 세웠다. 그런 하나님은 무시간적 행위자로서 자신의 명으로 모든 것을 주관하는 하나님이다.

하나님의 무시간적 존재와 역사적 존재의 차이는 인간 창조와 함께 시작하지 않고 창조 자체와 함께 시작한다. 창세기 1장에서 하나님은 빛과 어둠을 창조하였다. 그리고 그것을 낮과 밤이라고 명명하였다(5절). 여기에서 하나님은 연속선상에서 행하였다. 그 다음 둘째 날에는 궁창을 만드시고 위와 아래의 물을 나뉘게 하였고 그 궁창을 하늘이라 칭하였다(8절). 셋째 날에는 물을 바다로 모으고 마른 땅이 드러나게 하였고, 땅과 바다로 명명하였다. 이것은 하나님의 보기에 좋았다(10절). 마지막 구절이 특별히 흥미롭다. 하나님이 행하고 다음 자신의 일을 평가

하였다. 그는 행하고 다음 자신의 행위에 반응을 보였다.[15]

역사는 하나님이 쓴 소설과 같다. 소설에서 작가는 모든 일이 일어나게 한다. 그러나 사건들은 작가가 만든 세상 안에서 설명될 수 있다. 하나님의 역사 소설은 한 사건이 자연스럽게 그 이전의 사건으로부터 파생되는 논리성과 시간의 연속성을 가지고 있다. 하나님 자신이 그 극 중의 한 행위자가 될 때 그는 그 연속선상에서 행한다. 하나님은 비를 내리고 다음 추수를 거둔다. 한 때는 그의 관심사가 비를 만드는 것이며 다른 때는 추수를 가능케 하는 것이다. 그러므로 그의 관심사는 자신의 변치 않는 계획에 따라서 시간과 함께 변한다.

이와 같이 하나님은 피조물과의 내재적 시간적 관계 속에서 변한다. 그렇다고 해서 그 사실이 자신의 총체적인 주권을 전혀 손상시키는 것이 아니다. 이 모든 변화들은 자신의 뜻에 따라서 모든 것들을 발생시키는 그의 영원한 칙령의 결과들이다.

---

15) 만일 우리가 창 1장의 날들에 대하여 비연대기적 견해를 취한다 해도 우리는 하나님의 창조가 연차적 순서에 따라서 안식에 선행된다는 점을 인식해야만 한다.

‖ 열린 신학 논쟁 ‖

제11장
하나님은 고통을 당하는가?

제1장에서 피녹이 중요하게 생각하는 것은 하나님이 "침해를 당하는" 존재로 여기는 것이었다는 점을 언급하였다. 그래서 최근의 다른 신학자들과[1] 같이 열린 신학자들은 하나님의 무감각성 즉 고통으로부터의 자유에 대한 전통적인 견해에 대해 문제를 삼았다.

우리가 성경을 볼 때에 다시금 우리는 어떤 구분들을 하고 이 문제에 대해 범위를 넓혀 볼 필요가 있게 되었다.

---

[1] 아주 중요한 것을 Kayoh Kitamori, *Theology of the Pain of God*(Richmond: John Knox Press, 1965), 그리고 이어서 Juergen Moltmann, *The Crucified God*(London: SCM Press, 1974; San Francisco: HarperSanFrancisco, 1990)이 있다. Eberlhard Juengel, *God as the Mystery of the World*(Grand Rapids: Eerdmans, 1983)은 "하나님과 십자가 처형된 예수와 일치됨"을 강조하고 있음과 비교하라. 여성 신학은 일반적으로 이러한 틀을 지지한다. 예를 들면, Elizabeth A. Johnson, *She Who Is*(New York: Crossroad, 1996), 246-72. 전통적인 견해에 대한 최근의 언급들에 대하여는 Richard E. Creel, *Divine Impassibility*(Cambridge: Cambridge University Press, 1986); Millard J. Erickson, *God the Father Almighty*(Grand Rapids: Baker, 1998); Thomas G. Weinandy, *Does God Suffer?*(Notre Dame, Ind.: University of Notre Dame Press, 2000) 등이 있다.

1. 자존성

하나님을 "하나님 자신으로부터" 생각하는 신학자들이 많다. 그것은 하나님은 스스로 존재하며, 스스로 충분하며, 스스로 만족한다는 뜻이다. 이러한 설명은 성경적이라고 생각한다. 하나님에게는 필요한 것이 없으며(행 17:25) 그러기에 자신의 존재와 존재의 유지를 위해 자신 외의 어느 것도 의존하지 않는다. 제5-8장에서의 논증으로부터 도출된 결론은 하나님이 영원한 교시에 의하여 모든 것을 창조하고 주관한다는 것이었다. 모든 것들이 하나님께 의존하는 것이지 하나님이 그들을 의존하는 것이 아니다. 그들은 절대적으로 서로 의존적이지만 하나님은 하나님으로서 필요하게 존재한다.

하나님은 "하나님 자신으로부터"의 존재이므로 누구든 무엇이든 그의 존재를 위협할 수 없으며 그의 본질적 성품을 변화시킬 수 없다. 그러므로 그는 자신의 본성에 관한한 상실당할 수 없다. 뿐만 아니라 어떤 것도 그의 영원한 계획을 패퇴시킬 수 없다. 그러한 의미에서 하나님은 고통을 당할 수 없다.

2. 하나님은 감정을 가지고 있는가?

그러나 그러한 것 외의 다른 종류의 고통이 있다. 예를 들면, 슬픔을 느끼는 것은 일종의 고통이다. 성경은 그러한 것을 하나님께 돌리고 있다.

몇몇 신학자들은 하나님이 감정을 가지고 있다는 사실 조차도 부인하는 정도로 무감각성의 개념을 이끌어 갔다. 그러나 그러한 입장은 비성경적이다. 성경은 예를 들면, 동정심, 자비, 인내, 기뻐함, 즐거움, 기쁨, 슬픔, 사랑[2] 진노 그리고 질투 같은 일반적인 감정의 표현으로 여겨지는 여러 가지 태도들을 하나님께로 돌리고 있다. 제10장에서 주지한 것처럼 나

---
2) 사랑은 단순히 감정적인 것만은 아니지만 분명히 감정적 구성 요소를 가지고 있다.

캄(nacham)은 때때로 "애통한다"로(창 6:6에서처럼) 번역할 수 있으며, 에베소서 4장 30절은 하나님의 성령을 "슬프게" 하지 말라고 말한다.

이 모든 것 이외에도 우리는 성경에서 하나님은 통상적으로 감정을 나타내고 청중들의 감정에 호소하고 있다는 사실을 주지해야만 한다. 하나님이 이스라엘에게 말할 때 거기에는 감정이 있었다. "돌이키고 돌이키라 너희 악한 길에서 떠나라 어찌 죽고자 하느냐"(겔 33:11), 또는 바울이 하나님의 구원 계획을 논리적으로 전개하다가 갑자기 찬양을 발한다(예, 롬 8:31-39과 11:33-36).

그러나 감정은 비교적 잔잔한 분위기를 나타내는 언어까지에도 표현되어 있다. 그것은 하나님과 인간의 언어 모두에 있어서 참이다. 잔잔함 자체도 일종의 감정이다. 또한 사실에 대한 표현의 예를 들면 "태초에 하나님이 천지를 창조하시니라"(창 1:1)는 표현도 우리에게 정보를 줄 뿐만 아니라 설명된 사건에 대한 어떤 느낌을 주기 위해 의도되었다는 것이다. 정말로 언어의 지시적 힘과 정서적 힘을 분간하기란 가능하지 않을 것이다. 지식적인 교통은 듣는 사람에게 여러 가지 중에서 한 가지 즉 "인지적 만족감"의[3] 즉 그 교통이 참되다는 내적 만족감이라는 느낌을 주는 의도를 가지고 있다.

성경은 지성과 의지와 전혀 다른 이성의 부분으로서 감정을 구분하지 않는다. 그것은 일면으로 감정과 다른 면으로 생각과 결정과의 어떤 형이상학적인 혹은 범주적 차별을 구체화하지 않는다.

그럼에도 불구하고 몇몇 신학자들은 감정과 다른 정신적 기능들과의 구분선을 예리하게 긋는다. 그리고 그들은 성경적 언급들을 이용하여 하나님의 감정을 신인 동형 동성설의 범주에 집어넣는다. 이 견해에 따르는 예를 들면, 하나님이 자기 백성을 안다고 성경이 말할 때 그는 진정 그들을 아는 것이지만, 하나님이 노한다고 성경이 말할 때 그는 진심

---

[3] 필자의 *The Doctrine of the Knowledge of God*(Phillipsburg, N.J.: Presbyterian and Reformed, 1987), 152-53와 335-40을 보라.

으로 노한 것이 아니다라는 것이다.

  신학자들이 때때로 감정은 하나님께 두가치한 것이라고 생각하는 까닭은 무엇일가? 칼슨(D. A. Carson)은 다음과 같이 말한다.

> 마지막 분석에서 우리는 헬라의 어떤 형이상학적 사상의 줄기의 영향에 대하여 고려하여야 한다. 그 줄기들은 감정은 위험하며, 믿을 수 없는 것이며, 종종 악하기까지 한 것이라고 주장한다. 이성은 감정에 앞서게 해야 하며, 취약성은 약함의 표이다. 이 같은 입장은 플라토닉과 신플라토닉 글들을 통한 아리스토틀의 "움직이지 않는 움직이는 자"에게로부터 스토아 학파로까지 거슬러 올라간다. 결론은 "하나님은 예민하며, 전능하며, 동정적이며, 욕심이 없는 존재다. 왜냐하면 그런 것이 없는 것보다 그런 것들이 있는 것이 더 좋기 때문이다"(안셀름의 *Proslogium*, 제6장에서)라는 것이어야만 한다.[4]

  칼슨이 옳다고 생각한다. 그리고 헬라의 형이상학적 사상의 줄기들은 비성경적이다. 그러므로 그들은 하나님에게 감정이 존재함을 부인할 근거를 제공하지 못한다. 이 문제를 명료화시키기 위한 도움을 주기 위하여 몇 가지 더 살펴볼 것이다.

  1) 인간에 있는 감정은 종종 신체적인 부속물과 증상을 나타낸다. 예를 들면, 눈물, 메스꺼움, 아드레날린 액의 흐름 등이다. 하나님은 무형적 존재이기 때문에 그의 감정은 우리의 것과는 같지 않다. 물론 우리는 하나님이 그리스도 안에서 성육신하였고 예수님의 울음은 참된 것임을 (눅 19:41; 요 11:35) 잊어서는 안 된다. 그러나 하나님의 무형성은 하나님이 감정을 가지고 있다는 사실을 일반적인 방법으로 부인할 이유를 제공하지 못한다. 사람에게 있어서는 생각하는 것도 뇌의 활동을 필요로 하는 신체적 과정의 일환이다. 그러나 우리는 하나님이 단지 무형적

---

4) D. A. Carson, *Divine Sovereignty and Human Responsibility*(Atlanta: John Knox Press, 1981), 215.

이기 때문에 하나님이 생각할 수 있다는 사실을 부인할 수 있다고 꿈도 못 꾼다.

2) 하나님의 영원한 교시, 불변성, 자존성과 같은 교리들은 때때로 세상 안에서 일어나는 것에 대하여 실제로 반응을 보일 수 없다고 생각하도록 이끈다. 반응을 보이는 것은 하나님의 수동성과 변화를 가정한다. 감정이라는 것들은 보통은 사건들에 대한 반응들이다. 진정, 그것들은 때때로 "고통"(passion)으로 불린다. 이 어휘는 수동성이 함축된 어휘다. 이것들을 고려할 때 신학자들이 하나님을 감정을 가진 존재로 보는 것을 저항하는 한 가지 이유가 있음을 안다.

그러나 하나님의 영원한 교시가 변하지 않지만 그것은 변화를 명한다. 그것은 연속적 역사의 사건들을 정한다. 그리고 각각의 사건은 하나님의 평가를 받는다. 하나님은 서로 다른 사건들을 다른 방법으로 평가한다. 그러한 평가 자체들은 하나님의 영원한 계획 속에 결정되어 있다. 그러나 그것들은 사건들에 대한 진정한 평가들이다. 이들 사건들에 대한 응답으로써 그것들을 설명하는 것은 그르지 않다.[5]

더 나가서, 우리는 하나님이 시간과 공간을 초월할 뿐만 아니라 모든 시간과 공간 내에 내재함을 보았다. 이러한 내재적인 관점에서 하나님은 역사 안으로부터 각 사건을 본다. 그리고 각 사건이 발생할 때 그것을 적절하게 평가한다. 그러한 평가들은 가장 분명한 의미에서 반응들이다.

그러한 반응은 하나님의 수동성을 암시하는가? 그렇게 말하는 것은 대단히 오도하는 것이 될 수도 있다. 하나님은 오직 자기 자신이 명한 것에 대하여만 반응한다(초월적이며 내재적으로).[6] 그는 종종 자신을 슬

---

[5] 하나님의 영원한 계획을 형성함에 있어서 하나님의 지식에 붙여진 역할을 다시 기억하라(제8장). 하나님은 자신이 계획하는 것과 그 계획 속에 있는 각각의 요소가 다른 요소들을 고려한다는 사실을 알고 있다. 그래서 하나님의 영원한 계획 자체는 그 계획 속에 있는 모든 요소들에 대한 하나님의 응답들을 포함하고 있다.

[6] 제10장에서의 하나님의 시간 내의 편재에 대한 논의를 기억하라. 창 1장에는 인간이 창조되기 전에 하나님은 자신의 창조적 행위에 대응하고 있음이 나타나 있다.

프게 하는 세상을 창조하기로 선택하였다. 그와 같이 궁극적으로 수동적이라기보다 그는 적극적이다. 어떤 사람들은 우리가 그 사실을 표시하기 위해 **무감각하다**는 어휘를 사용하기를 원한다.

3) 두 번째의 관찰에서 제시된 것처럼 우리가 하나님 안에 있는 감정이라고 부르려고 하는 것 중 많은 것이 역사 안에서 발생한 것에 대한 그의 평가다. 하나님은 선을 기뻐하고 악에 대해서는 슬퍼한다. 우리의 지상의 권위인 하나님은 자연과 역사 내에 발생하는 모든 것에 대한 궁극적이고 총체적인 평가자다. 그의 평가는 항상 참이고 적절하다.

이제 어떤 평가가 적절한 것이 되려면 그것은 얼마간의 최상급의 그리고 자극적인 언어들을 포함해야만 한다.[7] 예를 들면, 하나님이 통치한다고 단지 말하는 것은 충분치 못하다. 어떤 문제에 대한 완전한 진리를 표현하기 위하여 우리는 "왕 중의 왕" 또는 "만군의 주" 같은 표현들이 필요하다. 우리가 그와 같이 화려한 표현들을 찾아내면, 우리는 그것들이 감정을 표현하는 것이라고 또는 그것들이 감정적 내용을 가지고 있다고 말하려는 경향이 있다. 정말로 그것들은 사건들에 대한 오류 없는 평가를 나타낸다. 다시 우리는 감정과 지성사이의 유착과 같은 것을 본다. 그리고 하나님이 감정을 가지고 있다는 것을 주장하는 편에 서있는 논증을 본다. 감정 없이 하나님은 지성적인 능력이 결여돼 있을 수 있으며, 자신과 세상에 대한 완전한 진리를 말하지 못할 수 있다.

4) 물론 하나님께 부적절한 감정이 있다. 하나님은 외로워하지 않으며,

---

[7] 필자는 젊은 설교자들이 이 점을 더 잘 이해하기를 바란다. 그들은 너무나 자주 열정 없이 진리를 전달하려고 노력한다. 그것은 종종 청중들의 관심을 자아내지 못함을 의미한다. 어떤 때는 그들은 자신들이 원하는 것은 주관적인 감정을 섞지 않고 오직 진리를 객관적으로 전달한다는 것이라고 말함으로 자신들을 변호하려고 한다. 그러나 그들은 하나님의 말씀을 열정 없이 주석하는 것이 그것을 그릇되게 한다는 사실을 인식하지 못한다. 우리가 어느 정도 바울의 놀라움과 경외심을 우리의 청중들에게 전달하지 않고 롬 11:33-36을 정당하게 해설하지 못한다. 동일한 점이 주석가들과 신학자들에게도 적용된다.

내일에 대해 염려하지 않으며, 분할된 의도들 때문에 내적인 어려움을 겪지 않으며, 강제적이 아니며, 쾌락적이 아니다. 하나님은 열정의 파도에 휩싸이는, 순간적인 느낌에 근거해서 결정하는, 정욕에 근거해서 판단을 그르치는 사람들과 다르다. 하나님은 그 같은 유의 감정을 가지고 있지 않다. 그러나 그말은 성경에서 언급하고 있는 형태의 감정마저도 가지고 있지 않다는 말이 아니다. 성경은 슬픔을 하나님께 돌리고 있다.

> 그들의 모든 환난에 동참하사
> 자기 앞의 사자로 그들을 구원하시며
> 그 사랑과 그 긍휼로 그들을 구속하시고
> 옛적 모든 날에 그들을 드시며 안으셨으나(사 63:9).

하나님은 동정심이 있는 존재다. 그는 역사의 초월적 주로서만이 아니라 여기 지금에 그들과 함께하는 내재적인 존재로서 자기 백성의 애통을 안다. 성육신한 그리스도 안에서 그 "모든 일에 있어서 형제들과 같이" 되기 위해 그리고 "자비롭고 신실한 대제사장"(히 2:17)이 되기 위해 그는 더 가까이 다가온다. 그래서 그리스도 안에서,

> 우리에게 있는 대제사장은 우리 연약함을 체휼하지 아니하는 자가 아니요 모든 일에 우리와 한결같이 시험을 받은 자로되 죄는 없으시니라(히 4:15).

이러한 감정이입은 "고난"이라고 불릴 수 있지만 실상은 오도하는 어휘다. 위의 구절들에서 우리는 하나님이 어떤 상실이나 상처를 당한다고 상상할 아무런 이유도 보지 못한다. 그렇지만 우리는 하나님의 슬픔을 아주 심각하게 받아들여야 한다.

3. 하나님은 과연 연약한가?

연약함은 피 침성의 또 다른 형태다. 우리는 하나님의 능력을 엄청난 힘으로 어떤 장애라도 압권할 수 있는 일종의 강인한 힘으로 생각하려고 한다. 헬름(Paul Helm)이 다음과 같이 말한 것과 같다.

> 하나님을 마치 헤라클레스처럼 자기의 모든 적들을 앞지르고, 던져버리고, 들어 올릴 수 있는 존재로 생각하려는 유혹을 받는다. 그러한 신학은 물리적인 혹은 형이상학적인 능력의 신학이다. 즉 그의 적들이 할 수 있는 무엇보다 더 하나님은 잘할 수 있으며 혹은 더 효과적으로 할 수 있다는 것이다.[8]

그러나 그는 추가하여 우리는 그러한 유혹에 저항해야 한다고 말한다. "왜냐하면 섭리에 대한 기독교적 견해는 하나님의 능력뿐만 아니라 그의 연약함도 계시하기 때문이다."[9] 어떻게 하나님이 약할까? 바울은 고린도전서 1장 25절에서 "하나님의 미련한 것이 사람보다 지혜 있고 하나님의 약한 것이 사람보다 강하니라"고 말한다. 여기서 그는 그리스도의 십자가를 생각하고 있다(1:18, 23-24을 보라). 예수는 악한 사람들에 의하여 죽음에 내어줌이 되었다. 그러므로 하나님은 그를 영광 중에 일으켰으며 그를 자기 백성들의 죄를 대신하는 제물로 삼았다(행 2:23).

예수는 칼로써 자신의 왕국을 건설하는 세상적 지도자가 되기를 거부하였다. 오히려 자기 적들을 죽이기보다는 자신이 저들의 손에 죽었다. 이 모든 것은 연약함의 모습을 보이는 것이다. 그러나 바울은 십자가는 "하나님의 능력이요 지혜"(고전 1:24)라고 말한다. 분명, 하나님은 이 연약함의 시간을 이용하여 자신의 가장 놀라운, 진정 가장 능력 있는 역사

---

[8] Paul Helm, *The Providence of God*(Leicester: InterVarsity Press, 1993), 224. 이 항에서의 필자의 대부분의 논의의 기초는 그에게 있다. 이 점을 감사한다.
[9] Ibid.

즉 죽음에서 생명을 일으키며 사단과 그의 수하들을 패망시키는 일을 이룬 것이다.

이와 같이 우리의 때에도, 하나님의 가장 강력한 역사인 사단의 족쇄로부터 백성을 모아 그리스도의 왕국으로 인도하는 일도 투쟁이나 정치를 통해서 또한 돈과 명성의 영향을 통해서가 아니라 "전도의 미련한 것으로" 달성 된다(고전 1:21). 예수님은 그의 백성이 오직 그의 말씀만을 받들고, 세상 속으로, 모든 나라로 가게 한다(마 28:18-20). 그러나 그 말씀은 곧 "믿는 모든 사람을 구원하는 하나님의 능력이다"(롬 1:16). 하나님의 능력은 하찮게 보이는 전도의 수단 속에 그리고 진정 자기 백성들의 고난 속에 자리 잡고 있다(벧전 2:13-3:22; 4:12-19). 그들은 하나님이 공급하는 무기로 사단을 이긴다―진리, 의, 평강의 복음, 믿음, 구원, 하나님의 말씀, 그리고 기도(엡 6:10-20). 그러므로 우리는 "주 안에서와 그 힘의 능력 안에서 강건하다"(10절).

오늘날 열린 신학자들, 과정신학자들, 그리고 그 외의 신학자들이 하나님은 자신이 하기를 원하는 바를 이룰 수 없다는 의미에서 연약하다고 믿는다. 이 견해에 따르면 하나님은 악을 제거하기를 원해도 그렇게 할 수도 없으며, 우리의 도움 없이는 뚜렷한 진전을 이룰 수가 없다. 성경은 이러한 의미에서 하나님이 약하다고 가르치지 않았다. 진정, 하나님에 대한 그러한 견해는 하나님의 주권과 주관과 능력에 대한 수많은 성경의 가르침에 상반된다.

그러나 우리가 하나님의 주권적으로 주관하는 능력은 예수님의 기적과 같이 아주 놀랍게 나타나기도 하지만 사람들이 그를 연약하다고 보는 사건들 안에서도 나타난다는 사실을 인식하는 것이 중요하다. 하나님은 비상한 사건들 속에서처럼 평범한 사건들 속에서도 역사한다. 하나님은 사건 뒤에 숨어서 그리고 보기에는 분명한 패배를 통해서도 그의 아주 놀라운 역사를 일으킨다. 그래서 바울은 "내 능력이 약한 데서 온전하여짐이라"(고후 12:9)고 말한다.

> … 나의 여러 약한 것들에 대하여 자랑하리니 이는 그리스도의 능력으로 내게 머물게 하려 함이라 그러므로 내가 그리스도를 위하여 약한 것들과 능욕과 궁핍과 곤란을 기뻐하노니 이는 내가 약할 그때에 곧 강함이니라(고후 12:9-10).

4. 하나님은 그리스도 안에서 죽음을 당했는가?

현대 신학에서 가장 많이 논의되고(각주 1번을 볼 것) 있는 하나님의 고난의 형태는 그리스도의 죽음이다. 그리스도인은 일반적으로 하나님의 아들의 육체적 고난을 속죄의 고난으로 인식하고 있다. 그러나 최근에는 많은 신학자들이 거기에서 하나님 자신, 하나님 아버지의 고난도 찾아내야 한다고 주장하였다. 이것은 가장 급진적인 의미에서 하나님의 피 침성이라는 것이다.

필자는 그리스도의 고난이 하나님의 고난이라는 몰트만과 다른 사람들의 주장에 동의한다. 정통적인 기독론을 정의한 칼케돈 공의회(451)는 예수님은 두 개의 완전한 본성 즉 신성과 인성이 한 인격체 안에 통합되어 있다고 말하였다. 우리는 "그의 인성에 따라서" 예수님이 고난당하여 십자가에서 죽음을 당하였으나 고난당한 것은 그의 본성이 아니라 인간 예수라고 말할 수도 있다. 인간 예수는 스스로 인성을 택한 삼위 중 제2의 위격 그 이상도 그 이하도 아니다. 그의 한 인간으로 오심은 그의 경험이자 하나님의 경험이기도 하다.

이런 경험들은 오직 아들만의 경험이고 아버지의 경험은 아닌가? 삼위 되신 분들은 분할되지 않는다. 아들은 아버지 안에 있고 아버지는 아들 안에 있다(요 10:38; 14:10-11, 20; 17:21). 신학자들은 이러한 서로 안에 거하는 것을 *circumcessio* 혹은 *circumincessio* 라고 부른다.

그렇지만, 아버지는 아들과 똑같은 고난과 죽음을 경험하지 않았다. 비록 서로 안에 거하지만 아버지와 아들은 구속의 역사에서 서로 다른 역할을 담당하였다. 아들은 세례 요한으로부터 세례를 받았고 아버지는 그의 세례 시에 하늘로부터의 소리였다. 아들은 십자가에 못 박혔으나 아버지는 아니었다. 진정, 십자가에 달릴 때에, 아들이 사람들의 죄를 짊어질 때, 아버지는 그 아들을 버렸다(마 27:46). 그럼에도 불구하고 아버지는 그러한 분리의 순간에도 아들 안에 있었는가? 그렇다면 아버지가 하늘에서 확인한 그 아들 안에 아버지가 있다는 말은 정확하게 무엇을 뜻하는가? 이러한 질문들은 난해한 질문들이다. 지금까지 그러한 질문에 대한 설득력 있는 대답을 들어본 적이 없다. 그러나 우리는 삼위일체되신 삼위 사이의 연속성과 비연속성에 대한 정당성을 부여해야 한다. 분명히 아버지는 감정이입하였고, 애통했으며, 아들의 죽음에 대해 슬퍼하였다. 그러나 그는 아들이 경험한 것과 같은 방법으로 죽음을 경험하지 않았다.

그러나 하나님 아들이 죽었지만 그는 부활하였다. 그렇게 해서 아들의 성육신적 존재 속에서 하나님은 고난당하였고 죽기까지 하였다. 그렇지만 그의 죽음은 하나님 없는 우주 속에 우리를 남겨 두지 않았다. 그 외에 우리가 아는 것은 거의 없는 것 같다. 우리는 그러한 무지를 용인하여야 한다.

요약하여, 하나님의 존재의 네 가지 양태를 구분하자.

1) 그의 무시간적이며 비공간적 초월적 존재 안에서 하나님은 슬픈 사건들을 명하며 그것들을 적절하게 평가한다. 그는 그러한 의미에서 슬퍼하지만 상실이나 상해를 당하지 않는다.

2) 그의 시간적이며 공간적인 편재 안에서 그는 피조물과 함께 슬퍼한다. 그리고 그가 예정한 승리를 달성하기 위하여 일시적인 패배도 감수한다. 자기 백성들이 낙담할 때 그것을 겪지만(사 63:9), 그는 완전한 승리와 자신과 신실한 자들을 위한 신원을 약속한다.

3) 성육신 안에서 아들은 상해와 상실을 당한다. 그것은 육체적 고통과 박탈 그리고 죽음도 포함한다. 아버지는 자기 아들과의 분리라는 고통을 포함하여 이 고통을 안다. 하나님은 이 사건 자체를 특별하고 무서운 비극으로 여긴다. 그러나 또한 그것을 예정한 구원의 수단으로 여긴다. 그가 경험한 느낌은 정확하게 어떤 것인가? 우리는 모른다. 그것을

상상하지 않는 것이 현명할 것이다. 그러나 이스라엘이 고통당할 때 그도 고통당했으며, 그의 아들의 고통 속에서 고통당했다는 것은 분명한 사실이다.

그래서 예수 안에서 하나님은 우리가 으리의 고통을 극복하게 하기 위하여 우리의 고난에 동참한다.

> 그는 멸시를 받아서 사람에게 싫어 버린 바 되었으며
> 간고를 많이 겪었으며 질고를 아는 자라
> 마치 사람들에게 얼굴을 가리우고 보지 않음을 받는 자 같아서
> 멸시를 당하였고 우리도 그를 귀히 여기지 아니하였도다
> 그는 실로 우리의 질고를 지고 우리의 슬픔을 당하였거늘
> 우리는 생각하기를 그는 징벌을 받아서
> 하나님에게 맞으며 고난을 당한다 하였노라(사 53:3-4).

히브리서에서 우리가 본 대로 그리스도는 우리와 같이 되었고, 그래서 그는 자비롭고 신실한 대제사장이 되어 우리의 연약함을 몸소 겪었다. 그는 이런 연약함의 원인인 죄를 없이 하였으며 우리의 기도를 이해하며 들어준다. 그러나 이러한 원칙은 열린 신학자들의 주장처럼 확대되어서는 안 된다. 그들은 그 원칙을 하나님의 취약성에 대한 형이상학적 주장으로 끌어가고 있다. 왜냐하면 하나님의 영원한 본성은 침해당하지 않기 때문이다. 그리고 그 비침성(invulnerability)은 또한 신자들에게 아주 보배롭기 때문이다.

그러므로 예수 안에 있는 하나님의 고통스런 사랑은 그의 자존성과 불변성에 대해 의심을 일으키지 않는다. 그렇지만 그것은 기뻐할 수 있는 근거가 된다. 워필드(B. B. Warfield)의 말을 인용함으로 끝을 맺고자 한다.

> 우리에게는 우리를 위하여 자신을 희생하실 수 있는 하나님이 있다… 이제

여기에는 놀라운 일이 있다. 사람들은 우리에게 하나님은 자신의 본성의 바로 그 특성상 정욕을 가질 수 없는, 그리고 외부로부터의 자극에 의해 움직일 수 없는 존재라고 말한다. 그는 잔잔한 거룩함 중에 그리고 불변의 복의 극치 속에 거하며, 인간의 고난이나 슬픔이 영원히 미치지 못하는 존재다.
우주와 우주 사이의 밝은 공간을 거닌다. 그곳은 구름이 가리지 못하고 바람이 불지 않는 곳이며, 하얀 운하 중 가장 작은 것도 떨어지지 않는 곳, 천둥소리가 미치지 못하는 곳, 인간의 슬픔의 소리가 들리지 않는 곳, 그의 신성한 것이 영원토록 고요하게 안식하는 곳이다.

그러나 단지 그런 표현이 하나님에 대한 참된 표현만이 아님을 인해 하나님을 찬양하자. 하나님은 느낄 수 있고 사랑한다. 비록 우리를 그릇 인도하지는 않고 다만 부적절하게 표현되어 있을지라도 도덕적 영웅주의가 하나님의 본성의 영역 내에 자리 잡고 있다는 점을 믿게 하는 성경적 보증이 있다. 또한 우리에게는 취리히(Zurich)의 영웅처럼 하나님이 사랑의 팔을 널리 펴서 자신의 가슴에 무수히 많은 투창들을 품어 들이는 (그렇지 않으면 우리를 꿰 뚫었을 것들) 하나님을 믿도록 하는 성경적 보증이 있다.

그러나 이러한 것이 일반적인 신인 동형 동성설이 아닌가? 우리는 다만 하나님의 진리에 대해 관심이 있지 이름에 대해 큰 관심이 없다. 우리는 성경의 하나님과 우리 마음의 하나님을 어떤 추상적 철학 개념으로 포기하기를 거부한다. 우리는 윤리적 하나님을 가지고 또한 가져야만 한다. 그 하나님은 우리가 사랑할 수 있으며 우리가 신뢰할 수 있는 존재다.[10]

---

10) B. B. Warfield, "Imitating the Incarnation," a sermon on Philippians 2:5-8 in B. B. Warfield, *The Person and Work of Christ*(Philadelphia: Presbyterian and Reformed, 1950), 570-71. 이 구절에 대하여 필자의 관심을 이끌게 한 Jeff Meyers에게 감사한다.

|| 열린 신학 논쟁 ||

제12장
하나님은 모든 것을 미리 아는가?

아마도 가장 잘 알려진 열린 신학자들의 주장은 하나님이 미래를 총체적으로 알지 못한다는 것이다. 그들의 견해에 의하면 하나님은 종종 앞으로 일어날 일들에 대하여 모르며,[1] 때때로 오류를 범하기도 한다.[2] 하나님은 사람들이 자신이 기대치 않은 일들을 할 때 "좌절을 나타내기도 한다."[3] 하나님은 자신이 기대했던 대로 일들이 진행되지 않을 때 자신의 생각을 바꾼다.[4] 이런 주장들을 보면 열린 신학자들은 서방 전통에서[5] 형성된 하나님에 대한 고전적 견해와 다르다는 점이 인정된다. 그 전통은 초기 교부들로부터 현재에 이르기까지 교회 전체에서 널리 받아들여진 것이다(소시니안 이단과 같은 것들을 제외하고는).[6] 이 같은 고전적 견해는 모든 기독교의 신학적 전통의 위치를 지켜왔다. 동방

---

1) Clark H. Pinnock, "Systematic Theology," in OG, 121-24.
2) John Sanders, *The God Who Risks*, 132-33.
3) Pinnock, "Systematic Theology," 122.
4) Richard Rice, "Biblical Support for a New Perspective," in OG, 26-35.
5) John Sanders, "Historical Considerations," in OG, 59.
6) 제2장의 소시니아니즘에 대한 언급을 보라.

정교, 로마가톨릭, 그리고 개신교.[7] 그 견해는 하나님은 과거, 현재, 미래의 모든 사건들에 대하여 완전한 지식을 가지고 있음을 인정한다. 그러므로 열린 신학은 하나님의 전지성에 대한 기독교의 역사적 견해를 부인하는 것이다.

하나님의 전지성에 대한 열린 신학의 견해는 제8장에서 논의한 인간의 자유에 대한 자유의지론의 견해 속에 함축되어 있는 것이다. 만일 사람들이 자유의지론의 관점에서 자유하다면 인간의 결정들은 전혀 예견할 수 없는 것들이 된다. 하나님도 그것들을 미리 알 수 없다. 만일 1930년에 하나님이 내가 이 책을 2000년에 쓸 것을 알았다면 나는 그것을 내 자의로 쓸 수 없게 되는 것이다. 나는 그것을 쓰지 않을 수 없게 되었다. 그러므로 만일 나의 글이 자유의지론 관점에서의 자유로운 선택이라면 하나님도 그것에 대해 미리 분명해 질 수가 없었다는 것이다. 자유의지론의 자유는 하나님의 예지에 대한 고전적 견해를 제외시킨다.[8] 피녹은 다음과 같이 말한다.

---

7) Gregory A. Boyd, *God of the Possible*(Grand Rapids: Baker, 2000), 116에서 "정통 교회의 교회일치 신조에는 믿음과 하나님의 지식에 관한 조항이 하나도 포함되어 있지 않았다"고 말하는데, 이의 참본질은 기독교에 대한 공개적 의문 제기가 내포되어 있음을 암시한다. 만일 우리가 "교회일치적" 신조를 사도 신경과 니케아 신조와(이는 기독교의 모든 사람들이 받아들이는 것이다) 같은 차원에서 그 신조를 이해한다면 보이드는 여기서 올바른 역사적 관찰을 하고 있는 것이다. 그러나 그러한 교회일치적 신조들은 오히려 간략하다. 그것들에는 예를 들면 칭의와 같은 조항들이 포함되어 있지 않다. 그렇지만 만일 우리가 종교개혁 기간을 뛰어 넘는다면, 웨스트민스터 신앙고백서를 대면하게 된다. 그 고백은 다음과 같은 신조가 있다. "하나님의 면전에는 모든 것이 열려있고 드러나 있다. 그의 지식은 무한하며, 무오하며, 피조물과는 독립적이다. 그러기에 하나님께서는 상황적이거나 불확실한 것이 하나도 없다"(2.2). 그리고 그 신앙고백서는 하나님의 교시(3장), 창조(4장), 섭리(5장), 자유의지(9장) 그리고 부름의 효과(10장)에 관한 입장과 함께 하나님의 지식에 대한 이런 인식을 강화시켜 준다. 적어도 개혁적 전통에 있어서는 하나님의 예지의 범위는 질문의 대상이 되지 않는다.
8) 전통적인 알미니안주의는 자유의지론과 하나님의 총체적 지식 모두를 견지하려

그렇지만 전지성은 모든 미래사에 대해 총체적으로 미리 아는 것을 의미하지 않는다. 만일 그러한 의미라면 과거가 이미 그런 것처럼 미래는 결정되어 확정된다. 미래에 대한 완전한 지식은 사건의 고착을 의미한다. 미래에 있을 어떤 것도 결정될 필요가 없을 것이다. 또한 인간의 자유는 하나의 환상이며 우리가 할 수 있는 것은 없고 결국 우리의 책임은 없다.[9]

그가 말하는 바는 하나님이 미래를 총체적으로 알 수 없다는 것이다. 왜냐하면 만일 그가 안다면 우리는 자유의지적 자유를 갖지 못하기 때문이라는 것이다.

이 견해에 따르면, 미래는 그 같은 성격을 가지고 있기 때문에 총체적으로 알아질 수가 없다. 하나님은 진정 전지하지만, 그것은 알아질 수 있는 것 모든 것에 대한 지식을 의미한다고 열린 신학자들은 주장한다. 그가 미래에 대한 총체적 지식이 결여돼 있다는 것은 그가 사각형의 원을 그릴 수 없다는 제한과 같은 것이다. 그의 전능성이 실현될 수 있는 모든 것만을 할 수 있다는 주장과 똑같이 그의 전지성은 알아질 수 있는 모든 것만을 그가 알 수 있다는 주장이다. 그것은 과거, 현재의 지식을 포함하지만 미래는 아니다. 그러므로 열린 신학자들은 자신들의 견해를 표상주의(presentism)라고 칭한다.[10]

이 책의 제8장에서 자유의지론은 비성경적이며 비통합적이라고 반박하였다. 그러므로 그것은 우리에게 하나님은 미래를 총체적으로 안다는 우리의 고백에 아무런 장애물을 쌓아 놓지 못한다. 그러나 자유의지적 자유론은 열린 신학자의 입장에서 볼 때 너무나 중요하기 때문에 그것 없이는 그 전체 입장의 지지 기반이 약화된다.

고 노력한다. 이런 관점에서, 열린 신학은 전통적 알미니안주의보다는 더 논리적이다. 그러나 그러한 월등한 논리 때문에 고가의 신학적 값을 치르고 있다.
9) Pinnock, "Systematic Theology," 121.
10) Sanders, *The Who Risks*, 198-99.

1. 하나님의 무지가 성경에 있는가?

그럼에도 불구하고 성경은 때때로 미래에 대하여 모르는 하나님을 계시하고 있다는 열린 신학자들의 주장을 우리는 살펴보아야 한다. 피녹은 다음과 같이 말한다.

> 많은 사람들이 성경은 하나님이 총체적인 예지를 가지고 있다고 말하는 것으로 믿고 있지만, 실은 그렇지 않다. 예를 들면, 성경은 하나님이 아브라함을 시험하여 그가 무엇을 하는 지 보고나서 천사를 통하여 "내가 이제야 네가 하나님을 경외하는 줄을 아노라"(창 22:12)고 말한다. 그것이 하나님이 꼭 알기를 원하는 정보의 일부분이다. 다른 곳에서 모세는 자기 백성들이 실제로 자기를 사랑하는지 아닌지를 알기 위해 하나님이 그들을 시험하였다고 말하였다(신 13:3).[11]

또한 피녹은 예레미야 32장 35절을 언급한다("그들이 이런 가증한 일을 행하여… 내 마음에 둔 것도 아니니라"). 그에 따르면 이 구절은 자기 백성들이 들을 것이라는 하나님의 소망을 표현하고 있다는 것이다(예, 렘 26:3; 겔 12:3). 이 같은 논의에서 피녹은 몇 차례에 걸쳐서 자유의지적 자유의 중요성에 대하여 언급한다. 그것은 다른 사람들로 하여금 이들 본문을 자유의지론의 시각으로 읽어야 함을 요구하고 있는 것이다.[12]

이미 언급한 것처럼 다른 열린 신학자들도 그들의 견해에 입각해서 하나님이 불확실하며, 생각을 바꾸며, 좌절하고 새로운 정보를 발견하는 것처럼 보이는 성경 구절들에 대하여 논의한다. 그러나 이 책에서는 그들이 논의한 성경 구절들을 모두 다룰 수는 없다. 그러나 그들이 해석하는 몇 가지의 해석 원리를 제시하려고 한다.[13]

---

11) Pinnock, "Systematic Theology," 121-22.
12) Ibid., 122-23.
13) 더 철저한 논의를 위해 필자의 *The Doctrine of God*, 특히 22장을 보라.

1) 전형적으로, 하나님이 무엇을 "찾아낸다"고 말할 때 그것은 심판과 관련한 상황에서 나타난다. 창세기 3장 9절에서 하나님은 아담에게 "네가 어디 있느냐?"라고 묻는다. 그것은 정보에 대한 요구가 아니다.[14] 오히려 이 구절에서는 하나님이 그의 심판자적인 치밀한 조사를 시작하고 있음이 나타난다. 아담의 대답은 죄의 지적에 대한 확인이며 하나님은 심판과 은혜로 대응한다. 그와 비슷하게, 하나님이 무언가를 "찾아내려고" "찾아오심"을 말하는 본문들 역시 그러한 심판자적인 상황을 전제한다(창 11:5; 18:20-21;[15] 22:12;[16] 신 13:3; 시 44:21; 139:1, 23-24). 하나님이 가까이 올 때, 그는 심판자로서 가까이 온다. 하나님은 개인에 대한 관찰과 심문을 통하여 "사실 발견"을 수행하고 나서 자신의 판단과 심판을 내린다(물론 종종 긍휼로 경감된다). 그러므로 이들 구절들 어느 하나도 하나님의 무지를 확정하지 않는다.

2) 하나님의 "기억하기"와 "잊어버리기" 또한 성경에서 심판자적 범주에 속한다. 왜냐하면 그것들은 언약의 범주에 있기 때문이다. 하나님이 자신의 언약을 기억할 때 그는 그 약조문을 실행하는 것이다. 그러므로 하나님은 창세기 8장 1절에서 노아와 땅의 피조물들을 "기억하였다"

---

14) 만일 그것이 요구사항이라견 하나님의 무지는 현재에 대한 것이지 미래에 대한 것이 아니라고 제시할 수 있을 것이다. 그러나 열린 신학자들은 하나님은 현재를 총체적으로 안다는 점을 일상적으로 받아들인다.
15) 만일 창 3:9, 11:5, 그리고 18:20-21에서 하나님의 "발견"이 무지를 전제한다면 그것은 현재에 대한 무지이지 미래에 대한 무지만이 아니다. 그러나 창 11:5와 18:20-21이 하나님의 무지를 가정하지 않고 설명이 될 수 있다면, 다른 구절에 대하여도 동일하게 적용이 될 수 있다.
16) 또한 창 22:14도 미래에 대한 것보다는 현재에 대한 하나님의 지식을 말한다. 열린 신학자들의 입장에서 보면, 우리는 아브라함의 여행 전에 하나님은 아브라함이 하나님을 두려워했는지 아닌지를 알지 못했다고 결론을 내려야 할 것이다. 다른 말로 말하면, 하나님은 현재의 아브라함의 마음의 상태에 관한한 무지하였다는 것이다.

(참고, 9:15-16; 출 6:5).17) 하나님의 "잊어버리기"도 그 약조문의 실행을 늦추거나(시 9:18; 13:1) 아니면 언약을 깨뜨린 사람들에게 저주를 내리는 것을 늦추거나 하는 것이다(렘 23:39).

3) 하나님이 "내 마음에 둔 것이 아니다"(not enter my mind)라고 말할 때(렘 7:31; 19:5; 32:35) 그는 무지를 고백한 것이 아니라 인간의 행위에 대한 그의 표준을 설명하고 있는 것이다(역시 심판자적인 관점이다). 예레미야 7장 31절의 상황을 주지하라.

> 힌놈의 아들 골짜기에 도벳 사당을 건축하고 그 자녀를 불에 살랐나니 내가 명하지 아니하였고 내 마음에 생각지도 아니한 일이니라(nor did it enter my mind).

19장 5절과 32장 35절의 상황도 유사하다. 여기서 생각(영어로 mind)은 히브리어로 마음(heart)이다. 성경에서 마음(heart)은 종종 의도가 존재하는 자리로 사용 된다(참고, 대하 7:11; 느 7:5). 여기서 끔찍한 인간 제물들은 전적으로 그의 거룩한 표준에 반하는 것이라고 하나님은 말한다. 이스라엘이 그러한 제사를 드리고, 그러한 죄의 유혹의 위험에 대하여 하나님이 모르고 있지 않다. 그는 분명하게 레위기 18장 21절과 신명기 18장 10절에서 그 같이 인간 제물을 바치는 것을 금하였다.

---

17) Douglas Wilson은 창 8:1("그러나 하나님이 노아를 기억하였다")을 다음과 같이 주석하였다. "이 구절에서 하나님이 자신의 이마를 때리는가? '오, 예! 노아!' 혹은 출 6:5에서 그래 거의 비슷해! 내가 거의 잊었네. 그 언약을!"이라고 주석한다. Wilson, *Knowledge, Foreknowledge, and the Gospel*(Moscow, Ida.: Canon Press, 1997), 39를 보라. 샌더스나 보이드도 이전에 언급한 책들의 성경 색인에는 창 8:1 혹은 출 6:5 중 어느 하나도 나오지 않는다. 샌더스(보이드는 아님)는 창 9:14-16의 무지개를 하나님의 자신을 향한 회상으로 설명한다. 그것은 적어도 하나님이 자신의 계획을 잊어버렸다고 제안하는 것이다. 그러나 그러한 생각은 미래에 대한 하나님의 지식을 거부하는 것이 아니라 과거에 대한 지식을 거부하는 것이 된다. 그럼에도 불구하고 열린 신학자들은 하나님의 과거에 대한 지식은 총체적이라고 확인한다.

그러기에 지성적인 의미에서 그러한 제사 행위들이 그의 생각에 머물지 않은 것이다.

4) 몇몇 구절들은 상황에 맞춰서 하나님이 자신의 생각을 바꾼다고 말한다. 이것은 제10장에서 이미 논한 하나님의 철회다. 하나님의 철회는 그의 영원한 계획에 기초한다. 그것은 피조 세계에서 일어나는 사건들에 대한 그의 적절한 응답이 함께 작용하는 것이다. 그것은 미래에 대한 무지를 의미하지 않는다. 때때로 하나님의 심판에 대한 선언들은 조건적이기에 그에 따른 회개가 나타나면 그것은 철회된다. 그러나 분명히 하나님은 어떤 것을 모르지 않고 조건적인 선언을 할 수 있다. 이러한 선언들은 하나님의 영원한 목적에 대한 선포가 아니다. 그러기에 그것들의 조건성은 하나님의 목적이 변화할 수 있다는 점을 시사하지 않는다.

5) 다른 유의 일단의 구절들에서 하나님은 미래 사건들에 대한 무지를 고백하는 듯하다. 이스라엘의 우상숭배를 깨우치면서 하나님은 "…그가 이 모든 일을 행한 후에 내가 말하기를 그가 내게로 돌아오리라 하였으나 오히려 내게로 돌아오지 아니하였고"(렘 3:6-7; 참고, 19-20절)라고 말한다.[18] "아마도"의 사용을 예레미야 26장 3절, 36장 3, 7절 그리고 에스겔 12장 3절과 비교해 보라. 만일 미래가 하나님에 의해 확정되었다면, 어떻게 불확실한 "아마도" 일어날 지도 모를 일에 대하여 분명하게 말할 수 있겠는가?

예레미야 3장에 하나님이 자기의 신실치 못한 아내와 같은 이스라엘의 남편으로 대하는 이야기가 있다. 제10장에서 논의한 "철회" 구절들에서처럼 이 구절은 역사 내의 이스라엘과 하나님의 관계를 다루고 있는 것이지 그의 영원한 칙령이나 영원한 예지에 대하여 다루고 있지 않

---

18) 다른 사람들은 이 구절을 하나님의 지식에 대해 아무런 문제를 야기하지 않는 방향으로 번역하고 있다. KJV에서 7절은 "그녀가 이 모든 일들을 행한 후에 말하기를 너는 내게로 돌이키라. 그러나 그녀는 돌이키지 않았다. 그리고 그 패역한 자매 유다는 그것을 보았느니라"로 번역되어 있다.

다. 이 구절의 주된 의미는 그들의 당대의 역사가 이스라엘과 유다의 회개를 촉구한다는 것이다. 그럼에도 불구하고 사실상 그들은 영적 간음을 지속하고 있다는 것이다. 그들의 남편으로서 하나님은 더 나은 무엇을 바랐다는 것이다(이 소원은 그의 규범적 뜻의 표현이다). 그러나 회개치 않은 그들의 우상숭배의 지속은 그의 판결로 이어졌다(법정의 판결이다-이미 다른 구절에서처럼). 그럼에도 불구하고 하나님이 그들이 자기에게로 돌아오기를 그리고 복을 준다는 약속을 하고 있다는 사실은 놀랍다(14-25절).

분명, 하나님은 이스라엘의 우상숭배로 인하여 놀라지 않는다. 이스라엘은 이미 금송아지에 절했다고 출애굽기 32장에 기록되어 있다. 그리고 신명기 31장 16-21절과 32장에서 하나님은 이스라엘이 그 같은 우상숭배를 지속할 것이라고 예견하고 있다.

예레미야 26장 3절과 같이 "아마도"가 나오는 구절에서 하나님은 이스라엘에게 그들의 우상숭배는 그들과의 이전의 관계(렘 26:3; 36:3)와 과거의 사건들의 관점에서 볼 때 전적으로 비합리적이라고 말한다.[19] 이사야 5장 1-7절에서처럼 하나님은 이스라엘에게 회개를 촉구할 일을 그들에게 행하였다. 그러나 죄 중에 머물려는 의지를 나타내면서 이스라엘은 응답하지 않았다. 다른 말로 말하면, 하나님은 이스라엘이 죄를 지을 수 있는 개연성을 경감시킬 일을 행하였다. 객관적으로 보더라도 하나님은 실제로 그것을 경감시켰다. 하나님은 그 개연성의 객관성을 강하게 표명하였다-하나님의 생각으로써. 그러나 하나님의 그 생각은 하나의 개연성이지 확실성은 아니다. 하나님은 결국 이스라엘이 그렇게 응답할 것을 알았다.

그와 같이 이해할 때, 이들 구절들은 위의 첫째 항에서 설명한 구절들

---

19) 렘 3:6-7절의 요점은 이스라엘이 그 같은 우상숭배를 범한 후에 주께로 돌이켜야만 했다는 뜻으로 보인다. 그러나 그 같은 동기도 이스라엘을 다시 주께로 돌이키게 한 것은 아니었다.

과 유사하다. 이곳에서의 맥락은 역시 본질적으로는 법적이다. 하나님은 이스라엘에게 계시와 복이라는 엄청난 특권을 주었다. 그 복들은 그들이 회개하기에 충분한 동기를 제공한다. 그러나 그들은 그것을 거부하였다. 그러므로 창세기 22장에서의 아브라함에게서처럼 하나님은 이스라엘의 마음속에 있는 것을 "찾아낸다." 그 같은 근거 위에서 하나님은 자기 백성을 향하여 정죄의 논고를 하는 것이다. 그러한 논고가 있기 전에, 하나님의 생각 속에는 아니지만, 불확실성이 있었다. 그리고 그 전까지는 하나님 앞에서의 이스라엘의 법적 지위는 언약의 테두리 안에 있다.

열린 신학자들은 이 구절들에 대하여 필자가 직설적으로 읽지 않는다고 불평할 것이다. 그러나 그 문제에 관해서는 제3장을 보기 바란다. 필자는 이 점에 있어서 이 책의 다른 곳에서보다도 더 강력한 의미에서 신인 동형 동성설을 인정한다. 그러나 이들 구절들에 대한 해석은 하나님이 그의 손과 눈에 대하여 말하는 구절들에 대한 일반적 주석보다 더 신인 동형 동성설에 기초하지 않는다. 그리고 성경의 가르침에 대한 총체적인 관점에서 볼 때 분명 이 정도의 신인 동형 동성설은 정당화 된다.

6) 때때로 열린 신학자들은 시간의 경과와 함께 하나님이 피조물과의 관계에서 변하기 때문에 미래는 확정될 수 없고 그러기에 알 수 없다고 제안한다. 그들은 하나님이 피조물에 반응함으로 그들의 결정을 기다린다고 말한다. 하나님은 그들이 혹은 자신이 무엇을 할지 모른다. 제9장에서 하나님은 피조물에 대하여 시간적인 편재 안에서 응답한다고 논증했다. 그러나 이 같은 하나님의 응답은 이미 확정된 그래서 알 수 있는 미래와 부합하지 않는 것은 아니다. 하나님은 미래를 예정하였으며 그의 영원한 계획에는 피조물의 모든 행위들과 그러한 행위들에 대한 자신의 응답까지도 포함되어 있다.

그래서 하나님은 완전히 전지하고 또한 피조물에 대해 완전하게 대응한다. 우리는 하나님의 응답에 대한 주제가 성경에서 얼마나 널리 퍼져 있는지에 대하여 열린 신학자들이 우리에게 알려준 사실 때문에 감사해야 할지도 모른다. 그러나 우리의 결론은 하나님의 총체적 주권과 예지를 부정하는 것으로 나타나서는 안 된다는 것이다. 그 반대로 우리는 우리가 전에 생각하던 것보다 더 하나님의 주권을 생각해야 한다. 하나님은 무시간적이며, 초월적인 영역에서 뿐단이 아니라 시간적인 편재 속에서 통치한다는 것이다. 하나님은 자연과 역사의 변하는 모든 사건들 안에 그리고 그것들과 함께 존재하면서, 그의 불변의 영원한 목적을 달성하기 위해 내재적으로 역사의 주고받기식을 사용하면서, 만유의 주로서 통치한다.

2. 미래에 대한 하나님의 총체적 지식

그러므로 우리는 성경에서 지시하고 있는 하나님의 응답성은 그의 영원한 칙령과 총체적인 예지에 대한 믿음을 거부하지 않음을 보았다. 그러나 성경은 하나님의 총체적인 예지에 대한 긍정적 증거를 하고 있는가?

특징적으로 성경은 선지자적 현상에 의하여 미래에 대한 하나님의 지식을 우리에게 보여주고 있다. 선지자적 현상의 한 단면은 미래의 사건에 대한 예언이다. 정말로 참된 선지자에 대한 시험은 그의 예언이 실제로 성취되는 가에 달려 있다(신 18:22). 이사야서에서 하나님은 다른 나라의 신들이 하나님만이 아는 미래사에 대해 미리 말할 수 있는가라고 도전한다(사 41:21-23; 42:9; 43:9-12; 44:7; 46:10; 48:3-7).

열린 신학자들은 선지자적 활동에 예언적인 요소가 있음을 인정한다. 그러나 그들은 이러한 예언적 요소가 하나님의 총체적 예지를 의미하는 것은 아니라고 주장한다. 이러한 입장을 보이기 위해 라이스는 선지자적 현상의 세 가지 유형을 열거하였다.

> 선지자적 현상은 피조물의 결정과는 상관없이 미래에 어떤 일을 하겠다는 하나님의 의도를 나타낼 수도 있다. 만일 하나님의 뜻이 인간의 협동과 관계없이 무엇인가가 발생하기 위해 필요한 유일한 조건이라면 하나님은 그것의 성취를 일방적으로 보증할 수 있고 또한 미리 그것을 선언할 수 있다…

선지자적 현상은 또한 아무 것도 방지할 수 없기 때문에 그리고 필요한 조건이 갖추어져 있기 때문에 무엇이 발생할 것이라는 사실을 하나님이 안다는 점을 드러낸다. 하나님이 모세에게 대한 바로의 행위를 미리 말할 시간에 바로의 성품은 너무 굳어져서 전적으로 예견된 것이다…

선지자적 현상은 또한 만일 어떤 조건이 형성되면 하나님이 행하려는 의도를 나타낸다.[20]

성경에 그 같은 세 종류의 예언들이 있다는 사실에 대해 동의한다. 이미 조건적 예언들에 대하여 논의한 바 있다. 물론 하나님은 피조물의 결정과 상관없이 자신의 행위를 선언할 수 있음에 대하여 동의한다.[21] 라이스가 언급한 두 번째의 선지자적 현상은 열린 신학자들을 괴롭힐 수 밖에 없다. 왜냐하면(유다에 대한 보이드의 해석과 관련해서 이미 언급한 것처럼) 그것은 어떤 인간의 결정들은(라이스에서 인용한 바로의 경우) 비록 그것들이 분명히 자유의지론의 관점에서는 자유하지 않다 하더라도 도덕적으로 책임성이 있기 때문이다. 열린 신학자들이 어떤 사람의 행위에 대해 "필요한 조건"을 말하는 것을 그리고 "굳어진" 그리고 "전적으로 예견된" 등의 결정론적 언어를 자유의지론의 견해를 지지하

---

20) Rice, "Biblical Support," 51.
21) 그렇지만, 이같은 선언에 대해 필자는 다음 두 가지로 논평을 하고자 한다. (1) 피조물의 결정들 자체는 하나님의 결정들의 결과다. 그러므로 하나님의 결정들은 중요한 의미에서 피조물의 결정들과 항상 독립적이다. (2) 열린 신학의 견해에 따르면, 하나님 자신의 결정들의 많은 부분은 인간의 자유로운 결정에 대한 반응들이다. 그러나 만일 하나님이 인간의 자유로운 결정들을 미리 알 수 없다면 하나님은 자신이 행할 일을 어떻게 알 수 있는가? 세상에서 거의 대부분의 사건은 어느 정도는 인간의 결정들에 의존한다. 자연적 재난들은 타락의 결과다. 전쟁들, 인간의 죽음들, 왕국의 흥망, 예수의 탄생, 죽음 그리고 교회의 설교의 성공 등 이 모든 일들은 인간의 자유로운 결정의 결과들이다. 만일 하나님이 이러한 자유로운 결정을 미리 알 수 없다면 하나님 자신이 그것들에 대해 어떻게 반응할 것인지 어떻게 알 수 있는가?

기 위해 사용하는 것을 본다는 것은 참으로 기이하다. 물론 열린 신학자들에게 있어서 바로와 유다는 강퍅케 하는 것이 불가항력적이 되기 전에 자신들을 강퍅케 했다—이것은 하나님이 그들을 강퍅케 하기 전에 된 일이다. 그럼에도 불구하고, 열린 신학자들까지도 그들의 강퍅케 됨이 일단 자리를 잡은 후에 그들이 피할 수 없었던 행위에 대해서도 하나님이 책임을 묻는다는 사실을 용인해야만 한다.

그렇지만, 다음의 사항과 관련된 다른 여언들도 있다. (1) 하나님의 의도를 단순히 언급하지 않고 그 성취가 인간의 선택에 의존하는 것, (2) 하나님의 결정이 인간의 선택을 결정하는 것을 의미하는 것, (3) 그리고 그것들이 단지 조건적인 것만은 아닌 것.

예를 들어, 하나님의 백성들의 역사에 있어서 초기의 선지자적 현상들을 고려해 보자. 노아(창 9:26-27), 아브라함(창 15:13-16), 이삭(창 27:27-29, 39-40), 야곱(창 49:1-28), 발람(민 23-24장) 그리고 모세(신 32:1-43; 33:1-29)가 있다. 여기에서 하나님은 수세기 전에 이미 족장들과 그 후예들의 역사와 성격에 대하여 선언한다(조건적으로가 아니라 범주적으로).

그들 자신의 성격을 형성할 기회를 갖기 훨씬 오래 전에 이러한 예언들은 수 없이 많은 인간의 자유로운 결정들을 예견한다.

사무엘상 10장 1-7절에서 선지자 사무엘은 사울 왕에게 자신이 그를 떠난 후에 그가 두 사람을 만나고 그 후에는 세 사람 그리고 후에는 일단의 선지자들을 만날 것이라고 말한다. 사무엘은 그에게 그 여행의 자세한 내용을 말한다. 분명히 여기서 하나님은 사무엘을 통하여 관계된 사람들의 자유로운 결정들과 여행에서 발생하는 사건들을 세밀하게 예견한다. 예레미야 37장 6-11절에 나오는 전쟁과 관련해서 적의 움직임에 대한 상세한 기술과 비교해 보라.

열왕기상 13장 1-4절에서 하나님은 한 선지자를 통해 악한 여로보암 왕에게 이름을 밝히면서 그가 신실한 요시아라는 왕을 일으킬 것이라고 말한다. 이 예언은 요시아 왕이 태어나기 전 약 300년 전에 주어진 것이다. 이사야 44장 28절-45장 12절에서 태어나기 전 100여 년 전에 바사 왕 고레스를 언급한 것과 비교해 보라.[22] 이러한 예언들을 성취하기 위하여 바로 이들 인물들이 잉태되고 출생하고 왕위에 오르기까지 수 없이 많은 결론들, 난자와 정자의 결합, 그리고 인간의 결정들이 필요했다. 이들 본문들은 하나님이 이러한 모든 상황적 요인들이 어떻게 이루어질 지에 대하여 알고 있음을 간주한다. 예레미야가 모태에 있기 전에, 그를 선지자로 지정하기 전에, 하나님은 그를 알고 있다고 말한 예레미야 1장 5절도 역시 같다. 열왕기하 8장 12절에서 엘리사와 앗수르인 하사엘과의 대화를 비교해보라. 그리고 다니엘 9장 20-27절에서 미래의 제국들에 관한 것과 메시아의 오심에 대한 자세한 연대기를 또한 보라.

마태복음 26장 34절에서 예수님은 베드로에게 닭이 울기 전에 그가 자신을 세 번 부인할 것이라고 말한다. 보이드는 그것을 다음과 같이 설명하지만 유효하지 않다.

> 우리는 베드로의 성격의 한 예견가능한 면을 하나님 아버지가 알았고 그것을 예수에게 알려 주었다고 믿을 필요가 있다. 베드로의 성격을 완전히 아는 누구라도 그처럼 굉장한 위협을 받고 있는 상황에서 그가 그렇게 행동할 것이라고 예견할 수 있다(그러한 상황은 하나님이 쉽게 편성할 수 있다).[23]

우리는 베드로의 성격이 확고하게 굳어져 있기에 그가 예수를 정확하게 세 번 부인했고 그렇게 하기 전에 닭이 우는 것을 기다려야 했다고 상상해야만 되는가?[24] 분명 이 예언은 하나님이 초자연적이고 인간의

---

[22] 필자가 가정하기로는 성경은 이들 사건들이 발생한 시기를 계산함에 있어서 정확하다는 것이다. 만일 성경이 하나님의 말씀이라면, 우리는 그러한 정확도를 가정해야만 한다. 이것은 성경에 대한 자유주의적 비평의 일반적인 접근에 상반되는 것이다.
[23] Boyd, *God of the Possible*, 35.
[24] 보이드의 분석에 나타난 또 다른 문제는 그가 하나님의 속성으로 여기고 있는 "조

자유로운 결정 모두를 포함해서 미래에 더한 총체적 지식을 가지고 있다는 단순한 사실에 의해서 더 잘 설명된다.

성경은 하나님이 어떻게 이 같은 비범한 지식을 가지고 있는가에 대해서 불분명하지 않다. 제5장에서 논의한 것처럼 하나님은 자신의 지혜로운 계획에 의하여 역사와 자연의 모든 사건들을 주도하고 있기 때문에 모든 것을 안다는 것이다. 하나님은 자신의 지혜에 따라서 모든 것을 만들었다(시 104:24). 그리고 그는 자신의 의지의 목적에 부합하여 모든 것을 시행한다(엡 1:11). 그러므로 하나님은 별들로 가득한 하늘에 관한 모든 것을(창 15:5; 시 147:4; 사 40:26; 렘 33:32) 그리고 자연 세계의 아주 미세한 것에(시 50:10-11; 56:8; 마 10:30) 관한 모든 것을 안다. "하나님이 안다"라는 말은 맹세와 같은 언급으로서(고후 11:11; 12:2-3) 하나님의 지식은 총체적이고, 보편적이고, 무오하다는 전제하에 사람의 말의 진리성을 확증하는 말이다. 하나님의 지식은 절대적이며 완전하기에 찬양을 유발한다(시 139:17-18; 사 40:28; 롬 11:33-36).

그래서 하나님은 "모든 것을 안다"(요일 3:20). 그리고

> 지으신 것이 하나라도 그 앞에 나타나지 않음이 없고 오직 만물이 우리를 상관하시는 자의 눈앞에 벌거벗은 것같이 드러난다(히 4:13).

그 지식은 미래에 대한 총체적인 지식을 포함하지 않는가? 열린 신학의 논증의 부적절함을 말한 후에, 우리는 미래에 대한 하나님의 독특한 지식과 관련된 성경의 강한 강조와, 하나님의 계획은 역사의 모든 것을 뛰어 넘는다는 성경의 가르침에 대하여 당연히 예라고 해야 한다.

직적 편성"을 다루어야만 한다. 다른 곳에서처럼 보이드는 하나님이 사실상 인간의 자유 선택을 주관할 때를 인식하고 있다. 그리고 필자의 눈에는 자유의지론에 반하여 보이드는 비록 베드로의 선택이 "진정으로 자유로운 것"이 아니었다 해도 자신의 행위에 대해 책임을 지고 있다는 베드로 자신의 판단에 동의하는 듯하다.

제13장
열린 신학은
다른 성경적 교리와 일치하는가?

이 책에서 하나님에 관한 열린 신학의 견해에 초점을 맞춰 왔다. 그러나 기독교 신앙에 있어서는 하나님에 관한 교리의 중요성 때문에, 그 교리에 관한 과오들은 다른 영역의 교리들에게도 영향을 미치게 된다. 비록 다른 영역에 관해서는 자세하게 논할 수 없지만 열린 신학에 대한 온전한 그림을 갖도록 논할 것이다. 그러기 위해서는 우리가 큰 그림의 윤곽이라도 가지고 있어야 한다.[1] 본 장에서 열거되는 열린 신학의 모든 과오에 대하여 일일이 반박하지는 않을 것이다. 단지 대부분을 할애하여 그들이 주장하고 있는 실질적인 가르침보다 열린 신학이 가지고 있는 논리적 의미에 대하여 논하려고 한다. 그러나 그러한 의미들은 그 운동에 나타나는 매우 위험한 요소임을 지적하는 것이라고 생각한다.

1. 성경의 영감

알미니안주의와 같이 열린 신학은 하나님이 어떻게 자유의지론의 관

---

[1] 이 장에서 필자는 이전의 장에서보다 더 Roger Nicole, "A Response to Gregory A. Boyd's *God of the Possible*"에 대해 더 많은 빚을 지고 있다.

점에서 자유로운 인간 저자들을 사용하여 신령한 본문에 영감을 줄 수 있는가에 대한 질문을 한다. 그러한 관점에서 하나님은 그 같은 인간 저자들의 자유의지를 뒤엎지 않고는 기록된 말씀의 진리성을 보증할 수 없다고 본다. 그러므로 자유의지적 유신론은 영감에 대한 부정 아니면 하나님이 인간 저자들을 기계적인 방법으로 조정한다는 견해를 부인하도록 자극한다. 역설적으로, 인간 행위의 순간성(spontaneity)을 장려하는 자유의지적 유신론이 만일 성경의 권위에 대한 전통적 견해를 (성경적인) 유지하기를 원한다면 그 순간성을 부인해야만 한다.

더욱 심각하게 열린 신학이 간접적으로 질문하는 것은 인간 저자들뿐만이 아니라 하나님의 저술에 대한 전통적 견해에 관한 것이다. 열린 신학에 있어서 하나님 자신은 절대적 권위를 가지고 있다고 말할 수 없다. 그는 미래의 여러 가지 사건들에 대하여 무지하다. 그러한 무지는 하나님의 선지자적 사역을 부적절하게 만든다. 더 나가서 우리가 본 바와 같이 과거와 현재에 관한 그의 지식마저도 열린 신학에 있어서는 문제가 된다. 예를 들면, 과거와 현재의 아브라함의 마음의 상태를 하나님이 모른다(창 22장). 또한 우리는 열린 신학의 하나님은 자연적인 현상도 아는지 모르는지 궁금하다. 왜냐하면 하나님에 대한 샌더스의 설명은 하나님이 모든 일기를 주관하지 못하기 때문이다(6장).

더 문제가 되는 것은 그의 무지 때문에 열린 신학의 하나님은 때때로 나쁜 충고도 한다. 보이드에 따르면 하나님은 어떤 사람을 안내하는데 그것이 좋지 않은 것으로 변할 수 있다는 것이다. 보이드에게 있어서 하나님은 비난의 대상이 되지 못한다. 왜냐하면 그가 사건의 결과를 예측하지 못했기 때문이다. 그는 최선의 판단을 하였지만 그것은 잘못된 결과로 귀착되었기 때문이다.[2] 그러므로 하나님은 사람들에게 무오한 안내를 하는 기록된 말씀을 생성해 낼 수 없다. 만일 열린 신학자들이 권위 있는 영감 받은 성경을 믿는다면 그 믿음은 그들의 전체적인 체계 안

---

[2] 보이드의 "Suzanne"의 경험에 대한 논의를 보라(*God of the Possible*, 103-6).

에서 행복한 불일치처럼 보인다.

열린 신학자들은 무오한 성경의 권위에 대한 교리를 형성하지 않았다. 그리고 그들은 성경의 무오성을 주장하는 성경학자들을 거의 인용하고 있지 않다.

2. 죄

자유의지적 자유 교리는 항상 원죄에 관한 성경적 교리와 화합하는데 어려움을 겪고 있다. 그 교리는 아담의 죄로 인해 우리는 죄인이라고 말하기 때문이다. 자유의지론자들은 우리가 자신들의 "자유"에 대한 정의에 근거해서 "자유롭게" 범한 죄에 대해서만 죄 있다고 믿는 경향이 있다. 제8장에서 주장한대로 자유에 대한 이 같은 견해는 실제로 도덕적 책임감을 무너뜨리는 것이고 결과적으로 인간의 죄성에 대한 정통적 견해를 무너뜨리는 것이다. 분명히, 그것은 종교개혁의 고백에서 가르치고 있는 원죄 교리와 부합하지 않는다.

3. 구속

원죄 교리와 같이 자유의지적 자유론이 부합하지 못하는 교리는 전가된 의의 교리다. 하나님은 단순히 그리스도의 의에 근거해서 어떻게 우리를 의롭다고 받아 줄 수 있는가? 자유의지론에 따르면 아무도 자신이 자유롭게 선택된 의로운 행동을 하기 전에 의롭다고 할 수 없다.

그러므로 어떤 열린 신학자들은 신학의 새로운 모델의 일부분으로서 구원의 법리적 면을 피하거나 아니면 최소화하려고 애쓴다. 이 견해에 따르면 예수는 하나님의 공의를 만족시키기 위하여 죽은 것이 아니라 단지 하나님의 사랑을 드러내기 위하여 죽었다는 것이다. 이것은 속량을 "도덕적 영향"이라는 견해로 부르는 것이다.[3] 그들의 견해에 의하면

---

[3] Clark H. Pinnock and Robert C. Brow, *Unbounded Love: A Good News*

화목은 하나님의 진노에 대한 화목제물과는 상관없고 하나님의 사랑에서 이탈한 인간들의 상태의 변화에 지나지 않는다.

4. 확신

열린 신학이 자유의지적 자유를 강조하기 때문에, 신자들이 어떻게 자신들의 구원에 대해 확신을 가질 수 있는지 상상하기가 불가능하다. 하나님은 우리의 자유를 주관하지 못하기 때문에 신자들의 견인을 약속할 권한을 가지고 있지 않다는 것이다. 만일 하나님이 그러한 약속을 한다면 그는 그것을 지킬 힘을 가지고 있지 못하다는 것이다.

5. 천국과 지옥

열린 신학에게 있어서는 하늘에 있는 성도들도 자신들의 구원에 대하여 확신할 수 있는지에 대하여 분명하지 않다. 만일 그들이 자유의지론적 자유의지를 가지고 있다면 무엇이 그들을 다시 타락하지 못하게 할 수 있을까? 만일 하나님이 그들에게서 자유의지의 선물을 취해 가면 열린 신학자들이 그것에 부여하는 가치를 어떻게 가질 수 있을까?

어떤 경우에 있어서도 열린 신학자 중에 영원한 운명에 대하여 전통적 신학과 일치하지 않는 견해 가운데로 주저 앉는 사람들이 많은 것처럼 보인다. 예를 들면, 피녹은 "지옥의 성격을 악한 자들이 겪는 영원한 고통이라기보다는 단순한 멸망으로 해석"하려고 시도한다. 그것은 영원한 상태에 대한 "조건적" 견해다.[4] 이 견해는 아마도 하나님의 일차적

Theology for the Twenty-first Century(Downers Grove, Ill.: InterVarsity Press, 1994).

4) Clark H. Pinnock, "The Conditional View," in Four Views on Hell, ed. William Crockett(Grand Rapids: Zondervan, 1992), 137.

인 속성으로서의 사랑에 대한 열린 신학의 주장 뒤에 있는 동기의 일부분이다(제4장을 보라).

6. 인도

웨어(Bruce Ware)가 강조한 것처럼 인도에 대한 교리에 관하여 열린 신학에 포함되어 있는 비극적인 문제들이 있다. 열린 신학자들은 하나님이 그릇될 수 있다고 주장한다. 그러므로 하나님은 때때로 그릇된 조언을 줄 수 있다는 것이다. 그리스도인은 항상 하나님을 지혜의 근간으로 그리고 그의 인도함이 항상 신빙성 있는 것으로 여기고 있다. 그러나 열린 신학은 우리로 하여금 이 같은 근본적인 명제에 대하여 의문을 제기하게 한다.[5] 하나님은 모험을 하며, 하나님 자신의 계획들이 실패할 수 있다는 열린 신학이 주장하는 경우들을 니콜(Roger Nicole)은 많이 제시하고 있다. 예를 들면, 하나님은 천사들을 창조하였고 그 중 많은 천사들이 반역하였다. 아담과 하와를 창조하였으나 그들이 하나님께 등을 돌렸으므로, 하나님은 창조한 것을 후회하였고 인류를 쓸어버려야만 했다. 하나님은 노아의 가족으로부터 더 나은 것을 희망했지만 그러한 소망은 수포로 돌아갔다. 니콜은 이러한 견해에 대하여 다음과 같이 지적한다.

> 기념비적 악의 문제의 원인은 하나님의 계획이 아니라 그 계획의 부족함 때문이다. 나는 이러한 기록을 가진 지상의 도박꾼에게 나의 돈을 맡기지 않을 것이다. 사실상, 나는 어떤 도박꾼도 신뢰하지 않는다.[6]

---

5) Bruce A. Ware, *God's Lesser Glory*(Wheaton, Ill.: Crossway Books, 2000), 143-60.
6) Roger Nicole, "A Response to Gregory A. Boyd's *God of the Possible*," 24.

‖ 열린 신학 논쟁 ‖

제14장
결 론

　열린 신학은 우리 전통적 신학자들에게 아주 값진 봉사를 해 주었다. 왜냐하면 그것은 우리로 하여금 여러 중요한 논제들에 대하여 더 강하게 생각하도록 압박하였다. 그 논제들은 하나님의 사랑, 주권적인 통치, 인간의 자유, 하나님의 시간과 변화에 대한 관계, 고난, 그리고 지식 등이다. 이러한 대면은 필자로 하여금 하나님의 총체적 지식과 세상에 대한 주관에 대하여 과거보다 더 강하게 확인하도록 이끌었다.
　그러나 그러한 대면은 다른 문제들에 대하여 다시 생각하게 만들었다. 필자가 내린 결론은 전통적인 신학이 일반적으로 인정하고 있는 것보다 더 하나님과 피조물 사이에 주고받기(give-and-take)의 관계가 있다는 사실이다. 그렇지만 열린 신학처럼 하나님의 총체적 주권과 지식을 부정함으로가 아니라 그의 시간적 편재에 대하여 더 많이 강조함으로 그 같은 상호 반응에 대한 설명이 가능하다. 하나님은 시간 너머에 존재하며 절대적이며 무한한 능력과 지식을 가지고 세상을 통치한다. 그러나 또한 하나님은 시간 속에 들어와서 그의 피조물과 인격적으로 상호 작용한다. 그의 영원한 계획은 이러한 인격적인 상호 작용을 포함하며 결정한다.
　만일 전통적인 신학이 하나님과 세상사이의 시간적 상호 작용에 더 많은 강조를 한다면(성경이 분명 그렇게 하는 것처럼), 그것은 덜 추상적이 되며 더 실제적이 된다. 그리고 그것은 경건성과 순종의 삶을 위해 더욱 이바지하게 될 것이다. 그렇게 되면, 하나님의 주권에 대해 타협하기 보다는 더 풍요롭고 자세하게 그 주권의 하는 일들을 드러낼 것이며, 우리를 자극하여 세상에서의 하나님의 지혜로운 방법에 대하여 더욱 큰 경외심을 갖게 할 것이다. 그리고 그것은 또한 우리 자신의 결정들의 중요성에 대한 그 무엇을 우리에게 제시할 것이다. 우리는 하나님의 한 없이 지혜롭고 영원한 목적들을 성취함에 있어서 어떤 역할을 가지고 있다.

그러므로 필자는 열린 신학자들과의 주고받는 논의를 통해 하나님에 대한 사고의 폭이 넓혀짐을 인해 그들에게 고마움을 표한다. 그러나 또한 필자는 그들의 사고의 과정으로 인해 매우 슬퍼진다. 그들은 피조물에 대한 하나님의 주권적 통치권을 부정하였다. 그리고 그들은 하나님의 초시간적 통치와 영원히 불변하는 그의 목적을 부정하였다. 그들은 미래에 대한 하나님의 총체적 지식도 거부하였다. 무엇 때문일까? 그들은 자유의지론적 자유에 일치하게 자신들의 신학 체계를 세우기 위해서 그렇게 하였다. 그것은 결국 하나님의 주권을 부정하는 비통합적이고 비성경적 사변이며, 말하자면 하나님 앞에서의 인간의 책임성을 세우려 한다는 그들의 취지를 무너뜨리게 된다.

은혜의 복음은 하나님의 주권적인 목적에 대한 기쁜 소식이 아니면 아무 것도 아니다. 하나님의 복된 소식은 우리가 아직 죄인 되었을 때에 그리스도께서 우리를 위하여 죽으셨다는 사실을 확신시켜 주는 것이다(롬 5:8). 하나님은 사람이 그를 도울 때까지 기다리지 않았다. 하나님은 아무도 스스로를 구원할 수 없었다는 것을 보았고, 그러기에 스스로가 구원의 투구를 썼다(사 59:9-21). 하나님 자신이 구원의 주이기에 아무 것도 우리를 그리스도의 사랑에서 끊을 수 없음을 보증하였다(롬 8:39). 하나님은 역사 속에서 구속을 이루었다. 그리고 그는 우리의 마음속에 믿음의 응답을 가능케 하였다. 하나님은 우리의 마음을 열어 그의 메시지에 응답하도록 하였다(행 16:14). 그 결과로 영생을 얻도록 지정한 모든 사람들이 믿음에 이르게 되었다(행 13:48). 우리가 먼저 움직인 시점은 없다.

    은혜의 복음은 하나님의 주권의 복음이다. 그 메시지는 현대인들에게는 별로 달콤한 소리가 아닐지라도 그것은 하나님의 말씀이다. 그 주권의 복음 없이는 우리에게 소망은 없다. 자유의지는 우리를 절망 속에 빠뜨린다. 오직 주권적인 은혜만이 구원과 믿음과 소망을 가져다 준다.

|| 열린 신학 논쟁 ||

참고문헌

✤ Advocates of Open Theism

Basinger, David. *The Case for Freewill Theism: A Philosophical Assessment*. Downers Grove, Ill.: InterVarsity Press, 1996.

Basinger, David, and Randall Basinger. *Predestination and Free Will*. Downers Grove, Ill.: InterVarsity Press, 1986.

Boer, Harry R. *An Ember Still Glowing*. Grand Rapids: Eerdmans, 1990.

Boyd, Greory A. *God at War: The Bible and Spiritual Conflict*. Downers Grove, Ill.: InterVarsity Press, 1997.

_____. God of the Possible. Grand Rapids: Baker, 2000.

_____. Letters from a Skeptic. Wheaton, Ill.: Victor Books, 1994.

_____. *The Myth of the Blueprint*. Downers Grove, Ill.: InterVarsity Press, forthcoming.

_____. *Satan and the Problem of Evil*. Downers Grove, Ill.: InterVarsity Press, forthcoming.

_____. *Trinity and Process*. New York: Peter Lang, 1996.

Cobb, John B., and Clark H. Pinnock, eds. *Searching for an Adequate God: A Dialogue Between Process and Free Will Theists.* Grand Rapids: Eerdmans, 2000.

Davis, Stephen T. *Logic and the Nature of God.* Grand Rapids: Eerdmans, 1983.

Elseth, H. Roy. *Did God Know? A Study of the Nature of God.* St. Paul: Calvary United Church, 1977.

Geach, Peter. *Providence and Evil.* Cambridge: Cambridge University Press, 1977.

Hasker, William. "Foreknowledge and Necessity." In *Faith and Philosophy* 2, no. 2(April 1985): 121-57.

──────. *God, Time, and Knowledge.* Ithaca, N.Y.: Cornell University Press, 1989.

──────. "The Openness of God," *Christian Scholar's Review* 28, no. 1(fall 1998): 111-39.

Johnson, Elizabeth A. *She Who Is.* New York: Crossroad, 1992.

Kitamori, Kayoh. *Theology of the Pain of God.* Richmond: John Knox Press, 1965.

LaCugna, Catherine Mowry. *God for Us.* New York: Crossroad, 1992.

Lucas, J. R. *The Freedom of the Will.* Oxford: Oxford University Press, 1970.

──────. *The Future: An Essay on God, Temporality, and Truth.* London: Blackwell, 1989.

McCabe, L. D. *Divine Nescience of Future Contingencies a Necessity.* New York: Phillips and Hunt, 1882

──────. *The Foreknowledge of God.* Cincinnati: Cranston and Stowe, 1887.

Moltmann, Jürgen. *The Crucified God.* London: SCM Press, 1974.

Olson, Gordon. *The Foreknowledge of God*. Arlington Heights, Ill.: Bible Research Corporation, 1941.
──────. *The Omniscience of the Godhead*. Arlington Heights, Ill.: Bible Research Corporation, 1972.
Pinnock, Clark H. "Between Classical and Process Theism." In *Process Theology*, ed. Ronald H. Nash. Grand Rapids: Baker, 1987.
──────. "God Limits His Knowledge." In *Predestination and Free Will*, ed. David Basinger and Randall Basinger. Downers Grove, Ill.: InterVarsity Press, 1986.
──────. *A Wideness in God's Mercy*. Grand Rapids: Zondervan, 1992.
Pinnock, Clark H., and Robert C. Brow. *Unbounded Love: A Good News Theology for the Twenty-first Century*. Downers Grove, Ill.: InterVarsity Press, 1994.
Pinnock, Clark H., Richard Rice, John Sanders, William Hasker, and David Basinger. *The Openness of God*. Downers Grove, Ill.: InterVarsity Press, 1994.
Pinnock, Clark H., ed. *The Grace of God and the Will of Man*. Grand Rapids: Zondervan, 1989. Some articles written from a traditional Arminian perspective, others leaning toward open theism.
Rice, Richard. *God's Foreknowledge and Man's Free Will*. Minneapolis: Bethany House, 1985.
Sanders, John. "God as Personal." In *The Grace of God and the Will of Man*, ed. Clark H. Pinnock. Grand Rapids: Zondervan, 1989.
──────. *The God Who Risks*. Downers Grove, Ill.: InterVarsity Press, 1998.
──────. *No Other Name: An Investigation into the Destiny of the Unevangelized*. Grand Rapids: Eerdmans, 1992.

Swinburne, Richard. *The Coherence of Theism*. Oxford: Clarendon Press, 1977. Philosophical treatment.

Wolterstorff, Nicholas. "God Everlasting." In *God and the God,* ed. Clifton Orlebeke and Lewis Smedes, 181-203. Grand Rapids: Eerdmans, 1975. On God's relationship to time.

✥ Critiques

Beckwith, Francis, "God Knows?" Review of Gregory Boyd's *God of the Possible*. Christian Scholar's Review 22, no. 4(2000): 54-55.

Caneday, A. B. "The Implausible God of Open Theism: A Response to Gregory A. Boyd's *God of the Possible."* Journal of Biblical Apologetics 1(fall 200): 66-87.

―――――. "Putting God at Risk: A Critique of John Sanders's View of Providence." *Trinity Journal*, n.s., 20(1999): 131-63.

Erickson, Millard J. *God the Father Almighty*. Grand Rapids: Baker, 1998.

Fackre, Gabriel. "An Evangelical Megashift? The Promise and Peril of an 'Open' View of God." *Christian Century*, May 3, 1995, 484-87.

Frame, John M. *The Doctrine of God*. Phillipsburg, N.J.: P&R Publishing, forthcoming.

Helm, Paul. *Eternal God*. Oxford: Clarendon Press, 1988. Defends the timeless eternity of God philosophically.

―――――. "God and Spacelessness." *Philosophy* 55(1980): 211-21.

―――――. *The Providence of God*. Leicester: InterVarsity Press, 1993. Defends a "no risk" view of providence.

참고문헌 *251*

Helseth, Paul Kjoss, "On Divine Ambivalence: Open Theism and the Problem of Particular Evils." *Journal of the Evangelical Theological Society*. Forthcoming.

Mohler, R. Albert. "Does God Give Bad Advice?" *World* 15, no. 24(June 1, 2000): 23.

Nicole, Roger. "A Review Article: God of the Possible?" *Reformation and Revival* 10, no. 1(winter, 2001), 167-94.

——————. "Review of *The Openness of God*." *Founders Journal* (fall, 1995).

Piper, John, with Justin Taylor(appendix by Millard Erickson). *Resolution on the Foreknowledge of God: Reasons and Rationale*(Minneapolis: Bethlehem Baptist Church, 2000).

Roy, Steven C., "How Much Does God Foreknow?" Ph.D. diss., Trinity International University.

Schreiner, Thomas R., and Bruce A. Ware. *The Grace of God, the Bondage of the Will*. Grand Rapids: Baker, 1995. Calvinistic views of divine sovereignty and man's bondage under sin. Some references to open theists, but mostly positive expositions of Reformed perspectives.

Schreiner, Thomas R., and Bruce A. Ware, eds. *Still Sovereign: Contemporary Perspectives on Election, Foreknowledge, and Grace*(Grand Rapids: Baker, 2000).

Strimple, Robert B. "What Does God Know?" In *The Coming Evangelical Crisis*, ed. John H. Armstrong. Chicago: Moody Press, 1996.

Veith, Gene. "The Opening of the American God." *World* 15, no. 24(June 1, 2000): 25-26.

Ware, Bruce A. "Despair Amidst Suffering and Pain: A Practical Outworking of Open Theism's Diminished View of God." *The Southern Baptist Journal of Theology* 4, no. 2 (Summer 2000), 56-57.

──────. "An Evangelical Reformulation of the Doctrine of the Immutability of God," *Journal of the Evangelical Theological Society* 29, no. 4(1986), 431-46.

──────. *God's Lesser Glory: The Diminished God of Open Theism.* Wheaton, Ill.: Crossway Books, 2000.

──────. Review of *The Case for Free Will Theism. Journal of the Evangelical Theological Society* 43:1(March 2000), 165-68.

Williams, Stephen N. "What God Doesn't Know: Were the Biblical Prophecies Mere Probabilities?" Review of *The God Who Risks*, by John Sanders. Books and Culture, November-December, 1999, 16-18.

Wilson, Douglas. *Knowledge, Foreknowledge, and the Gospel.* Moscow, Ida.: Canon Press, 1997.

Wilson, Douglas, ed. *Bound Only Once: The Openness of God as a Failure of Imagination, Nerve, and Reason.* Forthcoming from Canon Press.

Wright, R. K. McGregor. *No Place for Sovereignty: What's Wrong with Freewill Theism.* Downers Grove, Ill.: InterVarsity Press, 1996.

See also Reformed confessions and systematic theologies on these subjects: the divine attributes(especially knowledge, eternity, and unchangeability), God's decrees, providence, election, effectual calling, and regeneration.

✥ Mixed Affirmation and Criticism

Craig, William Lane, Gregory Boyd, Paul Helm, and David Hunt. *Divine Foreknowledge: Four Views*. Downers Grove, Ill.: InterVarsity Press, forthcoming.

"God vs. God." *Christianity Today*, February 7, 2000, 34-35.

"Has God Been Held Hostage by Philosophy?" *Christianity Today*, January 9, 1995, 30-34.

Olson, Roger E. "Postconservative Evangelicals Greet the Postmodern Age." *Christian Century*, May 3, 1995, 480-81.

✥ Resources

The works deal with various issues of the controversy, but do not specifically address open theism.

Augustine. *The City of God*. Various editions.

——. *Confessions*. Various editions.

Bavinck, Herman. *The Doctrine of God*. Grand Rapids: Baker, 1951.

Buswell, J. Oliver. *A Systematic Theology of the Christian Religion*. Grand Rapids: Zondervan, 1962. In the Presbyterian tradition, but argues for the temporality of God and tends toward libertarianism.

Calvin, John. *Concerning the Eternal Predestination of God*. London: James Clark, 1951.

——. *Institutes of the Christian Religion*. Translated by Ford Lewis Battles. Edited by John T. McNeill. The Library of Christian Classics. 2 vols. Philadelphia: Westminster Press, 1960.

Campbell, C. A. "The Psychology of Effort of Will." *Proceedings of the Aristotelian Society* 40(1939-40): 49-74. Secular defense of libertarianism.

Carson, D. A. *Divine Sovereignty and Human Responsibility*. Atlanta: John Knox Press, 1981. Calvinistic position.

Chisholm, Robert B. "Does God 'Change His Mind'?" Address delivered at the Evangelical Theological Society Annual Meeting, 1994.

Cobb, John B., Jr., and David Ray Griffin. *Process Theology*: An Introductory Exposition. Philadelphia: Westminster Press, 1976.

Cottrell, Jack. *What the Bible Says About God the Ruler*. Joplin, Mo.: College Press, 1984. An able statement of a traditional Arminian position.

Creel, Richard E. *Divine Impassibility*. Cambridge: Cambridge University Press, 1986. Defends some aspects of the traditional view.

Edwards, Jonathan. *Freedom of the Will*. Reprint, New Haven: Yale University Press, 1973. Classic Calvinist critique of libertarianism.

Farley, Benjamin W. *The Providence of God in Reformed Perspective*. Grand Rapids: Baker, 1988. In the Reformed tradition, but verges on libertarianism. See my review in *Westminster Theological Journal* 51(1989): 397-400.

Frame, John M. *Apologetics to the Glory of God*. Phillipsburg, N.J.: P&R Publishing, 1994.

─────. *Cornelius Van Til*. Phillipsburg, N.J.: P&R Publishing, 1995.

─────. *The Doctrine of the Knowledge of God*. Phillipsburg, N.J.: Presbyterian and Reformed, 1987.

Fretheim, Terence E. *The Suffering of God*. Philadelphia: Fortress, 1984. Gives some exegetical support to open theism.

Gruenler, Royce Gordon. *The Inexhaustible God*. Grand Rapids: Baker, 1983. Reformed evangelical gives his reasons for rejecting process theology.

Hobart, R. E. "Free Will as Involving Determinism and as Inconceivable Without It." *Mind* 43(1934): 7. A secular critique of libertarianism.

Hodge, Charles. *Systematic Theology*. 3 vols. Reprint, Grand Rapids: Eerdmans, n.d.

Lindström, Fredrik. *God and the Origin of Evil*. Lund: CWK Gleerup, 1983.

Luther, Martin. *The Bondage of the Will*. London: J. Clarke, 1957.

Nash, Ronald H., ed. *Process Theology*. Grand Rapids: Baker, 1987.

Pratt, Richard. "Historical Contingencies and Biblical Predictions." www.thirdmill.org

Weinandy, Thomas G. *Does God Suffer?* Notre Dame, Ind.: University of Notre Dame Press, 2000. Answers no.

✣ Web Sites

The Edgren Foundation
   http://www.edgren.org
Open View Theism Index(Christus Victor Ministries)
   http:www.gregboyd.org/gbfront/index.asp?PageID=257
Open Theism Webpage
   http://www.opentheism.org

열린 신학 논쟁

NO OTHER GOD: A RESPONSE TO OPEN THEISM

2005년 7월 30일   초판 발행
2015년 4월 13일   초판 2쇄 발행

지 은 이 | 존 M. 프레임
옮 긴 이 | 홍성국

펴 낸 곳 | 사)기독교문서선교회
등   록 | 제21-173호(1990. 7. 2)
주   소 | 서울시 서초구 방배로 68
전   화 | 02) 586-8761~3(본사)   031) 942-8761(영업부)
팩   스 | 02) 523-0131(본사)   031) 942-8763(영업부)
홈페이지 | www.clcbook.com
이 메 일 | clckor@gmail.com
온 라 인 | 기업은행 073-073466-01-010   예금주: 개혁주의신학사

ISBN 978-89-7138-053-6 (93230)

* 낙장·파본은 교환해 드립니다.

이 도서의 국립중앙도서관 출판시 도서목록(CIP)은 서지정보유통지원시스템 홈페이지(http://seoji.nl.go.kr)와 국가자료공동목록시스템(http://www.nl.go.kr/kolisnet)에서 이용하실 수 있습니다.
(CIP제어번호: CIP2015008760)